ACCEPT AND SELECT
—— On Objective Perspective and Subjectivity
(Second Edition)

唐 震 ● 著

接受与选择
——关于对象视域与人的主体性研究

（第二版）

中国社会科学出版社

图书在版编目(CIP)数据

接受与选择：关于对象视域与人的主体性研究／唐震著 . —2 版 . —北京：中国社会科学出版社，2015.10

ISBN 978-7-5161-6976-6

Ⅰ.①接⋯　Ⅱ.①唐⋯　Ⅲ.①个体—研究　Ⅳ.①B021

中国版本图书馆 CIP 数据核字（2015）第 251126 号

出 版 人	赵剑英
责任编辑	王　茵
责任校对	英岁香
责任印制	王　超

出　　版	中国社会科学出版社
社　　址	北京鼓楼西大街甲 158 号
邮　　编	100720
网　　址	http://www.csspw.cn
发 行 部	010-84083685
门 市 部	010-84029450
经　　销	新华书店及其他书店

印刷装订	三河市君旺印务有限公司
版　　次	2015 年 10 月第 2 版
印　　次	2015 年 10 月第 1 次印刷

开　　本	710×1000　1/16
印　　张	19.75
字　　数	286 千字
定　　价	69.00 元

凡购买中国社会科学出版社图书，如有质量问题请与本社营销中心联系调换

电话：010-84083683

版权所有　侵权必究

作 者

谨以此书献给我的三位伟大的母亲！

一个人内心的尺度是由他之外的他的对象世界的大小决定的。

——题记

非对象性存在物是非存在物。
——马克思《1844年经济学哲学手稿》

第一版序言

赵馥洁[*]

戊子岁末,唐震同志以新著《接受与选择》见示,并嘱余为序,披览之余,感受良多,欣然而喜。人的问题向来为哲人们所关注,可谓是哲学中的"老大难"问题,古今中外的哲学家几乎都对此殚思竭虑,高谈深论,既慧光屡现,又聚讼纷纭。而今要对此问题作出新解,开出新意,发出新言,诚非易事。然而,面对此问题,唐震却不惧其"老",不怯其"大",不畏其"难",积数年深思浚求之功,成此别开新面之书,实乃难能可贵。

综观其书,创见迭出,异彩纷呈,其特色可一言以蔽之:"新"。

一曰视角新。该书讨论的虽是个体人的存在和成长这一老问题,但却提供了认识个体的新视角。即以人是一个对象性存在物为立论前提,以个体与世界的对象关系为研究视角,以个体的对象关系的演变为主线,构建了个体成长的新的世界图景,超越了孤立、静止、片面的研究局限。

二曰观点新。用新视角必会有新发现。该书的核心观点是:人是其对象之所是。它认为在广义的自然界的背景之下,整个世界表现为原始自然、人化自然、能动自然和虚拟自然,它们同时构成了个体的对象世界。人的对象世界在其自然的属性方面由低到高呈现出较大的

---

[*] 赵馥洁,原陕西省社会科学界联合会主席、西北政法大学资深教授。

差别，差别表现为从非能动的自然逐渐地向能动的自然演变的过程。人在对象面前既是接受对象的受体，也是选择对象的主体。由此形成人与对象的四大关系：原始自然与个体发生相互作用进而凝聚成个体的感觉，以此为标志形成第一对象关系；人化自然与个体发生相互作用进而凝聚成个体的知觉与表象，以此为标志形成第二对象关系；他人与个体发生相互作用进而凝聚成个体的意识和语言，以此为标志形成第三对象关系；自我与个体自身发生相互作用进而推动了个体的反思，以此为标志形成第四对象关系。人在与对象世界发生作用的过程中形成了自我。在感觉阶段，人是一个凭着感觉认知世界的感觉主体，感觉主体的能动性表现为模仿特性；在知觉和表象阶段，人是在多个感官的自觉的基础上形成的知觉主体，知觉主体的能动性表现为综合特性；在意识阶段，人是一个有着反主体倾向的意识主体，意识主体的能动性表现为反主体性；在反思阶段，人是一个能够自我审视的理想主体，理想主体的能动性就是反思自身。这些不同阶段的对象关系进驻在个体之中，就形成了个体不同阶段的自我。自我就是个体从对象那里获得的对象关系寄宿在个体之中所形成的人的感觉、知觉、意识等精神实体。这些独到新颖的学术见解，多有为时贤所未道者，故使人有耳目一新之感。

三曰风格新。该书的论述风格，具有新的学术气象。它把逻辑分析与历史进程结合起来，把哲理思辨与现实观照统一起来，把哲学、美学、伦理学、心理学贯通起来，把文字论述与图表展示兼容起来，形成了一种辩证性、多维性、思辨性、形象性兼而有之的叙述风格。特别是重视对疑似的辨析，对误解的澄清，对现实的针砭。例如，该书站在历史长河和广义自然界的背景之下，揭示了社会关系所遭遇到的困境：人的对象性的历史对人的影响是由低到高逐渐的、渐变的自然历史过程，但许多人却撇下甚至超越与原始自然和人化自然的交互作用的阶段而纯粹追求组建和经营社会关系。这在个体对象的意义上看似高级，但对群体社会的发展来说却是阻滞的。社会由于给个体提供了高级的对象，却给自己带来了发展方面的困境。这种结合现实的具体分析，往往比正面论述更有针对性，也更见深度。

学术研究，贵在创新。这部富有新意的著作，必定会对个体成长的哲学研究以至于人的哲学研究有所推进，也必定会对每个关心自己健康成长、全面发展的人有所启示。其学术价值和现实意义，自不待言。

然而，人在本质上乃是社会历史的存在物，他总是处于不断发展的历史进程中，而哲学的精神也在于对智慧的不断追求。于是，对人的问题的研究与对其他问题的研究一样，任何一种学术创新都只能是历史性的呈现，都只具有相对性意义，《接受与选择》这本书也不例外。该书中尚有不少问题仍有待进一步探索，仍需要进一步深化、提升和完善。

我与唐震同志结识多年，而且有师生之情，他虽是学经济学出身，但却好哲理之思，虽从事管理工作多年，但从未辍读书之功。其学也勤，其思也深，其见也独，其文也缜，乃司马迁所赞的"好学深思"之士也。今能为学界奉献出如此有价值的著作，实在情理之中。祝愿唐震同志在已有成果的基础上，继续开拓，不断进取，以获得更大的成绩。

是为序。

2009 年 3 月 7 日
于西北政法大学静致斋

第二版自序

时隔五年之后，本书第二版终于和读者见面了。

我要在本书中奉献给读者的，是我30多年来对人如何建构他与对象世界的关系问题的观察与心得。

关于这一问题的研究，历来不乏种种论著，但是，本书所奉献给读者的，正如我的恩师赵馥洁先生在本书第一版序言中所特别指出的，是一个集"视角新、观点新、风格新"于一身的精神产品。这一产品的意义，就在于它在揭示人的外部世界与人的内心世界的相关性方面做了前无古人的探索性尝试。

本书认为，人世间有一个规则是任何人都不能免除的，那就是，任何人一经出生就与他周围的对象世界相伴而行，没有人能够生活在真空之中。正是从这一基本的关系出发，每个人才进入他真正的生活。本书希望揭示的，就是人在与周围世界进行相互作用的过程中所发生的感性的、理性的、道德的、价值的以及审美的等等对象关系的源泉及其产生的机理，换句话说，本书的目的就在于帮助读者拓展内心世界，回答"人对自身的把握是如何可能的"这一问题。

中国哲学中有一个影响深远的命题叫作"天人感应"，是对天意与人心交感关系的一个重要的认识视角。这一命题一方面提出了自然界与人之间的相关性问题，是在人类社会之外寻求发展动因的开放的历史观；但另一方面，由于缺乏对天人关系的系统的、历史的分析，这

接受与选择

一命题在回答种种问题上明显地缺乏彻底性，因而往往陷入神秘化的解读当中，被客观唯心主义者与主观唯心主义者各取所需地引为谶语箴言而济一时之需。与此相反，马克思在他的巨著《资本论》第一卷第一版序言中，从另一个角度，即从历史的纵向发展的角度也提出了一个著名的论断，即人类社会经济形态的发展是一个"自然历史过程"。这一论断不仅把社会置于一种开放力量的推动之下，而且对社会与自然之间的相互作用给出了历史唯物主义的逻辑的系统的解构。马克思用社会生产方式所包含的生产力与生产关系、经济基础与上层建筑等矛盾运动原理把社会关系自身的运动与自然界的运动紧密地联系起来，从而使人掌握社会发展规律时有了更加广袤的视域。细心的读者会发现，本书的选题实际上涉及了上述命题，并希望从个体的视角出发系统地、历史性地予以解答。

自古以来，关于个体的历史的研究并不算很深入，传统人类学的研究往往是从起源进展到类生活就止步了；哲学的研究则又是把人当成一个既定的主体从而展开他与世界的关系问题。与前人相比，本书是一部关于个体历史辩证发展的著述，因而涉及许多关于个体自身的根本问题，诸如，人的"自我"是如何诞生的，又是如何建构的？"自我"对人而言是否是一个固定不变的质？对象是如何在个体身上实现转换的？人是如何实现从被动的自然物向能动的人的阶段飞跃的？人在对象关系的运动中是怎样通过接受—选择—接受与选择的统一等阶段完成其辩证发展过程的？所有这些，都是个体生活中无法回避也不应回避的问题。然而，从大众的角度看，无视这些问题的人仍然是多数，对这些问题能够作系统观察的人就更少了。毋庸置疑，如果人们自己把眼睛遮蔽起来，就无法看到人的真正的历史是对象性历史，是对象关系史，而不是自身演化史。这样一来，站在人与外界始终无法割断联系的立场上，当人的一切发展是与其对象紧密联系而人又不知道对象将要把自身变为何物时，就是十分危险的。

本书第二版是对第一版的扩充和完善。除了在逻辑结构上对全书进行了重新修订之外，第二版还增补了我曾经研读过的一部分参考文

第二版自序

献，便于有兴趣的读者进一步比照作者思想脉络的形成过程来阅读此书。第二版的重点是对后半部分做了大量的内容上的补充，对以前的纲要性的论述进行展开、细化以至提炼出分论点。比如，对"社会关系的困境及其消解"、"道德与价值"、"美与自由"、"超我"等章节，既有内在逻辑上的调整，又有问题表述方面的梳理，还有内容上的深化，至此，才觉得可以真正地面向读者了。

第一版至今虽然只有短短的几年时间，但是中国社会却发生了翻天覆地的变化。国家仍然沿着改革开放的路线向前行进，但道路却更加艰难，每个人面对的不确定性因素也在增多，这就需要在更深层次上激发个体的主体性。应该指出，改革开放的本质就在于把个体置于一个完全开放的社会体系当中，就是为每一个中国人提供可供选择的无限多样的对象世界，从而强迫我们必须拥有一个新的观察世界的视角，并尽可能在更大的范围内审视我们的世界。

本书试图展开个体的对象性的历史的逻辑，即人对前一阶段对象的满足是进入下一阶段的基础。换言之，人只有在人性的"饱和"状态而不是"饥饿"状态下，才能够坦然地面向下一个阶段；反过来讲，前一阶段的缺失又是造成后一阶段困境的直接原因。在"社会关系的困境及其消解"一章中，我论述了这种超越对象的层级性所导致的人性困惑。正因为人的成长是渐进性的，一旦出现对象的缺失，人的自我中的这一阶段的残缺迟早都会显现出来。恰如"仓廪实而知礼节，衣食足而知荣辱"所描述的心物关系那样，如果硬要仓无颗粒的人彬彬有礼，显然是违背个体发展的历史规律的。

更为重要的是，我们研究对象关系的目的并不是为了认识对象世界的强大的作用力，而是为了认识并掌握人在获得对象关系之后自我转向的机制。人在前历史时期是其对象之所是，但当对象关系形成人的自我进而发生转向之后，人则是其对象之所不是。人在对象关系中的这种特性就像竹子的长势一样，是一节一节地攀升的。在感觉阶段，人可能直接地反映对象，但在意识阶段，人的反映特性就带有经过思考的痕迹了。我们需要明确的是，不能因为后一阶段是高级的、能动的甚至崇高的，我们就可以简单地甚至粗暴地把人的低级阶段如原始自然的发展阶段摈弃掉。

在我看来，人的本质是指向未来的，因而具有不确定性。人不是天生就具备了人的一切，而是在向未来的选择中获得自己并展开自己的一生。就此看来，人的未来既充满了物质反应特性，又充满了精神能动性。一个人如果不在与对象世界的作用中反思自身，就会永远囿于所能"接受"到的境地，他的本质就是物质性的、非能动性的，相反，如果他能够意识到对象关系的诸多层次，进而能够主动地把握每一个"选择"阶段，他的历史就是不断趋向人的主体性的历史。

但是，我们也应该防止另一种倾向，即在强调精神对选择的能动作用的同时，却贬低甚至摈弃人在低级阶段对物质的接受过程。例如，现在有一种害怕物质主义的情绪在蔓延。有人站在极端人性的立场上，用高级阶段的纯粹的人性否定低级阶段的人的物质性。他们试图把人分割成毫不相干的两个部分，而只想与充满理性和道德的高尚的"上半身"在一起，却不愿意与原始的、物欲的"下半身"相处哪怕是一小会儿。这种十分苛刻的理想主义的人性观念最终得到的是对人的真正生活的抛弃，必将陷自身于不切实际的、虚幻以至虚假的人际关系当中。所以，当本书提出"人是其对象之所是"这个判断时，就特别地关注了人在前后历时演变中的连续性和每一阶段上所表现出来的整体性。首先，本书所言之"对象"，既包含了物质又包含了精神两个层面。其次，本书关于人的能动性的发源，既归因于对象，又超越了对象。最后，精神本身就是物质发展到高级阶段的某种属性，是实体属性的外化。如果缺失上一阶段的对象，人不仅失去了此一阶段存在的根基，更不可能完成下一阶段从物质到精神的转化与提升。本书在强调物质对象对人的决定作用的时候，认为物质的到来同时激活了个体的先天特质——综合能力和总和能力以及举一反三的类比能力等等诸多属性。人的"自我"就是由进入个体的对象与个体积累在自身的本质力量结合而成的精神实体。所以，任何物质一旦进入个体本身，它就会变成个体的本质力量。人只有接受更多的对象世界，才能有更多的未来可供选择。

我把研究的出发点放在了人的初始存在之上,这一点也让我们更清楚地看到了人的空白的历史起点。从这个始点出发,本书展现了个体是如何在与对象的交互作用中成为一个发展着的、活生生的、不断走向充实的实践主体的过程。随着个体对对象的接受与选择,对象的力量日益移居到个体本身,个体的能动性因而变得强大起来。由于学术经历的缘故,我不能就世界的本体本身做更多的讨论,有许多学识渊博的哲学家都可以做到这一点。我更加关注的是,那个从初始阶段开始成长的"人"与他的"对象"之间是如何展开交互作用的,他和它之间到底发生了什么,随着人进一步地成熟,他和它之间还将会发生什么等问题。

本书尽可能充分地运用普遍联系的观点对人进行分析,并希望获得从事物的外部联系中认识事物本质的系统方法。其观察视角是:第一,从对象视域出发而不是做一个孤傲的自视者;第二,从历史长河的流变性出发而不是做一个抱住历史横断面不放的人;第三,把人看成通过渐进变化逐渐完成的个体而不是横空出世的庞然大物。

我期待着读者的批评与指正。

唐震

2015年4月7日于西安

目 录

第一版序言························赵馥洁（1）

第二版自序····························（1）

导言：人是其对象之所是·····················（1）

第一章　个体····························（27）
　一　个体的视角·························（27）
　二　自我的产生·························（39）
　三　自我的矛盾·························（57）

第二章　对象世界························（59）
　一　原始自然··························（60）
　二　人化自然··························（71）
　三　能动的自然（他人）····················（77）
　四　虚拟自然··························（81）
　五　自我本身··························（97）

第三章 接受 ……………………………………………… (102)

  一 接受特性概述 …………………………………… (103)
  二 身体是个体的第一受体 ………………………… (108)
  三 他人作为接受的对象 …………………………… (112)
  四 群体是接受主体的类标准 ……………………… (115)
  五 认知结构与接受行为 …………………………… (119)
  六 压抑与接受 ……………………………………… (124)
  七 满足是接受的宿敌 ……………………………… (126)
  八 对象的属性对接受的影响 ……………………… (128)

第四章 对象关系 …………………………………………… (132)

  第一对象关系：感觉 ………………………………… (133)
  第二对象关系：知觉与表象 ………………………… (136)
  第三对象关系：意识与语言 ………………………… (142)
  第四对象关系：反思 ………………………………… (148)

第五章 选择 ………………………………………………… (155)

  一 从自我发出的能动性 …………………………… (156)
  二 个体存在的本质 ………………………………… (163)
  三 选择是自我意识的增长 ………………………… (165)
  四 对象的差异性 …………………………………… (167)
  五 联系与选择 ……………………………………… (169)
  六 血缘关系、经济关系对选择的影响 …………… (174)
  七 英雄人物的导向 ………………………………… (178)
  八 迁徙是被动的选择 ……………………………… (179)
  九 商品运动提供了选择的多样性 ………………… (182)
  十 科技与文化携带了新指向 ……………………… (184)
  十一 选择的原则与限制 …………………………… (188)

目　录

第六章　指向的属性 ……………………………………（193）
　　一　指向的来源 ……………………………………（193）
　　二　指向的表达 ……………………………………（197）
　　三　性指向 …………………………………………（199）
　　四　劳动指向 ………………………………………（203）
　　五　意识的指向 ……………………………………（204）

第七章　社会关系的困境及其消解 ……………………（206）
　　一　困境的产生 ……………………………………（206）
　　二　对象关系的梯次特征 …………………………（209）
　　三　个体追求社会关系的倾向 ……………………（211）
　　四　困境的特征 ……………………………………（215）
　　五　困境的消解 ……………………………………（219）

第八章　道德与价值 ……………………………………（226）
　　一　道德实体的意识来源 …………………………（226）
　　二　理性与道德 ……………………………………（230）
　　三　金钱与道德 ……………………………………（233）
　　四　道德价值的实现 ………………………………（236）

第九章　美与自由 ………………………………………（239）
　　一　自由与必然 ……………………………………（241）
　　二　创造美的劳动的二重性 ………………………（242）
　　三　劳动关系的永恒性质 …………………………（251）
　　四　艺术劳动 ………………………………………（256）
　　五　自然美 …………………………………………（259）
　　六　审美的历史视角 ………………………………（261）
　　七　漂亮、女性及其他 ……………………………（263）

第十章　超我 ……………………………………………（270）
  一　超我的来源 ………………………………………（270）
  二　超我的特性 ………………………………………（272）
  三　超我的上升 ………………………………………（275）
  四　无我之境 …………………………………………（278）

参考文献 …………………………………………………（281）

第一版后记 ………………………………………………（289）

再版后记 …………………………………………………（292）

插　图

图1—1　个体的宇宙 …………………………………………（37）
图1—2　"我"的总和 …………………………………………（55）
图2—1　个体的对象 …………………………………………（60）
图2—2　个体对象的层次性 …………………………………（94）
图3—1　对象在个体不同发展阶段的相关性 ………………（122）
图3—2　接受关系的演变 ……………………………………（127）
图4—1　原始自然与个体关系图式 …………………………（135）
图4—2　人化自然与个体关系图式 …………………………（139）
图4—3　不同知觉关系下的主体形态 ………………………（141）
图4—4　能动自然与个体关系图式 …………………………（146）
图4—5　自我与个体关系图式 ………………………………（149）
图4—6　按时间序列的人类的对象史 ………………………（151）
图5—1　对象关系双方的功能与对象域 ……………………（171）
图7—1　社会系统运动的简单多数原则 ……………………（218）
图9—1　镶嵌在劳动关系中的原始艺术既是劳动
　　　　　成功的标志，又是劳动自由的表达 ………………（247）
图9—2　从劳动形式到美的形式 ……………………………（249）
图9—3　镶嵌美的分离过程 …………………………………（262）
图10—1　人类发展曲线 ……………………………………（277）

导 言

人是其对象之所是

本书是指向个体的事实本身的一部著作。

任何一个个体的周围都拥有或多或少的世界,对每一个个体来说,这是一个事实的存在。然而,这些事实是真实可信的吗?是可以据以作为他的历史开端的吗?表面上看,这些簇拥在个体周围的事实,在现象的层次上正在不断地向个体发挥着它们的作用。个体往往满足于或者迷恋于与现象的作用过程,却忽略了对现象本身是否真假的甄别。黑格尔就曾指出:"特殊的东西同特殊的东西相互斗争,终于大家都有些损失。那个普通的观念并不卷入对峙和斗争当中,卷入是有危险的。它始终留在后方,在背景里,不受骚扰,也不受侵犯。它驱使热情去为它自己工作,热情从这种推动里发展了它的存在,因而热情受到了损失,遭到了祸殃——这可以叫做'理性的狡猾'。这样被理性所播弄的东西乃是'现象',它的一部分是毫无价值的,还有一部分是肯定的、真实的。"① 尽管黑格尔在这里指出了现象世界与躲藏在背后的普通观念的差异,个体的特定的、具体的世界与历史的普遍性、综合性之间的差异,但对于个体来说,他总是生活在现象之中。

本书所要指出的是,无论这些事实是否真实,它们都在对个体发生着作用。从个体诞生的那一刻起,个体就必然地要面对围绕在他周围的世界,他与这些世界发生各种各样的关系,这些世界先于个体的

---

① [德] 黑格尔:《历史哲学》,上海书店2006年版,第30页。

接受与选择

实践而存在，它们成为影响个体、决定个体的先天的力量。对个体而言，这些既定的世界就是他的本体，而他，只是本体的表现形式。

迄今为止，个体的成长问题一直是一个热门话题。只要生命是一个存在，生存和发展问题就是一个不可回避的问题，个体的成长问题就是需要个体终生解答和应对的问题。然而，在相当长的一段时间里，人们关注个体成长问题的视角停留在了个体内在的力量本身，而对于个体之外的力量的关注淡化了。许多人仍然认为，对一件事物而言，外因只是变化的条件，内因才是变化的根据。在这一认识的指导下，许多人在把握事物时总是把视角放置在事物的内部，似乎只要围绕着这个事物本身看问题，就不会脱离"内因说"理论的指导，因而也就抓住了事物发展的"根本"。然而，这种由"求取内因"进而把事物发展原因定格在事物内部的认识方法，使人们的眼睛蒙上了一层厚厚的外壳，从而使许多人机械地、孤立地认为，内因一定就是藏在一个物体里面的因素，即"内部因素"，外因就是"外部因素"。于是，事物内外之间被划定了一个固定的、看似清晰的界限，从而在内外因之间竖起了一道不可逾越的屏障，没有人再去考虑内外因之间是否存在着可以转换的辩证关系，内外因的分析方法变成了机械地、僵化地认识事物原因的方法，很少有人怀疑"决定事物发展的原因，必然地就是潜藏在事物里面的因素"这一机械唯物论的观点。

如果按照现在通行的说法，"事物的内部矛盾，就是事物发展的内因"[1]，那么，找到事物的内部矛盾，事物发展的决定因素似乎也就找到了。很明显，如果世界上仅此一件事物，我们也许就可以坚定地下这样的断语。可是，众所周知，世间事物并非仅此一件，而是万事万物，并且万事万物之间的联系是世界存在的真正本质。因此，我们对决定事物的根本原因的认识就不能仅仅停留于该事物的边界之内，而应该对事物的"内因"之因再行追讨，因为如果这个"内因"不是终极原因的话，它就是被决定的原因，而被决定的原因是不能决定自

---

[1] 教育部社会科学研究与思想政治工作司组编：《马克思主义哲学原理》，高等教育出版社 2003 年版，第 73 页。

身的。

　　让我们冲破把事物的终极原因终结于事物之内的认识局限，回到唯物辩证法关于事物的普遍联系的观点上，这里有恩格斯在总结马克思主义学说时的精辟概括为证，他指出，辩证法的出发点就是把普遍联系作为万有真理，"辩证法是关于普遍联系的科学"①，"相互作用是事物的真正的终极原因"，"我们所面对着的整个自然界形成一个体系，即各种物体相互联系的总体，……这些物体是互相联系的，这就是说，它们是相互作用着的，并且正是这种相互作用构成了运动"，"只有从这个普遍的相互作用出发，我们才能了解现实的因果关系"②。恩格斯在100多年前对世界发展原因的深刻揭示，却在100多年之后被很多人抛到了九霄云外，本体世界各个事物之间正在发生着的各种不间断的联系和相互作用的历史事实，似乎跟我们没有了任何关系，人们变得越来越麻木，任凭事物之间的运动对事物双方带来的发展变化和丰富多彩的质的飞跃，依然固守在单个事物之内，因此，我们关于事物的认识被僵化就成为不可避免的了。

　　现在，让我们回过头来，冷静地分析一下决定事物发展变化的终极原因。我们知道，事物发展的过程表现为量变和质变两种状态。就量变来看，它表现为事物的渐进过程；就质变来看，它表现为事物的飞跃过程。而无论是渐进性还是飞跃性，它都要靠事物内部矛盾的运动来推动。那么事物内部的矛盾又是如何运动的呢？

　　假设事物内部的矛盾运动来源于矛盾双方的对立统一关系，那么，矛盾的对立方面是指矛盾双方相互排斥、相互斗争的性质，体现着双方相互排斥、相互分离的性质和趋势；矛盾的统一方面是指矛盾着的对立面相互之间不可分割的联系，是对立面之间相互联结、相互吸引、相互渗透的倾向。这里的问题是：促使矛盾双方相互排斥、相互斗争、相互分离或者相互联结、相互吸引、相互渗透的动因来自何处？是什么力量让它们双方对立或者统一起来了？如果一个事物是孤立的，它

---

① ［德］恩格斯：《自然辩证法》，人民出版社1971年版，第3页。
② 同上书，第209、54、210页。

的矛盾双方自身会否发生变化？如果会，是不是说明了一事物自己可以产生它本身？是不是说明了世界上会有永动机的存在？如果不会，或者如果从物质世界是普遍联系的角度看，关于一事物的变化是不是必须要到与它联系着的他事物中去寻找？一事物不管它内部的矛盾有多少，它是不是通过它的矛盾的各个方面与外部世界建立了联系？是不是正是因为这些联系，外部世界支撑了该事物内部矛盾的各方？是不是只有当该事物外部给予矛盾各方的力量发生变化时，该事物内部的对立统一关系才真正地发生了变化？事实本身是这样的吗？本书认为，只有从与一事物相联系着的外部事物当中寻找该事物内部矛盾发生变化的根源，才是真正的唯物辩证方法。

马克思更加直接、更加肯定地描述了本体世界的这一法则。他在批判黑格尔和费尔巴哈时，十分明确地宣示了存在物之间互为对象的重大意义。他说："非对象性存在物是非存在物。""假定一种事物本身既不是对象，又没有对象。这样的存在物首先将是一个唯一的存在物，在它之外没有任何存在物存在，它孤零零地独自存在着。"这样一来，"非对象性的存在物，是一种非现实的、非感性的、只是思想上的即只是想象出来的存在物，是抽象的东西。"① 可见，世界上没有纯粹孤立的东西，如果我们谈到一个事物，那一定在它的背后有一个（或多个）影响甚至决定它的对象存在。如果忽略了这一点，我们就无法真正地靠近该事物，也无法把握该事物的真正变化。

显然，由于一事物与他事物的联系着的质和量发生了变化，该事物内部矛盾双方的均衡被打破，才促使该事物发生了根本变化。过去的"内因说"把内因作为变化的根本原因终结于一事物之内，而没有看到其内在的原因其实来源于事物之外。结果往往是，与此事物相对应的彼事物在此事物的变化中成了无足轻重的一方，此事物就是此事物，此事物之外的东西成了次要的和不以为意的东西。对于人这样一个与外界有着广泛联系的、具有开放性和能动性的高级动物，我们更

---

① [德] 马克思：《1844 年经济学哲学手稿》，人民出版社 2000 年版，第 106、107 页。

导言 人是其对象之所是

加不能用这种机械的、孤立的认识方法去看待他。

人与外界有联系，这是一个事实的存在。因为这个存在，围绕在人的周围的事物就是人不可回避的存在物。这些事物既可能是人已经意识到了的，也可能是人尚未发觉的，但无论人意识到或者没有意识到，它们都在影响着人的生存和发展。在影响甚至决定人这个问题上，围绕着人的、与人发生联系的世界是人的直接的对象。

人与外界事物的联系往往表现为相互对应的、彼此发生交互作用的对象性关系，这种关系一般地以人的接受或是选择的行为表现出来。对任何人而言，接受对象或者选择对象是他解决对象关系的基本途径。一方面，人是一个接受主体。人在成长过程中具有被动地、感性地吸收对象世界的物质、能量和信息的特性，在与对象世界的交互作用中，人形成于接受过程。另一方面，人又是一个选择主体。人在成长过程中具有能动地、理性化地对对象世界的质和量做出取舍、对自身背负着的重物进行卸载等特性，在与对象世界的交互作用中，人通过选择对象来改变他被注定要形成的对象性的历史。人在接受与选择行为的交替发生和双重作用下完成了他的一生。

正因为如此，我们应该在对人的认识上调整我们以往的视角。从全面的、动态的视角看，人是一个由主体和对象双方相互作用而成长起来的对象性存在物。人依靠对象展开自身，人在自己与对象的关系运动中展开自身，如果失去了对象，人就有可能成为一个怪物——一个没有了目标世界、无法向外展开的类似于无头苍蝇一样的东西。人的周围就会变成一片漆黑的世界，他要么沉寂，要么就会置身于依靠自我膨胀和自我分裂而复制自身的孤立的毫无意义的际遇之中。这个阶段，人在形式上还是人的躯体，但在内容上是否还能够称其为人是值得怀疑的。

进一步看，人本身又是一个序列（的集合）。人的任何阶段都是这个序列中的一个节点，但他一定是浓缩了他的前一阶段对象关系的节点。人通过这些节点反映整个的他，每一个节点都是他的整个"我"的某个侧面，人是在接受和选择双重作用的过程中成长起来的多个

接受与选择

"我"的集合。如果追溯一个人的历史，从出生开始，人就由每一个阶段的"我"构成了他的历史，这些"幼年的我"、"青年的我"、"壮年的我"以及"老年的我"，反映了"我"的对象世界在形成"我"的过程中到底注入了多少质料和内涵，这些诸多的"我"积累起来，成就了"我"的完整的一生。人的成长过程就是多个"我"的聚合与衍生过程，是人与对象共生共赢的过程。

上述与以前哲学著述大不相同的认识世界的视角，就是本书所要提供给读者的对象视域。我们提出从对象世界认识个体，基于两个最普遍、最简单但却是相互矛盾着的对象关系的事实：第一，有些对象世界一旦发生变化，处在其中的个体就会随之发生改变；第二，有些对象世界已经发生了巨大的变化而许多个体却仍然无动于衷。这两个事实的普遍意义在于：它们既没有同时肯定对象对个体的作用，也没有同时否定对象对个体的作用。但它们的同时存在却暴露了两个问题：对象世界与个体之间到底是什么关系？为什么会在同一个关系域中出现看似矛盾的情形呢？

从第一种情形看，它表明了世界与个体之间似乎存在某种对应关系，但从第二种情形看，这种对应关系似乎又消失了，第二种情形否定了第一种情形的真实性。这些事实的背后果真是这样的吗？否！第二种情形从表面上看是对前者的否定，而深入地看，它就是一种假象了。因为就同一对象而言，对甲个体来说是引起他发生改变的主要对象，但对乙个体来说却不一定是他的主要对象。换句话说，对象世界在个体面前其实有主次之分和强弱之别，由于对象世界的丰富性，又由于个体成长过程的阶段性，不同的对象对个体所产生的影响决然不同，同一对象对个体的不同阶段来说也表现出不同程度的影响力。那种当对象发生变化而个体还在维持原状的情形，其实是因为有另外更重要的支撑个体的对象还未发生改变——观察者看到的对该个体来说只是他的次要的、无足轻重的对象。对象世界对个体来说既然如此复杂，我们显然需要先了解这些复杂性的根源，然后才能应对变化。

个体需要关注外界的变化，并不断地调整自己与外部世界的关系。

导言　人是其对象之所是

不能因为过去个体的外界没有变化就轻视这种影响力，也不能因为个体外界的变化有时会被第三方的力量所应付和替代，个体就永远希望被这种力量庇护而不去关注外界事物的变化。对于有些个体而言，变化着的世界正在教给他们更加深刻的认识，而对另一些个体来说这种变化则还没有发挥作用。无论如何，认识外界的变化并唤醒我们自身，是中国社会从几千年来封闭的、静止的农业社会进入改革开放和市场经济时代对人们的基本要求。在新时代的作用下，一个人不能仅仅认识到世界在变就可以了，他还必须看到：他必须主动地适应世界并且积极地改变世界。他如果不能在改变世界的过程中调整自己与这个世界的关系，就会永远地囿于这个陈旧的世界，其结果必然是与这个陈旧的世界一同被埋葬。换句话说，一个人如果不能建立他与世界的关系的新视域，他的生存和发展的目的就难以超越眼前的世界。

周围的世界作为个体的对象，不仅因为个体在某些方面是受本能驱使的，而且因为个体在群的历史以及自身的历史积累的基础上获得了更多的能动性。个体出于本能，不得不依赖于外面的世界；个体之所以能动，是因为他只有依赖外面的世界才能超越世界给予他的局限性。所以，就个体的全部——本能特性和能动特性——而言，个体是以围绕着他的对象世界作为依据而行动的动物。历史地看，任何个体，作为人，他是其对象之所是，人的历史必须从与其相联系的外部世界这一对象性的历史中去寻找。

一个人所涉猎的世界往往浓缩成这个人的思想的质料、行动的偏好以及他的品格的一部分。他的生存和发展过程、他的人生目的和意义的确立都离不开这个世界，他是他的世界的缩影。他成长于这个世界，他的一切源泉都来自这个世界。如果新的世界不能靠近他，他的成长的新的增长点又在哪里呢？所以，这个世界就是他的目的的原因，而扩大了的世界则会成为他的目的扩大的原因。这个世界与我们的关系如此亲密，而我们一些人却撇开这个世界来看待人类自身的演变，这显然是十分危险的。

如果从现在开始就调整我们的视角，我们会发现，依据围绕着我

接受与选择

们的世界来观照我们的人生，这个世界的意义就在于，缩小或者拓展它，给我们带来的结果是迥然不同的。当世界缩小的时候，我们的目的和意义也会跟着缩小；当世界扩大的时候，我们的壮大就是必然的。我的世界每天都在缩小吗？我为什么要围绕眼前这个世界而发生改变？我是否发掘了更加广阔的世界？我还有选择的余地吗？等等。只有我们每个人回到我们与世界的关系本身，打开一切人生之门的钥匙才真正地找到了。

简单地看，围绕着我们的世界常常以两种方式表现给我们：第一种是直观的表现方式。这个世界的许多变迁，就像20世纪末苏维克—利维九号彗星碰撞木星那样，显著得让我们一目了然。对于这种变化，似乎不用任何提示人们也可以觉察得到。第二种则是隐性的、渐进的变化。这种变化更像是一种暗流，令我们不知不觉。如果不细心观察和拷问，我们似乎难以发现。然而，我们对于前一种情形往往总是能够产生高度的警觉；而对于后者，很多人像是被关在黑暗的笼子里，不予觉察，直到岁月将自己悄悄地埋葬。实际上，我们不觉察后者的原因，一是我们未能认知后者的运动规律，没能掌握认知的利器，因而即使后一种状况来到我们面前，我们的无知也会放过它；二是与我们的惰性有关。说到惰性，我们的确在很多情况下连自己本身现有的力量都不能完完全全地发掘出来。有许多这样的人，他们将自身封闭起来、隐藏起来，不愿接受外界的信息。如果他现在的生活是安逸的，他愿意一直保持这种状态，而从不想打破它。还有一些人，他们让自己拥有的器物仅仅发挥个别的功能，而从不想在科学的指导下全面而深入地了解和掌握这些器物。人类不能物尽其用的做法和人类不能将自身人尽其才的做法是出于一辙的，它们都源于人类的惰性。

人类的这种惰性是以什么为前提的呢？是来源于人的肌体本身吗？是从祖祖辈辈那里学习来的吗？还是有另外的原因？人类的发展是否永远囿于这样的局限呢？显然都不是，人类几千年的文明史已经对此作出回答。如果我们环顾四周，再把它与6000年前半坡人（中国西安半坡遗址中处在半坡氏族社会生活形态的原始人）的世界作比较，得

导言　人是其对象之所是

出令人惊叹的结论是必然的。事实上，只要我们略加思索，就会发现懒惰源于懒惰者的外部世界，源于他和外部世界的关系。懒惰者所在的关系是：他不需要勤奋也可以存在下去。

也就是说，人作为一个"关系存在"，或者确切地说是"对象关系存在物"，"存在"本身是他的其他属性得以存在的前提。当人与世界的关系尚不足以危及他的根本"存在"时，他可以选择勤奋，也可以选择惰性；而当他的"存在"被危及其去留时，他已经没有更多可选的"存在"了。

从广义的自然界的角度看世界，人与世界的关系可以简化为人与自然的关系。自然界给了人的身体，如果没有自然界我们就会饿死（是自然界赐给我们温饱的物质）；同样，自然界也给了人的精神，如果没有外在世界，我们的大脑就是一片空白（是外部世界的丰富性充实了我们的头脑）。恩格斯说得好，我们必须时时记住：我们统治自然界，决不像征服者统治异民族一样，决不像站在自然界以外的人一样，——相反地，我们连同我们的肉、血和头脑都是属于自然界、存在于自然界的；我们对自然界的整个统治，是在于我们比其他一切动物强，能够认识和正确运用自然规律。[①] 在这里，恩格斯揭示了我们和自然界的两层关系：第一，我们是自然界的一部分，我们就是自然界，但外在的自然是我们自身自然的前提。第二，我们高于自然界，我们是能动的自然，但只有在自然界中，我们才能成长为能动的自然。

如果让人类回归到大自然当中，我们似乎应该警惕下面的现象：

> 看电视《动物世界》，你会憎恨食肉动物，怜悯食草动物。同时你又会发现食肉动物的智慧大于食草动物。更进一步你会发现食肉动物要比食草动物团结，而且有着人类社会的纪律性和组织性。食草动物就不行了，它们表面看起来成群结队地聚在一起，然而，只要出现一只狮影，一只干瘦的草原狼，这成千上万的雄

---

① ［德］恩格斯：《自然辩证法》，人民出版社1971年版，第159页。

接受与选择

壮（即食草动物）立即就四逃八散溃不成军。眼睁睁地看着同类的肉体喂饱了敌害的胃肠，全体才轻松起来，渐渐放慢脚步悠闲地啃草。

食肉动物却不同。狮子们的团队精神令你惊讶，最强壮者冲锋在前，次强壮者从旁协助，无能者在家看孩子；荒野中一只独狼遇到危险，就会发出撕心裂肺的求救哀鸣，立即就有同伴从四面八方赶来救助。食草动物不具有食肉动物的组织性与纪律性，是因为它们的生存太容易，低头啃食一动不动的青草，抬头咀嚼老老实实长在那里的树叶。而食肉动物要喂饱自己的肚子，却要面对拼死的挣扎和疯狂的逃窜。它们必须绞尽脑汁，用尽心机，必须纪律严明，团结战斗。艰难困苦会使人迸射出惊人的智慧、惊人的狡诈、惊人的勇气和惊人的创造；饱食终日会让人变得昏昏沉沉，无所事事。这其实是极其浅显的道理，然而，人们最容易忘记也最容易忽视的就是浅显的道理。①

食肉动物与食草动物在后天的区别来自它们的饮食对象的区别——进而来自它们攫取食物（对象）的方式的区别。食肉动物与食草动物内部的社会性（如果把它们内部的关系也叫作社会性的话）与它们赖以生存的饮食对象有着不可分割的关系，这似乎预示了人类虽为高级动物，但当其依然不能摆脱饮食需要的控制时也会具有类似的属性。很明显，在个体之间，除了先天因素的差别之外，从产生下来的那一刻开始，人便越来越被他周围的一切所决定。不难发现，虽然在基因的控制下胚胎已经具备了人类的雏形，但随着人与自然界的作用对象的不同，他可能变成良善的人，也可能变成恶劣的人，还有可能变成狼孩以至其他的动物属性；即使他今天变成了其中某一个结果，也不能确定这就是他最终的结果。由于他未来的对象尚未确定，他在最终是变成张三还是变成李四的方向上仍有许多或然性。简言之，张

---

① 邓刚：《食草与食肉》，《文汇报》2003年3月30日。

导言　人是其对象之所是

三或李四并不是他出生时就要生成的产物,而是他后来碰到的对象世界让他生成的产物。我们揭示人的后天对象对人的成长的意义就在于,人是他在后天所获得的对象世界的产物。

相对而言,人与对象世界的关系在人类易于观察的意义上表现为两种截然不同的状态,即稳定性和多变性。稳定性表现为人仅仅与原有的对象世界发生作用的那种状态;多变性则表现为新的对象世界在代替旧的世界时给人带来的影响。与原有的对象发生作用,人可能处在原有的水平上;与新的对象发生作用,人必然会获得新的增长。反过来说,只有当人的外部世界具有稳定性的时候,人的对象关系才处在稳定的状态,人类自身的生产、生活习性才会得以保持并保存下来。换句话说,如果一个民族要保存自己的习性,只要保持其对象世界不发生改变就可以了。

我们对于从系统论的角度把人本身看成是一个系统存在物的观点是没有疑义的。以此为根据,人所面对的世界可以看成是由多个系统组成的系统链。系统论已经向我们揭示了系统之间具有相关性的重要原理,即一个系统内部各子系统之间具有相互依存、相互制约的性质。当一个系统发生变化时必然波及另一个与之有联系的系统,而系统总是在处理它与其他系统之间关系的过程中发展自身的。系统之间极强的相关特性预示了人与外部世界之间的不可分割性。以人与他周围世界的关系来说,当人所面临的外部世界具有稳定性的时候,人从其中所获得的物质、能量及信息等资源也是恒定的,因而,人本身的传统习性也就得以完整地保存下来。

由此可见,保存人的习性还是改变人的习性,与人所面临的外部世界有着极为密切的关系。一种看似表现在人类身上的习性,其实来自这个群类所面对的外部世界。进一步看,当我们承认人的生存和发展离不开外部世界的时候,我们就必须承认人与世界之间存在着经常的交互作用,我们也就不会否认,人与世界的交互作用的结果必然会烙印在人的身体的某处。绝对地看,人的外部世界打在人身上的烙印是难以洗刷掉的,因为这历史已经进驻他的体内,和他的身体融为一

接受与选择

体,从而变成了今天的他的一部分。他可以用新的烙印埋藏旧的烙印,但却不能否定旧的烙印的历史。针对袜子是否洗干净的情形,我们也许可以抽象地说"洗净的袜子是布",但在实际上,穿过的袜子是无法回归到以前的水平的。从这一点看,人们的对象带给人们的是一维的、矢量的、不可逆的特性。正因为如此,人们在与对象世界建立关系时才表现得慎之又慎。人们重视新的对象的到来,就是重视自己的未来,就是重视自己的生命。这样一来,不难看出,围绕在人周围的世界是一个对人发生意义的世界,它影响人、决定人、造就人。相反,那些没有涉入人的生活的世界尽管也是客观存在,但它们是自在的、未对人发生作用的世界,它们在对象性上难以构成人的现实,因而对人而言它们还不能被称为对象性存在物。

如果从个体即从单个人的视角看,每个人的周围都有他自己的世界,每个人都处在由他自己的存在所建构起来的对象关系之中。这一世界对人的意义在于:

第一,围绕在人周围的世界是人生存与发展的原因。这句话的意思反过来就是,每个人都是"他的世界"的产物,他被变成集中地体现他的世界的聚合物。人栖居在这个世界之中,从这个世界汲取一切"营养",也从这个世界中感受发展的希望。任何清醒的观察者都可以看到,在接触世界之前,人在人的意义上还只是一个空洞,他的感觉、知觉以及思维都是一片漆黑,是一片未被开垦和未曾受过污染的处女地。虽然人本身具备了可以感觉、可以思维的生理机能,但在拥有这些机能的器官还没有遭遇它们的对象之前,其内容等于虚空,等于无。它如果没有去接触世界,就是一块白板,就是虚空。

方方在其中篇小说《水随天去》中描述了男女之间的这种现象:"每回水下红脸时,天美就会笑,声音格格地,像家里吵醒的小闹钟,又清脆又入耳。笑完天美就会叹说,也是呀,刚脱下开裆裤的男伢子,还不晓得女人的好处,心里头还黑着哩。水下不懂天美的意思,便问为什么心里头黑。天美说,女人是灯哩,装

导言　人是其对象之所是

进了心里,你心里头才会亮。水下还是一脸的疑惑。水下说,女人怎么会是灯呢?"① 在这里,把对方装进自己的心里,就是使自己心中的"无"开始向"有"转变,原来那种混沌一片的黑暗的"无"被到来的"有"占有了。显然,"有"与"无"相比,前者直接地就是人的光明的世界,恋爱者的对方就是己方的"明灯"。"有"让人变成了明亮的人,也变成了真正的人。

人与世界中相应对象的作用,使人这个空洞体迎来了填充物,虚空获得充实,生命得以确证,人也因为与"有"发生了联系而具有了存在的意义。人由于填充物的到来而与对象世界链接起来,人进而开始珍惜他的生命,人也同时积累了与世界产生对立的前提。

所以,人只有在他的世界的不断的给予之中才能获得新生。在这里,人的存在的基本含义转变为他与世界之间是否建立了某种关系。坦率地说,没有世界关系的人只是一个虚空,一个躯壳,他没有人的意义,在对象世界到来之前,他不是一个为人的存在。作为人而存在的生命的意义来自于人与世界的关系。就此而言,世界上所有监狱的意义就在于:它依靠剥夺或者隔离人的对象性存在,使人遭受到非人的境地与拥有对象的境地之间的巨大落差所带来的心理的、生理的感受进而促使人在反思自身与对象世界的关系中重新悔悟并觉悟起来。

第二,围绕在人周围的世界是人的主体性的确证。客观世界是无限的、广袤的。从这个意义上讲,在没有人之前,世界是没有中心的。虽然有人会提出太阳系以太阳为中心、银河系以人马座为中心等观点,但这种宇宙的中心并未表明它与人类的关系。显然,没有人类的世界是消散的、自在的、游离状态的。人类的出现,给世界赋予了标识性的意义。自从有了人类,世界就不再是孤寂的,宇宙的一切运动也都变成了有意义的运动。我们注意到,在广袤世界中的某个时间段里,

---

① 方方:《水随天去》,《新华文摘》2003年第3期。

接受与选择

地球上出现了"张三李四王五赵六"等人，他们各自在这个大千世界中汲取"营养"并展开认知和探索，他们成了记录这个世界的"符号"，整个客观世界便被他们分化了、瓦解了。于是，客观世界中的一部分便变成了"张三"的世界，另一部分便变成了"李四"的世界，以此类推，每个人都因自己的视角所及划出了世界的范围和界限。他们聚居在自己的世界的中央，与这个世界发生着物质、能量和信息的变换。每个人就这样在他所能触及的世界中生存着、发展着，这个世界因这些个体的出现而生成了一个个不尽相同的能动的主体，整个世界因这些主体的出现而富有生机与活力，世界的丰富多彩至此才变得有了意义。

当整个世界被这些主体"分割"之后，世界之间的同一性和差异性便真正地出现了。对每一个体而言，你的世界并非他的世界，但因为你与他是站在同一个视角观察世界的，所以，你的世界中有他的世界。任何人都拥有一个世界，我们共同认识的世界是重合的部分。世界对每个人来说都有大小之分，深浅之别。这个世界因此而被命名，这个世界由于此人的存在而变成了一个特定的客体。或者更直接地说，这些世界"在观念上（精神上）"变成了这个人的一部分，它充实了他，支撑着他，成就着他，它，就是他的主体性存在，就是一个个实在的个体的确证者。

第三，围绕在人周围的世界与人的关系的层次性形成个体之间的差别。从空间上看，周围世界与人之间有远近和深浅的关系；从时间上看，周围世界与人之间有过去、现在和将来的区别。就前者看，人涉世越深，就距离整个世界越近，原来那些深不见底的世界和原来那些远在天边的世界就屹立在人的面前，它们的到来，增加了人与更大的世界统一起来的可能性，这个更大的世界的到来自然地预示了人将由此而趋向更为强大的某种可能；就后者看，已经过去的世界正因为它已经成为过去，它对人而言便成为十分珍贵难得的对象世界，它无法重复，不能再生，唯一能够起作用的，就是它通过人的记忆的理性观照着人的现实。相对而言，过去的世界不如现实的世界对人的影响力，

导言　人是其对象之所是

遥远的世界不如身边的世界给予人的重要性。如果一个人身处饥饿状态，他与他人的关系就可能屈就于饥饿的需要；如果一个人处在温饱状态，他与他人的关系则可能上升为主导关系。类似的诸种对象关系之间的相互制约性，说明了人所建构的对象关系之间具有极其重要的层次性和差异性。人愈是介入对象关系，人就愈是远离虚空状态，人也就愈加充实，人应对外界的力量也就愈加强大。显然，从虚空到充实，标志了一个人与他人的对象世界的差距，人在时空意义上的对象世界是人与人之间构成差别的根本原因。

如果回到人这个个体本身，上述不同层次的关系不仅决定了个体的过去，也标示着个体的未来。一方面看，人形成于周围世界，另一方面看，人又依赖于周围世界而不断地向外展开自身。个体正是在这一看似循环往复实则在范围和深度上不断递进的关系中创造了自己的历史。

本书所要揭示的，恰恰是人在每一个历史节点上所能发挥的作用。由于人一生下来就与对象世界相分离，这就埋下了人与周围世界与生俱来的矛盾。但是，即使是人的生存经常地受到衣食、阳光、水分的困扰，即使是在人的世界中与自身相统一的对象极少极少，即使是人们从事劳动的工具仍然落后，即使是人的心理不能获取同类的理解和认同，即使是人还没有建立起适合自己的群体关系，等等等等，而人一旦把握了某些制约他的对象世界——哪怕它是一个很狭窄的世界，人也会不失时机地按照他的已经形成的尺度去改造这些对象。随后我们将会证明，这不仅是人自身的现实需要，而且也是人已经形成的对象世界对人的"絮絮叨叨不厌其烦的叮嘱"。人一方面形成于他的世界，另一方面也按照他的已经形成的尺度改变世界。

事实上，就人的一生看来，他和对象世界始终构成对立的两极。有时是对象世界在无情地改变着他，有时是他能动地改造着对象世界；有时是对象一方上升为矛盾的主要方面，在对象关系中起着主导作用，有时又是人处于矛盾的主要方面并且对这一矛盾关系的变化起主导作用。人和对象世界的这种交替出现的双向作用，使许多研究者因迷失

接受与选择

了认识的方向而发出感叹和困惑：我们到底应该重视人的一方，还是应该重视我们的对象世界呢？其实，个体的一生已经向我们展示了这两个极端合二为一的过程：幼年的个体由于他处在对象关系中弱小的一端，他更多的是受动的，因此才有了人们希望保护少年儿童的强烈要求；成年的个体由于他已经壮大起来，自主起来，因而他是能动的，他已经有可能在更多的领域中把握对象世界。在幼年的个体身上如果说是物质决定精神的成分较多，在成年的个体身上则是精神支配物质的可能性更大。由此也可以看出，理性、精神因素对于成年人是多么的重要。成年人如果失去理性，他似乎就要把自己降低到孩童的层次了。

对象世界提供给个体的，是个体日益丰富的精神世界。很多人对于"精神"有着太多的神秘感，比如维基百科网站的解释是灵魂、心灵、意识、理念、生灵、鬼魂等，[1] 认为是人类生命力的来源；百度百科引用了旧哲学的观点，认为精神就是人脑对客观世界的反映，主要内容是"意识"，[2] 而意识在心理学中又被定义为人所特有的一种对客观现实的高级心理反映形式，因而，在这里精神似乎成了人本身与生俱来的东西。显然，这些解释所描述的只是精神的形式，而仍然没有给出精神的实质内容。从对象关系认识人的精神实质，就能够比较清晰地看到，每当人建立一种对象关系，这种关系就会寄宿在人的体内，被人记录为感觉、知觉或者意识，成为人的精神的基本内容，并支配着人的下一步的行动。人的主体性恰恰是其从对象那里获得的精神的、理念的支配性。

因此，个体的成长历史既是对象一步一步进驻个体的历史，又是个体观念地把握精神世界的历史。愈是年长，他的精神的力量就愈是庞大地统摄了他的物质——犹如"六十而耳顺，七十而从心所欲，不逾矩"[3] 的境界一样。

---

[1] 维基百科（http://zh.wikipedia.org/wiki/%E7%B2%BE%E7%A5%9E）。
[2] 百度百科（http://baike.baidu.com/view/24584.htm）。
[3] 《论语·为政篇》。

导言　人是其对象之所是

关于个体年龄上所表现出来的差异，马斯洛也有过类似的看法。他认为，自我实现"只能出现在年龄大一些的人身上。它往往被视为事物的终极状态，被视为远大的目标，而不是一个活跃于一生的动态过程，它是一种存在，而不是一种演变。"① "自我实现"的人通常都有六十岁或六十岁以上，所以大多数人都不属于自我实现的人；大多数人不是静态的，他们尚未达到这个境地，但他们正走向成熟。②

以年龄看待个体与外界的关系，实质是个体接受了多少外界事物的同义语。毫无疑问，年纪越小，个体与对象所发生的相互作用也就越少，个体所获得的对象也就越少，由对象而转化成的精神世界也就越小，个体进一步选择对象的能力也就越低下。

由此可见，选择对象的前提是接受对象。个体接受的对象愈多，他就会变成我们平时所赞赏过的那种"见识广的人"和"阅历多的人"，他再次遇见其他对象时就会"临危不惧"和"处变不惊"。这说明，人在与对象的相互作用中既积累了经验和理性，又积累了下一步行动的能动性，他从接受主体演变为选择主体。他拿着已经接受的对象世界给予他的尺度选择新的对象世界。那种符合尺度的对象往往作为真的、善的和美的对象物经过选择之后被重新接受、保存和发扬光大；那种不符合尺度的对象则被他拒绝在他的大门之外。

以此为导向，人所选择的世界往往与人的综合品质具有同一性，即从人可以观照其对象，从对象可以观照人本身，二者互为印证，古人所谓的"近朱者赤，近墨者黑"在这里被颠倒过来，变成了"赤者近朱，墨者近黑"，人与对象之间变得越来越"气味相投"了。人凭借自己从对象世界所获得的理念的力量，再把这种理念对象化在外部世

---

① 参见［美］弗兰克·戈布尔《第三思潮：马斯洛心理学》，吕明等译，上海译文出版社1987年版，第26页。

② 同上。

接受与选择

界之上,从而使自身来自对象的规定性得到释放,使游离状态的本质力量找到了安放之所。

上述说明,人与他的世界的关系成为人的一切活动的出发点,任何人都从这里出发去判断一切事物。在这里,由于人所面对的世界直接地是人的现实,它也就对人而言是其"真实",而人一开始就是一个从在他看来是真实世界的体验出发支配自己行为的动物。在这里,感觉成了描述人与世界关系的第一种精神状态。人感觉到他周围的外在事物的存在,也就是感觉到他自己的存在。虽然他在感觉阶段并不能完全地理解它们,但他的感觉给了他自己它们具有真实性的信心和勇气。他相信它们,依赖它们,他以这种感觉向外展开自己。在人的初始阶段,由于感觉是人的精神的全部来源,感觉就与人的精神具有同一性,感觉等于精神,感觉便是人的精神所依赖的真实性的全部内容。个体依赖其感觉到的"真实性",进一步扩展他的世界,被他感觉到的一切也被他定义为真实的世界。在这个阶段,他生活在他的感觉之中。

人对自己的世界产生怀疑,是在感觉阶段之后。人的意识机能被对象世界的到来而激活,使人观察到了对象世界更多的侧面,意识因而超越感觉并开始批判感觉,帮助人重新审视人的现实。

意识对感觉的批判,始于人与感觉世界的源源不断的矛盾。由于感官本身作为认识工具的局限性,它很快地处在人与对象之间的夹缝之中无法自拔,许多现象它无法解答,许多前期感觉到的"真实性"又被后来的感觉所推翻。感觉世界的自相矛盾逐渐地把个体身上离散的意识"细胞"串联起来、整合起来,意识开始变成一个"统摄感觉"的活物,一个在个体身体中决断感觉、高于感觉的"我",它毫不留情地展开了对感觉的批判。

意识由批判感觉发展到批判自身,意识变得活跃起来,理性起来。它不仅对感觉开始诘问,而且反观自身。它从更多的对象世界看到了个体自身更多的方面,又从个体更多的方面看到了自我意识的边界的无限性,它的"观察"能力日渐增长,最终把人引向了对自身的怀疑。至此,个体由感觉的、僵化的、被自身纯粹的自然器官所引导演变为

导言　人是其对象之所是

被统觉地、主动地"反思"这一认识利器所主宰。人的（感觉的）世界在人所获得的新的认识工具的帮助之下被重新解析，人与世界的关系就有被重新界定的可能。

可以看出，人的感觉世界、知觉世界和理念世界等成为定义人生意义的重要的域，因为这是他的对象世界所给予他的在他看来是真实的东西。如果没有这些对象的到来，他就没有感觉，没有知觉，没有意识，他所剩下的就仅仅只有肉体组成的躯壳了。而如果这样的话，他和自然界的其他动物就没有什么两样了。因此，对一个人而言，他不仅仅是被存在所规定的"物"，而是要把握这规定，验证这规定，要进一步发现这些规定性的意义。人所形成的感觉、知觉和理念等作为人的对象关系的凝结物，它们既是人与世界之间的中介——它们的一端通向对象，另一端通向人本身，——又是反映人与世界之关系深浅程度的人的能动属性的标志。后者所体现的，就是人把握对象的能力的大小，人通过这些能动性，实现了对他的存在的本质的确证。显然，在这一关系之下，人的存在与人的能动性之间具有关联性，——它们是共同迁移、共同进退的。正因为人的存在不是僵死的、固化的，他才被行动证明自己是一个"活物"——一个不同于其他物种的"活物"。在这里，人成了不停地追问存在的存在。他要不断地用行动证明存在的合理性，他希望自己生活其中的存在一定是一个真实的存在。在他看来，唯有真实才是有意义的，才是可以充任出发点的东西；那些在他看来是虚假的东西无法证明它们的存在，也无法证明他作为"观察者"的存在，因而不是他的出发点。当我们谈到每个人拥有对象世界的时候，我们其实是假定这对象对他而言就是真实的世界，对象世界也只有在其是人的真实世界的前提之下才能够成为人的现实依据，它才能够通过每个人的感觉和思维进入这些人的存在范围并影响他们。这一点，正是马克思主义经典作家所言的思维与存在的同一性，也是这个世界能够成为每个个体成长的原因的重要根据。

由此看来，个体所在的世界对其而言是如生命般重要的存在。个体如果不知道他所在的世界的目的，也就不知道他自己的目的，这样

接受与选择

的后果是难以想象的。从这个意义上讲,对个体而言,了解这个世界的目的比了解他自身更为重要。个体必须知道,这样的世界希望把他变成什么,他在这个世界面前可以做些什么,这也是本书的目的所在。

本书的研究对象就是个体的成长问题。虽然这一问题在今天看来并不是一个全新的命题,但是,这一问题至今还没有得到一个完整而确定的答案。有一些学者的观点建立在生物学的基础之上,在他们看来人的成长过程是人的内在驱动力如力比多等诸多的肌体内在力量作用的结果,或者被简单地归结为与性的作用(如恋父恋母情结等)有关;也有一些派别认为个体自己什么也不是,他就是神灵意志的产物,是这些超验的东西的派生物;还有一些论者从环境的角度出发探讨个体的生理、心理基础,但当他们陷入纯粹的自然环境之后,就再也不想向前踏出半步了,在他们那里,自然环境与社会环境之间被竖立起一个严格的、森严的界碑。上述观点的通病都是就世界的一隅出发解释个体,而没有把个体的外在世界看成动态的、系统的、连续运动的序列,因而无法给出个体成长过程的系统描述。

本书旨在证明,任何个体的成长既不是来源于他自身先天的力量,也不是外部世界的简单的推动力的条件反射。个体的成长最直接地与他和生存处境所构成的关系有关。在一种关系下,个体表现为一种状态;在另一种关系下,个体则表现为另一种状态。换句话说,个体的本质来源于个体与他的生存处境的关系建构。这种关系就是本书所称的对象关系。任何个体以及个体的任何阶段,都表现为他的对象关系建构的产物。那种或者偏重于人的自然性的一面对人的解释,或者偏重于人的社会性的一面对人的解释,只是对人的历史长河的片段的片面描写。

本书运用的分析方法是基于每个观察者的共同视角。也就是说,这种方法是每个观察者拥有共同体验的方法。

第一种:纵观历史的方法。无论是达尔文对生物进化的描述,还是马克思对历史分期的揭示,他们都或者把生物,或者把人的动态的、历史的现象看成一个自然的发展过程。历史地观察个体的演变,就会

导言　人是其对象之所是

发现发生在个体身上的许多现象都是我们的研究素材，包括那些自然因素（如性的作用）、社会因素（如群的作用）、精神因素（如宗教的作用）等等。这些因素虽然在宇宙本体的层次上相互之间有主次之分，但当它们在不同时段、不同地点来到人的面前而对人发生作用时，它们原有的本体属性便退居次要地位，与此同时，它们显露给个体的属性则上升到主导地位。在某种意义上，对象世界的自发的历史与它们来到人类面前的历史并不完全一致，它们谁先来到人的面前，谁便具有"先入为主"的地位，它们因此便对人产生了先决的作用。但是，本书所关注的并不是这种现象，而是当历史上所发生的所有对象放置在同一视域之下时，个体是如何反应的。我们知道，当诸多历史现象汇集在一起时，我们观察个体的视角有可能从狭隘的单个领域转向全面的、动态的、系列的、全方位的视角，这一视角下的个体的"理念"要比仅仅产生于狭隘视角下的个体更加接近事物本身。同时，历史正因为它是历史，对于今天的个体而言它便具有无可置疑的"先在性"（即历史性）。"先在的"事物无论其是物质的还是精神的，它们都将成为个体成长过程的对象视域中的先验的存在。

在这里，历史的长焦距和慢镜头再现了我们一睁开眼睛就呈现在眼前的所有物种的历史概貌。如果我们仅仅立足当下所见，其中的褊狭是不言自明的；而如果我们从历史的源头开始纵览人的演变过程，一个清晰可见的现象是，原始人与现代社会的人相比，前者更注重由血缘纽带联系起来的氏族关系，而当时的道德所维护的也恰恰是这种血缘上的自然性；今天的人们却与此相反，人们也尊重血缘关系，但人们更看重别的一些关系（比如劳动关系、资本关系以至政治关系等）。对现代人而言，今天的这些社会关系更加制约了他的成长，他把尽快进入劳动社会看成他得以尽快成长的先决条件。愈来愈多的人已经感受到掌握发达的社会关系比依赖纯粹的自然界对于人的重要程度，谁要是脱离社会，就意味着走向消亡。

在人类历史的演进过程中，人们在有的阶段倾向于追求人的自然属性，在另一些阶段却倾向于追求人的社会属性。人们所遭遇的困境

接受与选择

正是在于当其置身此阶段之时往往忘却了其他阶段的存在，当其与某一对象处在"蜜月期"时往往忽略了其他对象的存在。人们往往由于现实的存在是既定的事实而习惯于从现实对象出发思考问题，相反，如果我们从历史的长河来观察个体的发展，要比我们截取历史的某一阶段所观察到的事实更加符合客观世界本身。

第二种：反观现实的方法。对本书而言，个体一生的经验作为他的现实存在也是重要的考察对象。直观地看，个体的发展是由一个幼小的胚体到成熟的人体的演化过程。每一位观察者都可以得到如下体验：他拿来任何个体做标本，此个体的成长过程是由小到大，由弱到强，由充满自然因素的、近似于一般动物的个体到逐渐社会化的、充满意识能动性的个体。这种过程说明，人的成长在形式上表现为一个胚体所经历的从幼年、青年、壮年到老年的演变过程，在内容上表现为他所遭遇的各种对象与他自身的结合或疏离与充实或空乏等过程。

个体的每一人生阶段的存在都是"应该如此"的吗？他还有没有改变现实关系从而改变其存在方式的可能性？如果一个男性个体对人生的理解是"老婆孩子热炕头"，另一个男性个体为什么要反对他的这种幸福观呢？他的反对的理由来自何方？呈现在现实生活中的人们到底应该怎样地生活？当他们身上所包含的自然性和社会性不平衡的时候，他们应该作出选择和调适吗？上述种种问题表明，中国的许多个体就像拿破仑所描述过的当年的整个中国一样还在沉睡着，睁开眼睛反思身边的现实成为个体发展的主要任务。我们可以毫不夸张地说，对现实关系的反思能够让我们跳出对现实存在的依赖，从而走出褊狭认识的窠臼，重新界定我们的未来。

以上两种视角是本书研究问题的重要的方法论。这种视角在一般人看来是再平常不过的，因而也是扎根于人们的普遍生活之中而易被遗忘的。正因为这一点，在任何具体的状态下，这种视角得出的结论总是更具有普遍的意义。

让我们抽象掉那些扰乱我们视线的成分，从生存和发展的角度看，人与外部世界至少存在着以下几种关系建构：（1）不变的人与不变的

（稳定的）世界。（2）不变的人与可变的（正在变化的）世界。（3）变化的人与不变的（稳定的）世界。（4）变化的人与可变的（正在变化的）世界。这四种组合状态，对人的生存与发展所起的作用有着显著的区别。

第一种，不变的人与不变的（稳定的）世界。这是一个绝对稳定的关系建构，可以看成是超稳定结构。在人的一方，没有增加物质、能量和信息的可能，在世界的一方，也没有扩展的可能性。这里所形成的是人与世界合二为一的纯自然状态。现实社会中一些偏远山区的世界关系图景可以近似地视为这种状态。这一世界关系结构的特征是封闭性，持续稳定的时间也较长。

从根本上讲，在这种结构中，对人而言，他的世界范围始终维持在一个不变的视域，这世界对人的给养是恒态的，给人的意识的内容是重复的，这种关系的运动仅仅是原有水平上的重复，其结构是超稳定。当人所映照到他自身的世界是过去的、不变的、重复的世界时，人的获得性（犹如达尔文所揭示的生物进化过程中的获得性一样）就是过去的、不变的、重复的。当没有外力（比如偶然性聚变等）发生时，人要发展就是不可想象的。

第二种，不变的人与可变的（正在变化的）世界。这是一种双方力量的对比与较量。当人所面对的世界发生变化的时候，人所汲取的物质、能量、信息自然而然地发生了变化。如果人本身不想适应这一变化，一种情况是跳出眼前的这个世界，另行选择；一种情况是在人原有的形式上可能保持一个时期，但人与世界的关系事实地发生着渐变，这种变化也必然会给人带来改变。就此看来，这是一个半开放结构，客体世界对人的强迫作用，最终改变了人本身。现实社会中市场经济浪潮对从计划经济中走过来的人们的冲击就是如此，只不过在这里人是被动地改变的。

第三种，变化的人与不变的（稳定的）世界。历史已经向我们证实，人是能够制造工具并使用工具的高等动物。希望改变自己的人是包含了某种外向性理念的人，是积极地体现人的能动性和主体性的人。

接受与选择

这样的人，即使他所面临的世界不发生变化，他也想改变它。而在任何状态下，只要是人的一方产生了改变世界的想法（我们对这种想法的来源暂且不去讨论），他们对世界就变得无所畏惧了。这个时候，世界就处在被动的、被改造的地位。人用他已经拥有的主体性（或如马克思所说的人的本质力量）改造新的对象，即使这种改造的结果是失败的，但这种改造行为本身是朝着张扬人的能动性的方向发展的，因而，它带给人的结果是自我意识的增长和感性经验的累积，它将进一步指向多样性的未来。所谓"愚公移山"，恰恰反映了人在世界面前的能动意识和意志，是人希望将主观意志加于对象世界的一种尝试。今天，我们不再赞赏愚公移山中的"愚"，我们希望寻找出一种聪明的解决问题的办法，以便当人们处在这种关系结构中的时候，人的主体性会发挥得更好。

第四种，变化的人与可变的（正在变化的）世界。一方面，人也希望改变自己与周围世界的关系，以求得自身的生存与发展。另一方面，世界的变化又使人眼花缭乱，让人不知所措。人们更希望在这两极变化中找到一个契合点，从而能够理性地把握这种纷繁复杂的状态。这也是中国社会转型时期许多人遭遇到的一种新型的世界关系。这种关系结构中，我们无法阻止这世界太快太复杂的变化趋势，因为这些变化已经超出了我们的意志；同样我们也不能埋怨自己变了，因为我们的变化恰恰是为了适应外面的世界。在这里，变化着的世界与变化着的人只在我们的语境中是分开的两极，而在现实中他们则呈现一种交互状态，彼此难以割舍。此间的特征是双方都在求变，无论方向是否一致，变，使得这种结构处在一种无限的张力之中。今天的中国社会大多数领域似乎符合这一结构特征，人们正在用"发展"一词来褒奖这一变化。尽管许多人在这些物质生活和精神生活的巨大变化面前变得不知所措，但大多数人是欢迎这个变化的。人们现在要做的事情就是如何深刻地认识这些变化，如何从全新的视角认识人本身，如何将人的变化与现实世界的变化保持一致。而要做到这一点，努力提高我们把握新时期人与对象世界的关系的能力就是至关重要的。

导言　人是其对象之所是

不论人与世界的关系怎样，站在个体的角度看，这世界都是因人而展开的。凡是显露给人的，都是要与人发生关系的；凡是隐藏在背后的，都是拥有与人发生关系的可能性的。显露出来的世界对人来说是已知世界，未知世界正在通过人与世界的关系的演变而转化为已知世界。

已知世界和未知世界之间并没有严格的界限，因为已知世界其实就是未知世界的"显露"。萨特说："对象整个地在这个侧面之中"，"它在这个侧面之中将自己显露出来。"① 这种说法的道理在于，显露出来的已知世界是未知世界的端倪。在这个意义上，我们已经知道的世界显露着我们将要知道的世界，已知世界包含了未知世界。当我们说我们以现在所知道的世界为对象时，我们实际上是以整个世界为对象的；当眼前的对象对我们发生作用的时候，实际上是无限的存在在不断地对我们发生着作用。

由此我们发现，世界正在立体地向我们走来。一方面，它横向地依次排列在我们面前。所谓城市、农村，所谓中国、外国，所谓地球、外星球等等，我们放眼望去，既看到的是世界的无限性，又看到的是世界之内的差别。我们既然从这个世界里汲取"营养"，同样地我们生命的大小也就与这世界的大小成正比。假使我们仍然居住在原始时代的洞穴之中，假使哥伦布没有发现新大陆，假使我们没有乘宇宙飞船到过外星，我们会怎样定义人生呢？在这里，封闭地囿于某一世界范围的人们对人生的理解是一回事，在扩大了范围的世界中的人们对人生的理解又是另一回事。另一方面，世界又纵向地、动态地向我们展现着它的未来。不仅世界过去的渐行渐远的历史仍然是让我们反省当下生活的一部分，而且世界正在向纵深处延伸，正在展现着未来的无限性。每一代人之所以与前代人的生活不同，是因为新一代人的生活总是伴随新世界的产生而产生，变化了的世界成为新生活的支撑点。我们既要看到"蒸汽机"所建立的世界与"手推磨"所建立的世界之

---

① ［法］让—保尔·萨特：《存在与虚无》，陈宣良等译，生活·读书·新知三联书店1987年版，第4页。

接受与选择

间存在着巨大的差异，我们也要看到支持"80后"、"90后"、"00后"们成长起来的新世界与"50后"、"60后"、"70后"们赖以成长的世界大不相同了。如果我们今天乘坐宇宙飞船就像乘坐公共汽车一样，我们就会比公共汽车时代的人们获得更多的生存空间和生活感受。电灯给人带来的无限光明无情地取代了煤油灯的地位，尽管后者曾经为人类做出过巨大的贡献。

我们似乎已经觉察，人类生活的意义与人类所居住的世界难以分开。同样地，人类生活意义的大小与人类所依赖的世界的大小是一个事物的两个侧面：从一方面看是世界的范围扩大了，从另一方面看就是个体的生活意义改变了。当我们抽象掉许多次要的中间环节来直观地考察人与世界的关系时，上述结论就是不言自明的。当人与世界的关系发生改变的时候，进一步地看，就是人把握世界的可能性改变了，就是人在更大范围内与世界建立关系借以提升能动性的空间增大了。人所涉猎的世界的广度和深度其实反映的是人把握世界的程度的大小。对人而言，只有在把握世界中才能体现自己的存在，因此，扩展世界就等于在扩展人生的价值。人一方面在获取新的世界，另一方面则在扬弃旧的世界，每一历史阶段的人总有与之相对应的世界，人的每一发展阶段也总有与之相对应的世界（这也是孩提时代的人与耄耋阶段的人对人生的理解产生差异的重要原因）。这种对应的、较稳定的、现实状态的人与世界的关系正在决定着每个个体的一生。

第一章

个　体

　　个体是人类存在的基本单位，是人类在生物的和社会的意义上能够相对地独立于外部世界，并以自身之力作用于外部世界的具有识别自身与外部边界的自主体。他一方面是自给的，通过摄取食物，他得以自我复制；另一方面又是排他的，任何一个个体自身都是自我循环的系统，这种系统性使其与其他个体之间始终处于并存地位，即使是生理学上出现的畸形的连体婴，他们在后天的运动方式上也是趋向个体性的。如果生活中有两个个体合二为一的情形，那其实已经是作为"个体"而不是作为"双体"存在的。在这一点上，由于排他性，个体也就具有了自立的本能。正是在这种独立状态下，个体开始了与对象世界的相互作用。

一　个体的视角

　　人与对象的关系是人与外部世界的基本关系。人们要改造世界，首先需要认识世界；人们要正确地改造世界，首先需要正确地认识世界。正确认识世界的关键，就是要有观察世界的正确视角。从人的一端看，在观察对象世界的过程中往往存在着片面性与全面性、静态性与动态性等完全不同的视角。由于单个人作为个体的先天的认识条件的限制，视角也往往被主观化。有些人甘愿受这些条件的限制而囿于这些视角之中，另一些人则愿意超越这些条件的限制从而获得更全面的视角。显然，超越个体原有的条件的限制，不仅仅是一个意识能动性的问题，而且还是一个立场问题。如果说意识能动性依靠的是知识世界的累积，那么立场的取得就是世界观的革命性的转变。一个人如果拥有了新的世界观，世间的一切旧事物就不再是死气沉沉、没有生机的了。

很久以来，我们常常用这样的视角认识人这个特别的物种，即人是社会关系存在物。我们都很清楚，描述这一定义，是说人的一切是被社会关系所决定了的，是社会使人变成了应该变成的那样。显然，在这里，人和社会的关系被提升到了绝对的地位，以至于人们连睁开眼睛看看其他关系是什么样子的勇气都没有了。但是我们知道，人和世界的关系是广袤的、多样的，在诸多关系中，人和社会的关系并不是唯一的、永恒的，也不是每时每刻地围绕在人的周围让人挥之不去的关系。第一，我们知道，所有的人都处在社会之中，但不是所有的人都是以社会因素为转移的。人在有些时候是受社会因素所决定的，人的社会性也可以视同人的本质属性；但在另一些时候，人可能更多地受自然因素的制约，人也就更多地显示其自然属性。例如，在社会所有的人群当中，总有一些人对社会因素熟视无睹；在一个人的一生当中，总有一些阶段对社会因素漠然不顾；在社会的进步当中，真理最初往往掌握在少数人手中，而这些真理往往来自这些少数人与自然界相互作用的结果；在社会实践当中，首先是由领头的个体跨出第一步的。领头的个体之所以能够带头，他其实已经超越了他所在的现存社会对他的决定作用，进一步说，他实际上已经超越了"社会关系决定论"的逻辑。这些现象告诉我们，"人是社会性存在物"与"人是对象性存在物"比较起来，后一判断更加符合客观事实本身。第二，即使在受社会关系所决定的时刻，人作为个体也不是简单地等同于社会群体，即个体与群体之间并不是完全地具有同一性。此时，社会性是一回事，个体性又是另一回事。任何来自社会方面的决定因素最后

第一章 个体

都要通过个体的行为加以表达，决定人的社会性的实体并不等同于作为个体的实体的全部内容。也就是说，在从决定人的社会实体到人被这一实体所决定所表现出来的结果之间，是一个漫长的甚至扭曲的过程，它并不像那些"社会关系决定论"者所期望的是立竿见影式的瞬时反应。人毕竟是以个体的方式存在的，社会则是以群的方式存在。个体可以受群的很大影响，但他无论如何也不会等同于群本身。过去的那种观点在使用人的概念时，实际上不知不觉地把个体的人与群体社会等同起来。换句话说，作为个体的人被庞大的社会关系所取代，以个体形式出没在历史舞台上的人不见了。

产生这样的结果，其实与我们认识世界的视角有着密不可分的关系。

1. 视角缺陷

在古代的印度有一则寓言，说的是六个盲人"观察"大象的事情。这六个盲人从未见过大象。有一天，他们碰到了一只大象，便试图通过触觉来了解大象的形状。第一位伸手摸到了大象身体的一侧，他断言说："大象有如一堵墙。"第二位摸到了长长的象齿，他感觉到光滑和锐利的东西围绕在大象的周围，于是，他纠正道："不！大象更像一支梭镖。"这时，第三位正好抓住了大象的鼻子，他确信前两位都错了，"象简直就是一条蛇，这是它真正的形状！"听到这里，第四位张开自己的双臂摸了过去，他一下子抱住了大象的一条腿，便大声地叫喊起来："哟，你们都是真正的瞎子！大象又圆又高有如一棵树，这是再清楚不过的了！"第五位盲人身材高大，凭着这种个头，他够着了大象的耳朵，于是他认为前几位的看法都是错的，因为他觉得大象的的确确更像一把大扇子。第六位年纪较大，行动有些迟缓，他费了相当长的时间才找到大象，而且一下子就摸到了大象的尾巴，他忍不住大声喊道："你们大家都是愚蠢透顶了，大象根本不像你们所说的那样像墙、梭镖、蛇和树，更不像一把扇子，任何头上长眼的人都能看出大象的的确确像一根绳子。"

接受与选择

任何有正常视觉功能的人都会认为六个盲人的结论是错误的。

由于视觉缺陷不能从整体上考察大象，便得出了肢解大象的结论。盲人所得出的对大象的认识，是建立在这样一个焦点上：他与大象的哪个部位建立了联系，他就得出"那个部位"就是大象的结论。盲人的这种认识方法，正是人的认识活动的基础。有正常视觉功能的人认识世界时都采取了这一方式。只不过视觉与触觉相比，视觉能从更广泛的角度认识世界罢了。撇开六个盲人有没有把各自对大象的感觉综合在一起的可能性不谈，就视觉感官所表现出来的优越之处来说，有视觉功能的人比盲人在观察事物上要把握得全面些，但就视觉正常的人认识世界的能力来讲，差别也是显而易见的。我们面对的整个世界难道不正是一个像"大象"一样的世界吗？在认识世界的问题上，我们会不去重犯上面的盲人所犯的错误吗？恐怕不是！在人类认识史上，人们曾经认为地球是宇宙的中心，后来又认为太阳是宇宙的中心，今天人们又发现了新的宇宙中心。这种认识上的进步，不正说明了人类认识世界也会出现片面性吗？

2. 全面性与片面性

显然，从历史的长河来看，人类可以不断地纠正他们对宇宙中心的错误认识，但是，从一个人的一生来看，这样的机会则是十分有限的。那六个盲人也许不会再一次遇见大象来纠正他们的错误了！更进一步说，即使他们愿意合作，他们也很难把六个人的片面认识合并成一个完整的、全面的认识。在这里，尽管像我们已经看到的那样，个体是生活在群体之中的，个体在某个阶段上也表现出社会性的行为特征等等，但当个体走向外界事物的时候，他却总是以单个实体的面目出现的，他的视觉的个体特性总是难以消除的。即使他们愿意合作，这种合作本身也会受到他们之间的分工与协作方式的限制。他们不能消除个体的独立的观察视角，也就不能消除个体单独向外展开的特性。正因为常常被这些矛盾所困扰，人们才不断地运用各种手段消除来自个体自身的局限性。在观察宇宙方面，人们借助天文望远镜来弥补自

第一章 个体

己天生视觉功能上的不足；在工业生产方面，人们运用劳动工具来超越自己手臂的局限性；在思维方面，人们通过电子计算机以及互联网来扩展思维的广度和深度。人们愈是想获得全面的视角，就愈是要站在超越个体的立场亦即站在兼顾他人视角的立场上观察对象，或者更全面地，站在全人类的立场上观察对象，如此才能得出更加符合客观世界的结论。

但是，尽管如此，人们还是无法消除自身的个体特性。只要个体是一个存在，个体作为认识主体的地位、个体的身体作为认识主体的基本元素的事实就难以改变，认识主体和实践主体只能统一于个体本身。

这就是说，每一个人对世界的认识以及对世界的改造，都是从个体的视角出发的。从实践的意义上说，个体是一个完整的、具有独立行为能力的认识主体和实践主体。个体自身生命体的完整性和同一性决定了他的行动的排他性，任何别的生命体以及非生命体都无法取代个体自身的生命活动，这个现实的存在使个体在其一生中总是依赖他自身而向外展开他的实践活动。例如，如果他的身体是强壮的，他就会使自己干一些依赖力量的活动；如果他的身体是纤弱的，他可能会在活动中避开这个劣势。在古代，自然分工的典型特征是男耕女织，这显然与男女身体的体能有直接的关系，而当依赖于这种基础形成的分工变成了社会规范时，女耕男织就被视为不道德的事情了。即使在今天知识爆炸的时代，人们通过学习消除了相互间的智力方面的差别，却仍然不能消除自身的自然性以及建立在这一基础上的个体的独立性。

个体站在他所建立的对象关系的范围内观察世界并改造世界，这些关系造就了他在现实意义上的实践主体的地位。他的一切行动自他而始，由他而终。通过他，他与世界的两极关系才建立起来，缺少他时，他的世界将是一片静寂。因此，个体在他的所有联系物所构成的世界中的主体地位就是一个不争的事实，而由于发自个体视角所形成的他与这一世界的关系具有局限性也就是一个不争的事实。

接受与选择

体现在个体身上的这个事实的存在向我们展现了什么呢？个体一开始就是成熟的吗？非也！个体一开始就是圆满的吗？非也！个体一开始就是完善的吗？非也！个体——正因为他只是一个个体，他的存在本身就是有缺陷的，也正因为如此，他才是有活力的。由于他是从一个胚体发展而来，他需要不断地走向成熟；由于他产生于世界的一隅，他需要通过与更多的世界相统一来达到圆满；由于他自身自然的狭隘性和劣根性，他需要超越低级自然，超越人类自身的卑鄙的内心，在与孔孟所言的"德性"的交融中，在与神灵的幽会中，在老子的"道"的引导中，抑或是在与更广阔的世界的交融之中才得以完善起来。

这样一来，个体就必须时时怀疑自己的行为，除非这种行为是建立在全面的视角之上的。从世界的整体性和广泛性上看，个体往往只是站在广袤世界的一隅里的个体。因此，任何个体在与世界建立关系时，他实际上只是与世界的某个侧面建立关系，个体站在世界的某个侧面观察世界的情形就是大量存在的，如果总是囿于一种视角，出现片面性就是不可避免的；如果有可能改变视角，他所观察到的世界就可能会更全面些。个体生命的有限性同时也增加了个体彻底认识世界的难度，这种现实也为每一个个体提出了一系列庄严的问题：个体是否只能认识他的身体和他的视角所接触到的世界？个体应该怎样面对他所能认识的世界？在有限的生命时段中他能做些什么呢？

3. 个体与世界的对应关系

关于上述问题，有些个体可能从来也不去思考它们，也有一些个体可能用其一生时间都在摸索和求解它们。但无论人们是否愿意，这些问题所反映出来的关系本身都在时时刻刻地影响着他们。如果仔细地观察每个人的一生，我们不难发现，每个人一生的不同之处恰恰是由于他们拥有不同的世界所造成的。如前所说，个体总是居于世界的某个侧面观察世界，这句话反过来就是，世界的这个侧面塑造了这个个体。盲人摸象的结论之所以在视角正常的人看来是错误的，就是因

第一章 个体

为每个盲人只"观察"到了大象的某个侧面，而视角正常的人观察到的是更多的侧面。可见，人们从自身出发比起从对象视域出发，更容易陷于错误的境地，也更容易固执地把世界仅仅看成某个侧面。即便如此，以往的历史却正在延续着这个错误，正是这些侧面造就了个体的感觉、知觉以及表象，也正是它们，必然地成为个体认识的源泉。

一般地，在个体那里，每个人都力图以他所能提供的最大视角看待并获取外部世界。个体所能接触到的世界愈多，他的视角就愈广泛；个体的视角愈广泛，他所能接触到的世界也就愈多。在前者的意义上，个体是不确定的、正在生成着的、不断汲取外界事物的受体；在后者的意义上，个体是既定的、已经成熟的、向外展开的主体。前者塑造着个体的本体，后者则是本体的展开形式。在这里，个体"观察"到的世界——无论用"观察"、"接触"、"拷问"或者别的什么词语来表达个体的视角，其意义都是指与个体关联起来的、与他有着建构意义的世界——成为个体成长和壮大的源泉。个体获得了世界，也就壮大了自身，之后，他进入世界时还会是以前的样子吗？显然不是。就个体的生成看来，他所获得的世界改变着他；而就个体的实践看来，他正在拿着他以前获得的世界改造新的世界。

如此看来，个体与世界的关系具有双重的性质：一方面，世界正在嵌入他的体内，在塑造着他，生成着他；另一方面，他正在把体内的世界抛向体外，他按照自己已经生成的方式解释世界并改造世界。因此，在个体的周围，便形成了一个以他为中心而展开的世界。这个世界围绕在这个个体的周围，它进入个体的视角，成为个体成长的质料，影响个体，印证个体，为个体的生存和发展提供物质、能量和信息。反过来看，这个个体把这个世界统一起来。由于这个个体的存在，这个世界在个体面前排成了一个序列，这个世界开始有了先来后到，有了轻重缓急，这世界通过映照在个体身上而形成了有机的整体，它们以个体为中心，以个体为其存在的前提，也随着个体的消失而消散。简洁地说，这个个体就是这个世界的统一体，这个世界就是观照这个个体的对象性存在物。个体和他的世界统一起来,构成无数个以个体为中心的"小宇宙",它们被统一在"个体"这一焦点之上。

在这个意义上,整个世界有被个体分离的倾向,即世界本身是一回事,由个体而统一的世界是另一回事。这是个事实的存在吗?是的。在人与世界的关系问题上,的确存在着这样的分离倾向。对个体而言,他所依赖的和常常作用于他的往往是由他统一起来的那个现实的世界,而这个世界背后的那个世界对他似乎等同于无。于是,这两个世界在个体面前呈现出已知与未知的差别。

4. 已知世界与未知世界

任何个体都会面对两个世界:已知世界和未知世界。已知世界是已经被个体感觉并认识了的世界,是已经进入个体的视野、正在对个体的生活产生影响的对象世界。在"已知"这个界面当中,个体与世界处在同一性之中,个体走到哪里,就会把他的世界带到哪里。与此相反,未知世界则是个体尚未涉猎的世界。未知世界由于它是未知的、未觉的,对个体来说它就等于无,就是自在之物。在个体看来,当未知世界处在个体未知阶段的时候,它无法逾越认知的门槛进入个体行动的出发点,因而不是引起个体发生变化的对象。

区分已知世界和未知世界,对个体具有特殊的意义。正因为已知世界已经被感知,它也就直接地塑造着个体,并作为个体的生命的一部分而存在。换句话说,个体有把已知世界同一在自己周围的倾向。当他感知到已知世界时,这一世界就是他的实在,是正在通过他的感觉等等与他发生印证的世界。这一世界开始与他的"脉搏"一起跳动,谁动了这个世界,就像动了他的"奶酪"一样。他不能容许别的个体无视这个世界,更不能容忍别的个体错误地解读甚至糟蹋这个世界。面对已知世界,个体之间的相互结盟或者相互对立油然而生。

随着已知世界的不断扩大,每个个体存有了更多的已知世界,他也存有了更多的关于世界的理念。个体开始每天和他的已知世界进行"对话",这些已知世界成为他的"实在",因而成为他的生命的源泉。

第一章 个体

他以这个世界为他的肌体的养料，为他的思想的素材，也作为他深化认识反复实践并发掘未知世界的不竭之源。已知世界的实在性加深了它与个体的密切关系。由于个体对它已知，因而对它信任，愿意与它共存。它变成了经常地被个体所感觉、所知觉、所思考的对象，它由自在存在转化为个体的自为存在。由于它是已知的，它就是为着个体的存在，而不是个体的"未在"。

就已知世界是已经被个体感知到的存在而言，个体所获得的结论在他的世界里即是指导他行动的真理。在这个意义上，个体的近在咫尺的主观感受要大于远在天边的客观世界对他的作用。他宁愿相信正在对他发生影响的已知世界的作用力，而不去妄加猜测未知世界的本相。如果一个人在今天做出某项决策时参考了某个宗教的经典或者世俗间某种迷信的说法，那么，这种在有些学术派别看似唯心主义的做法，却的的确确地对这个决策者发生了作用。在这里，本体界是一回事，现象界又是另一回事。许多人并不总是在依据现象解决问题的同时去探究它们的本体世界的。

个体不愿意怀疑已知世界，因为怀疑与已知是相矛盾的。既然怀疑，就是不知；如若已知，就是无疑。因此，在已知世界里，个体也不再怀疑他自身，围绕着他而展开的对象关系日益地保证了他的实在性，个体因为这些实在而具有了独立性，他自己也成为标示一切对象的实在性的唯一的确证物。由于已经拥有了一个已知世界，他因而从这个世界中发现了他自己，他即使不相信任何东西，但他相信自己是一个得到自己确证的存在。然而问题恰恰出在这里，从个体出发所定义的世界并未给出世界本身是否"真"的结论。由于诸多中间环节的存在，在个体到达世界本身时，世界的映像被变形扭曲就是可能的，个体的视角世界——以视角作为感官的代表而感知到的世界——不是本真世界的结论也就是可能的。

因此，关于已知世界与未知世界的区分实际上告诉我们关于个体对象关系的重要意义：第一，在个体的认识改变之前，他的已知世界就是他的行动的出发点。他的认识所包含的这个世界的意义是关于他自身的,是发自他自身的官能系统的、与其他个体的官能系统相独立的、他的独立视角所涉及的世界。即使在其他个体看来是虚假的存在,而只要在前者那里被认为是已知世界,那就是他的事实的存在,就是对该个体产生作用的对象。所以,无论什么样的存在物,只要是进入个体的感知范围之内的,就是可能变成改变个体行为的一种对象性存在,因而也是必须加以认真对待的对象世界。第二,仅仅把已知世界作为对象的个体是有限的个体。由于已知世界只是世界的某个侧面,以已知世界为对象实际上是以世界的某个侧面为对象,是以不完善的世界为对象,这样的世界塑造出来的个体就是片面的,在他的身上就充满了由于对象世界的狭隘性而形成的自我的局限性。第三,个体认识对象的矛盾最终转化为个体与未知世界的矛盾。正因为个体与已知世界的关系塑造了片面的个体,因而也导致个体在与对象的交互作用中不断地遭遇新对象的困扰。当只把已知世界作为对象的这个片面的个体进入新的、未知的领域时,他便陷入自身认识上的困窘,他需要迎接新世界的挑战,他唯有进一步认识未知世界才能通行。因此,个体发端于已知世界,但却终结于未知世界。走向包含未知世界在内的全部世界是个体发展的必然趋势。

在上述意义上,个体的世界与群的世界有着较大的差别。如果在广义的自然界中把群分离出来,自然界就仅剩下狭义的那一部分了。也就是说,从群的视角所见的对象域是狭义的自然界,即群——自然界,这是一个简单的两极关系。除此之外,群既不能以自然界以外的"无"为对象,也不能以自身为对象。群作为抽象的集合体而缺乏意识领域的虚拟性,也作为非现实意义上的有机体而缺乏反观自身的特性。相反,个体则有很大的不同。从个体的角度看,他一来到世界上所面对的一切存在,都是他将要认知的对象,这里既包括原始的自然界,也包括已经被其他个体改造了的人化自然界,还包括先于他存在的其他个体(图1—1),如有可能,他还会以他自身为对象。显然,围绕个体的对象是一个组成了多极世界的关系体系。在纵向上,它们表现为一个序列:每先他出现一个存在,就有可能成为他的对象;在横向

第一章　个体

上，它们包括了已知世界和未知世界，他既把今天的"有"作为对象，也把未来的"无"作为对象。

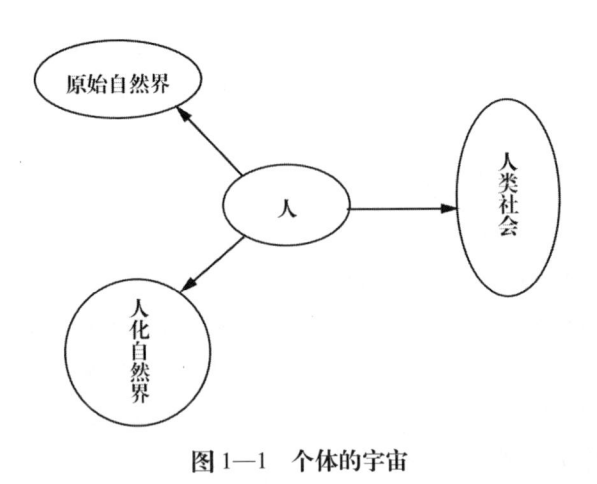

图1—1　个体的宇宙

　　能否将未知世界纳入对象序列，是鉴别个体处在何种发展状态的重要标志。守成的个体仅仅满足于拥有已知世界，能动的个体则不断地把未知世界作为建构的对象。未知世界，因为它也是一个存在——它是已知世界的反面和补充——它客观上就是充实个体而使其达到圆满的辩证的对象。对具有能动性的个体来说，如果他把已知世界作为对象，他就不能不把未知世界也作为对象。

　　这就是说，仅有已知世界的个体是残缺不全的。如果个体只是直观地看世界，他仅仅看到已知世界，他只看到世界的一个侧面。如果他辩证地看——他把世界看成是已知世界加未知世界——他才会有全面的视角。更进一步看，在事物的根本那里，已知世界与未知世界本身就是一个整体，已知世界是未知世界向人的世界的延伸，未知世界在某种意义上也就是潜在的、未被发觉的已知世界，是人扩大对象世界的可能的时间与空间。再者，从另一个角度，即从群体甚至更广泛的角度来看，未知世界几乎是不存在的，对我来说是未知世界的某种存在物，对你可能是已经认识了的世界；对地球人来说是未知世界的

接受与选择

某种存在物，对火星人（假如有火星人的话）来说可能是生活常识。问题在于，人们的生活实践是从个体出发的。由于个体无法完全地逾越自身自然的局限性，当个体开始面对外部世界的时候，未知世界的或然性与已知世界的必然性相比，个体更愿意把自身放置于已知世界当中，以便使自身能够安然地与实在的世界在一起。

显然地，正确的认识世界的视角应该是已知世界加未知世界。在这里，任何"群"的视角总是大于它的个体的视角，"群"也让个体感受到自身视角的局限性。因此，在认识世界的问题上，总是存在着"个体的视角"和"整个人类的视角"的认识上的差异。如果说在个体生长的初始阶段，个体的视觉特性（暂且让我们以它作为个体感觉特性的代表）由于其接触对象的能力与范围而具有狭隘性的话，那么，随着个体的对象世界的不断扩大，更随着个体越来越走向"社会化"，个体原有的视角则在更广泛的范围内被纠正，个体就更接近群体的甚至全人类的视角，也就有更多的未知世界被转化为已知世界。所以，在时空的序列上，人们首先从他的已知世界展开他的生活，那些他的已知世界以外的存在对他来说就等于无，而当更多的未知世界被纳入他的视野之中以后，他就有可能把所有个体的视角合并成一个"更大的个体"的视角，那个时候，解决类似六个盲人的视角缺陷问题就不再是什么难事，因为只要把他们各自观察大象的视角合并成一个完整的观察大象的视角就可以了。

个体的短暂的生命周期和行动上的局限性限制了个体拥有世界的广度和深度，而人类的活动的广泛性和延续性（例如继承性）则在更广泛的意义上展现了世界的客观性。站在整个人类的视角之上观察世界，由个体所统一起来的世界与世界本身的同一性就显得愈来愈接近了。这一趋势进一步表明，一个个体愈是站在全人类的高度观察世界，他就愈能获得更加本真的世界。因此，跨越由已知世界到未知世界的门槛并非难事，一个简单的途径就是参加到更多的、更广泛的人类实践活动中去，就是个体之间的相互交往和相互学习。

第一章 个体

二 自我的产生

个体的成长过程往往表现为初始状态与成熟状态两个阶段。初始状态的个体就是原始自然界的一个胚体，是刚刚诞生于世界之中但还未曾受到对象世界熏陶的个体。因此，这个阶段的个体等同于自然界，他常常淹没在自然界之中，与自然界混沌在一起，属于纯粹自然界的一部分，因而没有"自我"可言。相反，成熟状态的个体是开始祛除自身原始性的个体，是开始把握自身自然的个体，是将自身自然进行过滤之后加以释放的个体，是开始懂得收敛自然性的、自为的个体。我们所称之为"自我"的东西，就是在个体身上被赋予的这种把个体从自然界中提升出来的属性，也是把个体与其他个体区分开来的一种属性。从这个意义上说，自我不是别的，它就是个体自为地把握自在的成熟状态。

1. 个体的初始状态

自我与个体并不是同时产生的。初始状态的个体只是一个胚体，一个由自然界进化而来的高级的物质胚体。它虽然也有感觉器官（可以采集信息），有神经系统（可以传递信息），有思维器官（可以处理信息），有效应器官（可以反馈信息）……但是，在个体的这些器官未与外部世界进行交互作用之前，这些器官仍然是原始的、未开发的、空洞的、动物性的器官，受这些器官支配，个体在整体上仍然只是一个动物，他只是人的胚体，而没有人的内容。比如，新生儿在整体状态上表现出来的就是没有人的内涵的空洞的生物体。在那种状态下，我们能觉察到他和成年个体之间的巨大差异，他不是和成年人更接近，而是和动物界更接近。很多研究者所引为研究对象的是已经成熟的个体形式，因而他们把已经在个体形态上形成为人的某些属性看成是天然地从个体身上生长出来的那样自然，从来不去怀疑这一点。实际上，

接受与选择

从初始状态看个体，他的百分之九十的动物性是明显的，另有百分之十的动物性是我们还没有发现的。进一步讲，即使外表看起来成熟的个体（比如成年人），在他没有与外部世界（比如月球）进行交互作用之前，他的身体的某一部分中不会感触到外部世界（如月球）的物质，他的大脑中也不会产生关于这一世界（如月球）的意识。在这个意义上，成年人的身体的这些部分仍然具有原始的性质。所以，个体的初始状态就是他未与外部世界进行交互作用的原始状态。这种状态下，个体还不能将自己从自然界中提升出来，他还处在生物学意义上的物质的自我分裂阶段。对外界而言，他是混沌的、孤寂的、无能为力的，他是一种物自体，一种孤寂状态的自然。

　　个体的成长是从他与外部世界建立关系时开始的。初始状态的个体作为原始自然的一个聚合物，他需要融入更大的原始自然界当中才能生存下去。他需要阳光，需要水分，需要食物，需要肌体存活的一切补给。因此，他与外界的自然有着天然的相通之处。每当外界对象满足个体需要的时候，个体便得到短暂的充实，但过后虚空又接踵而至。受其体内自然力的支配，他必须不断地完成某些指向：他的各种器官和外部世界最初保持着一一对应的关系，比如眼睛—光波，耳朵—声音，鼻子—气味，胃—食物等等。大多数器官最初都只对一种指向敏感并产生兴奋，但随着这些器官和指向物的相互作用，个体器官的原始指向也发生了变化，比如，在视觉丧失的情形下，个体其他感觉器官辨别方向感的指向就有增强的可能。个体的这些指向正因为是原始指向，所以它们也就是混沌的、自然的、不确定的和不能自立的指向，它们在指向的真正内容上就是一个空洞，是无法确证自己的某种自然状态。当那些被指物体与个体感官的相互作用累积成个体的感觉、知觉及表象之后，个体的来自自身自然的指向才获得了充实，这些指向才真正地确立了自己的方向，它们开始知道自己为了什么而存在，它们与外界建立了某种价值的、效用的等等关系，它们的生命的意义也随之产生了。

第一章 个体

皮亚杰观察到，在儿童的原始宇宙里是没有永久客体的。这种情况一直要持续到儿童对作为非我的别人开始发生兴趣时为止，而最早被认为是永久客体的就是作为非我的别人。① 皮亚杰的说法表明了"别人"在个体指向中的优先地位，那种与个体自身十分相似的"别人"引发了个体初期的兴趣；也表明存在物要在儿童那里确立自己的地位必须有一个持续的过程。只有在个体与被指向的物体之间经过多次的相互作用使个体的感官对此物有了知觉之后，它才会由不确定的存在转变为确定的存在，才会被作为对象固定下来。

原始个体与被指物体的交互作用，塑造了原始个体有生以来的第一个基本属性，这就是同一性。在没有交互作用之前，原始个体只是各种感官的集合体，这些感官漫无目标地分散在身体的各处，彼此之间并非是有机的整体，其感觉、知觉等方面也未能呈现某种固定的属性。个体与外界的交互作用加剧了两个结果的产生：其一，交互作用使个体身体的各器官之间加强了相关性、一致性、协调性与同一性；其二，交互作用使个体的器官与外界物体之间加强了相关性、一致性、协调性与同一性。这两方面的作用促使个体在整体上加快了与外部世界相统一的进程。自此之后，个体由于各个器官凝结了与这些物体的关系而产生了与这些对象物之间相互依赖和彼此对应的特性，个体开始惯常性地指向这一方向。个体每每置身于与被指物体的同一性之中，个体进而变成了追逐某种同一性的物种，他开始按照他已经掌握的指向向外部世界发出进一步的行动。

个体与这些指向物所建立的关系，从总体上看具有必然性，从局部看又具有偶然性。从总体上看，任何个体的成长都离不开他所指向的对象，他必须与它们建立交互关系才能够存在下去，任何个体都无法摆脱这种关系的束缚；从局部看，个体最终到底与甲建立关系还是

---

① ［瑞士］皮亚杰：《发生认识论原理》，王宪钿译，商务印书馆1981年版，第22—23页。

接受与选择

与乙建立关系则是尚待确定的，任何个体只要愿意，都可以对选择什么样的外部世界做出自己的回答。

显然，众多的偶然性为个体摆脱其初始状态提供了多种可能性。

第一种，初始状态的个体是充满开放性的个体，因而也是终止于对象的个体。初始状态的个体常常是向外展开的，他沿着其身体的必然性向外寻求适合的对象物。当他获得某种合适的对象时，他便终止于这一对象。这时，与对象物结合所形成的关系构成了他的基本属性，他的原始（初始）性既得到了证明，也埋下了改变的因子。

因为个体来自自然界，他也就不能从根本上脱离自然界，他只有与自然界建立起某种关系才能维持生存。因此，个体在本质上是向着自然界开放的，即使在动物的水平上，作为生命体，他必须以植物、动物或微生物为养料，必须以进行摄食、消化、吸收、呼吸、循环、排泄、感觉、运动、繁殖等一系列活动作为存在方式。由于他是单体的（单独的生物有机体），所以他是独立的；由于他是独立的，所以他是有限的；由于他是有限的，所以他是他在的。他无法靠自身自立，他必须靠无限予以补给和维持。因此，凭个体自身肌体的循环无法维持其生存，个体需要开放自己。个体的开放性决定了个体只有与外界建立某种对象关系才能维持自身，绝对的封闭只能使个体陷于孤寂，直至消亡。

第二种，与充满必然性的对象相结合，使个体的属性变得明晰起来。在这里，充满必然性的对象会以两种形态存在。其一，作为个体的已知世界。必然性反映着事物相对恒定的方向或趋势。当这些方向或趋势被人认知时，它们便被人观念地把握住了，作为个体的主观世界的一部分，它们成为个体向这一世界进发的强大的精神动力。由于它们已经被个体所认知，与这部分对象相结合时，个体的未来不仅在客观上累积成经验的循环，而且在主观上呈现为清晰的建构。其二，作为个体的未知世界。就自然界的历史看，客观世界充满了太多的必然性，有些被人们发现，有些则并未觉察。尤其是对初始状态的个体而言，他们掌握的已知世界少之又少，他们虽置身于必然性之中，但

第一章 个体

却并未形成对这些必然性的认知。在此种情形下，必然性会把他们带向一个必然要发生的、确定不移的方向，他们自己在无意识当中走向了某种确定性。在这里，个体作为我们研究的对象而不是作为对象世界的"主体"，无形之中形成了某些看似确定的属性。

作为个体的对象世界，围绕个体的外部世界充满了可以被个体接纳的诸多材料，诸如阳光、水分、食物等等。这些材料在某种程度上被看成是个体天然的伴生物，它们向个体显露着自己的属性，但同时也进一步塑造着个体的属性。赤道附近的太阳光线和地球两极附近的太阳光线塑造出来的个体具有截然不同的肤色，这种作用显然改变了个体自身的自然。所以，从个体与外部世界的密不可分的联系看，围绕在个体周围的存在，随着它们逐渐地被个体所经验和认知，往往更容易或者更优先地与个体相结合。它们愈是具有确定性和稳定性，个体的未来也就愈是相应地具有确定性和稳定性。

第三种，与充满偶然性的对象相结合，个体的未来充满了诸多不确定性。偶然性的对象是指变化趋势超越个体经验范围和认知能力的对象。与这些对象发生作用，个体的初始状态可能会经历较漫长的时期。例如，没有科学技术作支撑的农业生产者在很多方面被自然界所主宰，他们的命运变得极不确定，除了用感觉经验把握对象之外，他们身上并没有积累更多的确定性的对象关系。

显然，偶然性在对象的自在状态下只对对象自身有意义，这种意义并没有映射到个体身上。但当对象与个体结成对象关系时，偶然性就发挥了巨大的影响力。偶然性对象的到来，使得个体的未来部分地或者全部地陷入了无法自控的地步，他被置于一个不自主地、不能按照其所预料的方向前进的关系状态中。诚然，从理论上讲，偶然性对象的确为个体带来了多种可能性，但问题的实质是个体并不能把握它，他任它宰制。因此，当偶然性对象包裹了个体的时候，个体完全地处在偶然性对象的奴役之下，个体将不成为真正的个体，他的主体性有被消失掉的可能。

个体在偶然性世界中拯救自己的最好办法，就是拥有强大的理性。

接受与选择

除了等待偶然性对象显露出某种必然的迹象之外，个体自救的唯一办法就是依靠其内心预存的理念对自身与对象世界的关系的真正本质进行解读。这是因为，个体从初始状态开始就与对象世界进行交互作用，个体对对象世界的各种感觉、知觉等积累成个体意识和理念，这些意识和理念的本质就是个体对对象世界的必然性的把握，是对象世界给予个体的趋向未来的必然的力量。个体在身处危险境地之时，唯有运用他已经掌握的世界的必然性来应对一切偶然性，他的面前才会出现新世界的曙光。

必然性的对象是个体希望和喜爱的对象，它们的到来，塑造了个体稳定的心态、和谐的群内关系，也为主体能动性的滋长提供了宽松的氛围；偶然性的对象因为它有着个体无法把握的更多的不确定性，它可能更多地塑造了个体自身对外界的惊恐心理、对超验世界的崇拜等特性。从个体的初始状态看，与其说是对象世界表征为必然性与偶然性两大状态，倒不如说是个体自身的属性所致。初始状态的个体所建立起来的对象关系同样地具有初始性或者称之为不成熟性。他们的对象世界更多地局限于经验的范围内，他们在显露出来的对象世界中活动。显露给这些个体的对象世界成为这些个体的唯一实在，当个体还不能拥有更多的主观世界、丰富的想象力和对世界的理性建构时，他们只能与这些对象世界进行简单的交互活动，初始个体正是在这样的交互作用中展开了自身。

可以说，初始状态的个体是靠原始指向寻找外在条件的个体。他在本能的驱使下，把自身与外部条件链接起来。黑格尔有一段话道出了个体自身的这种规定性，他指出："肯定物在自身中具有与他物的关系，肯定物的规定性就是在这个关系之中；同样，否定物不是像与一个他物对立那样的否定物，而是在自身中同样具有使其成为否定的那种规定性。所以，[无论肯定物或否定物]，每一个都是独立的，是自为地有的自身统一。"① 马克思在另一种场合即在资本关系的研究中，

---

① [德]黑格尔：《逻辑学》下卷，商务印书馆1976年版，第49页。

第一章 个体

指出了物质之间的关系对物的影响，他说："一个商品的简单价值形式包含在它与一个不同种商品的价值关系或交换关系中。"① 在这里，一物之内潜藏了与他物交互的规定性，这规定性又来源于此物与他物之间的关系。这两个特征前后交替地循环，相互增强（长）了对方的属性。

同样，个体所依赖的是他靠感觉觉察到的对象世界。在初始阶段，个体的感觉混沌而不清晰，他不知道自己到底需要什么；同时，初始阶段的感觉离散而不凝聚，他更无法把全身的感觉统一起来，所以，初始阶段的个体只能在感官被对象逐一的塑造过程中逐渐地成长起来。由于全身感官彼此孤立，个体又不能把感官的对象统一起来，因此他的对象也彼此分离，相互孤立。由于感觉特性的局限，个体的属性也停留在感觉阶段和自在状态。

2. 指向的分离

初始状态的个体在感觉的带领下完成了他的自我复制和转换自然界的给予物的过程，也完成了他与自然界开始分离的第一步，从而为指向的分离奠定了基础。在个体与自然界分离之前，他与自然界浑然一体，他没有对象性指向，他不指向对象，他的指向直接地指向他本身。他依赖于自然物，他自己就是自然物，他所要做的就是完成自我复制和自然界给予物的分解、消化、吸收和排泄等自然过程。正是在反复的自我复制和自然界的自给过程中，个体的指向发生了转向。个体发现，用于复制他的和自然界给予他的都是在他之外。为了他自身，他需要将指向与自身分离，需要指向他之外的对象。

个体的自我复制和汲取自然界的给予物的过程进一步积累了个体与其他物种的差别。达尔文在生物进化的意义上描述了这一差别。达尔文指出："体制和本能的一切部分至少呈现个体差异——生存斗争引导到构造上或本能上有利偏差的保存。"② "只要生活条件保持不变，

---

① ［德］马克思：《资本论》第一卷，人民出版社1975年版，第75页。
② ［英］达尔文：《物种起源》，商务印书馆1983年版，第560页。

接受与选择

我们有理由可以相信曾经遗传过许多世代的变异可以继续遗传于几乎无限数目的世代。"① 由于差别被不断地积累，个体的初始状态获得了比其他物种更为优越的自身自然。每个个体正是在这一差别之下，开始步入人类的生活领域。

比如，在广义的自然界中，个体与其他物种从自然史的某个时段开始就呈现了差异性，在这个差别之下，个体则演化为迄今为止我们所见到的物种之中最高级的自然。正是自然界中的这些差别，造成了自然物之间的诸多矛盾，进而成为自然界发生巨变的重要动因。在外部差别及其矛盾的支撑之下，各个自然实体的内在属性被不断强化，它们与其他实体的差异性的方向也呈现了必然性。如果说自然界的自然性是普遍的，那么，这种普遍性恰恰是建立在各个实体的差异性之上的。自然物质之间千差万别，从量的方面看，性能或功能有高有低，能量有强有弱；从质的方面看，又呈现为有机质、无机质或者植物、动物等等不同的物质形态。个体打破初始状态的举动也正是从这种差别开始的。

至此，我们发现，初始状态的个体只是一个普通的自然物种，是自然界里的一个充满自然性的实体，与后来形成的"人"相比较，他是简单的、混沌的、依赖本能存活的、相对独立的较高级的物质。他唯一值得骄傲的，是他拥有了与自然界其他物种所不同的实体。在这里，随着差别的不断积累，个体在自然界中的相对独立性也日渐增加。

此处需要指出的是：

第一，这里的"独立"具有相对性而不是绝对性。我们说个体相对独立，是因为他只在形式上看似独立，在内容上却与自然界连在一起，融为一体，是自然界不可分割的一部分。比如面对阳光、水分、食物等自然物，个体须臾之间也不可以与之分离。在这个意义上，个体等于肉体，等于自然物。他通过自然的、本能的物质变换完成自身的循环。只要这种循环能保持下去，个体的肉体部分也就能存在并延

---

① [英] 达尔文：《物种起源》，商务印书馆1983年版，第568页。

第一章 个体

续下去。由此可见，肉体的独立性只是证明了个体是一种单独存在并进行自身循环的物质实体，是一种在相对意义上才可以脱离自然界的物质。他与其他自然物质只具有程度的不同，仅此而已。

第二，这里的"独立"是真正的"独立的"而不是"合成一体的"。一个独立的事物的基本属性是其时刻准备脱离母体的倾向性。就个体作为独立的存在而言，他是分离于母体并在母体之外单独运行的实体，因而他是自然界的一个他在，一个特殊之物，他有脱离自然界的一般性的倾向，因为这一倾向性存在，他与自然界就愈来愈分离了。他的指向——在分离之前就扎根在自然界之中的仅仅指向自身的指向——由于这种分离而变成了对象性指向，它们开始在已经与个体分离开的对象世界里寻找自己的目的物。

上述两点，构成了个体自身的矛盾。就其作为独立的存在而言，他时刻希望脱离自然界，借以达到完全的自立，以摆脱对自然的从属性；但就其作为相对的存在而言，他又无法完全地与自然界相分离，他本身就是自然界创造出来的一个自然物，他需要用自然物供给他生存，他的体内有着与自然界相互统一的指向性，只是由于相对独立性，这种指向被暂时分离了。所以，在相对分离中实则同时孕育了相互统一的指向，他的产生就是他和自然界的分离，这分离又要求他必须不断地趋向统一，"统一"成为进一步"分离"的前提。比如肉体本身，肉体需要的物质与能量需要从肉体之外获得，那些为肉体的存在而存在的物质是肉体的固有指向，它们供给肉体以水分、阳光、蛋白质及脂肪等等。肉体与这些被指物体的统一，成为肉体独立存在的前提。

肉体与这些指向物之间逐渐地形成了对应关系。个体自身需要达到系统平衡，因而对未曾满足的物质和能量产生需求，并将肉体指向某一个或者某几个对象，直到获得这些对象与自身的统一为止。这样看来，个体的肉体一经产生，就经历着与指向物之间的对立、统一、再对立、再统一的循环往复的过程，它今天的指向就是它昨天的缺失。

3. 对象进驻个体

现代自然科学证明，地球早在四五十亿年前就已经形成。在相当

接受与选择

长的时期内，地球上没有生命和生物运动，没有有感觉的物质，其所拥有的只是进行着机械运动、物理运动和化学运动的非生命的无机界。但是，物质的反应特性却是存在的，任何两个物质之间的相互作用总是会留下反应的"痕迹"，这一特性在后来产生的生物体身上采取了更高级的形式：个体在其肉体与外部世界相互作用时，他的反应中枢——大脑——直接地参与了这一过程。

在此之前，大脑在个体肉体中的地位已经使其必然地充当了反应中枢的角色，但是，它显然没有内容，它只是一个空洞。个体大脑的空洞与整个肉体的空洞几乎同时存在。在理想状态下，空洞的个体只是我们的一个抽象，他或许只存在于个体呱呱坠地的瞬间状态，但他却是我们发觉个体成长的钥匙。把他与现实状态下的个体相比较，不难发现，在与对象物的相互作用中，开始接触外界事物的个体才变得充实起来。个体开始接触外界对象之后，原来空洞的个体就不再是孤立的了，填充物与空洞的个体相结合使个体产生了感觉、知觉等属性，那些填充物——化成感觉和知觉——驻扎进来，个体的感官日益充实，这些填充物作为个体填补空洞的对象性存在物的属性逐渐地被固定下来，这个过程同时被个体的大脑所记载。个体感觉的充实结合着大脑的记录，那些对象物的属性在个体那里变得日渐清晰和稳定起来，个体对外界的感觉、知觉等的清晰化不仅使这些感觉、知觉占据了个体的身心，而且把个体推向一个观察主体的地位，个体开始被这些对象所唤醒，他依靠他所获得的前对象的累积，向后面的对象世界发出了他的主体属性。

4. 感觉的总和

伴随着对象进驻个体的各种活动，大脑的意识机能逐渐地被激活了。对象给个体的各种感官以感觉，个体的大脑同时也记录了这种感觉，个体开始由对象物所控制，现在变成了由他得来的感觉所控制。他得到的这种感觉愈多，他的集于个体本身的这种控制力也就愈多。由于大脑统一于肉体，大脑活动与整个肉体的活动几乎是同时展开的。

第一章 个体

大脑在记录这些感觉特性时，它也在向个体的全身反映和回馈这些特性。个体的大脑和他的感觉一起依靠从对象那里得到的这些特性，开始了掌握和控制个体的过程。大脑不再是一个旁观者，它直接地参与并确立个体的对象关系，任何与个体接触的物质都要经过大脑的过滤才得以在个体身上确立下来，这些物质同时也变成了个体的意识到了的存在。

意识直接参与到对象关系中，使个体的指向变得明确而稳定起来。

其一，意识使个体到达对象的过程具有了目的性。在这里，在个体还没有与对象进行交互作用之前，他已经是一个有意识的存在，他已经预先设想了他的对象关系及其结果。进一步看，当他的一切对象（包括他人）作为他的客体进入个体的意识之中时，这些对象就是个体单方面地确立下来的"物"，是被个体的意识所统摄了的"物"。它（他）们成了个体想要达到的境界，是个体行动的彼岸。由于意识的介入，个体对对象的反映更加清晰，个体对对象与自身的关系的认知更加深刻，个体从而更加知晓自己下一步趋向何种对象，个体在对象关系中变成了掌握以至选择对象的主导方面，他由被动变成主动，变成了对象关系中的主体。

其二，意识使个体与对象的关系具有了稳定性。在个体与对象的关系的展开过程中，意识机能最初只是个记录者，而随后立即成为个体从中索取他的对象关系的"存储器"和"操作系统"。意识帮助个体把一个个感觉统一起来，并且使其成为个体进一步行动的指南。由于意识的介入，个体与外界的关系变成了一一对应的、稳定的关系。我们知道，在个体身体的各个器官中，大脑要比手、脚、眼、耳、鼻、舌、身等器官更加具有总和的特性。相对而言，手、脚、眼、耳、鼻、舌、身只能感觉到外界局部的、片面的存在，而大脑则是在总和其他器官的感觉。就此看来，意识对外部世界的反映不是直观的、消极的、被动的反映，更不是停留在事物表面上的印象。意识更重要的是依赖个体的感觉并通过总和感觉从而超越感觉，并尽可能地对事物的发展过程做出预见和设想。意识在个体是否要与某种对象建立关系、建立什么样的关系以及能否改变关系等方面,都起着十分重要的作用。恩格斯极为称赞人的这一特性,他说:"人离开动物愈远,他们对自然界的作用就愈带有经过思考的、有计划的、向着一定的和事先知道的目标前进的特征。"① 在这里,我们认识"离开动物愈远"的现象,既要从人类历史的长河中把握从类人猿到现代人类的变化,又要从单个个体的一生中把握从幼儿到成年人的变化。显然,"思考"、"有计划"、"向着一定的和事先知道的目标前进"等等意识活动,把个体从动物界提升出来,也把个体的对象从一般自然界中提升了出来。由于意识的介入,个体与外在世界的混沌的关系变成了清晰而稳定的对象关系。

其三,意识使个体与对象的关系的循环往复成为可能。意识作为个体的精神世界的窠臼,它超越了个体的肉体的限制。这就是说,肉体从其物质本性(即较低层次的物质属性)出发与对象建立关系,比如眼睛只看到身体前方的世界,皮肤只发现身体所经验到的世界,再比如饥饿的肠胃指向食物,寒冷的肌肤指向阳光等等,而意识却不从其自身出发去指向对象。意识虽然是某个个体的意识,但意识的内容却不仅仅是个体的狭小天地。意识可以超越肉体而到达肉体所不能到达的对象,从而运用这种意识到了的对象来影响肉体,指挥肉体,使肉体超越本能,实现跨越。意识使个体插上了与时空等值的翅膀,它瞬间就可以把个体送往那永恒的、无限的世界的彼岸。如此一来,在个体与对象交互作用的过程中,由于意识的参与而使对象关系的更新成为可能。

5. 主体性的产生

到此为止,作为我们观察对象的个体已经拥有了一个初步完善的主体形态。他有实体支撑,也有需求指向,更有意识帮助和指导其完成有关指向的活动。这些属性统一集中在他的身体之上,不断地强化着他的身体、意识的协调性、一致性和内在同一性,同时在他的内心

---

① 《马克思恩格斯选集》第3卷,人民出版社1972年版,第516页。

第一章 个体

也积聚了一个向外展开的力量之源，他据此而能够正常地开展建立对象关系的一切活动了。他愈是深深地介入对象，他就愈是在与各种对象的相互作用中提升自己，他也就把自己与其他事物区别开来，也就独立于一切事物，因而也就超越了一切事物；随着他的意识参与到这一活动中来，他的对象世界被他的意识所总和，总和了的意识变成了个体的"他"而不是别人。"他"不仅与自然物日益不同，而且与他人也越来越不同。"他"成了"他自己"，成了"自我"。进驻个体的对象及其属性与个体自身的本质力量相结合形成某种新的实体，它们在精神形态上表现为个体的自我。

显而易见，个体在接受对象之前，他仅仅是个在某处"虚位以待"的个体，他除了身体这一躯壳之外在内容上一无所有，他等于虚空，而虚空的指向就是充实。虚空的个体需要从对象那里得到满足，如此才能让个体达到充实而自立起来。个体从虚空到充实，就是从与对象相对立到相统一的过程。个体的虚空，为对象把个体塑造成对象所要求的那样提供了前提。

"虚心使人进步，骄傲使人落后"这句名言，其实是对个体与外界关系的两种状态的通俗描写。显然，虚心就是个体保持虚空的状态，就是给外物一个进入的机会，就是向外物表达接受的姿态；骄傲则是自满的状态，因为自满，个体不再需要外在的补给，不再有新事物的介入，他只有吃老本，他失去了与外界的联系，他自我封闭起来，静止起来。如此一来，与其他开放着的事物相比，他的落后就是必然的。

由此可见，虚空与实在既是对立的又是相互依存的。正因为个体是虚空的，才为对象提供了让个体"是其所是"的机会。个体从"无"到"有"，就是从虚空变成实在的过程。"虚空需要充实"，这就是个体成长之"道"。个体的虚空把他与对象联系起来，这虚空正在指向对象的某个方面。个体无法从他自身产生，他只能从他之外的对象那里获得新生。正因为个体的原始状态是一无所有，才有了被对象介入的可能，正因为个体是虚空的，他才漂浮不定，他必须找到依附之所，然后才能反观自己。了解了这一点，我们再回头看看现实中已经看似成熟的个体，他的未知世界对他而言是他还没有接触到的对象，这是他所缺失的部分。就未知世界是个体所缺失的对象而言，看似成熟的个体在下一步新的发展之前他仍是一个空洞。

在虚空—充实的交替作用中，个体的意识世界也随之嵌入了诸多的对象关系——意识的窠臼被这些对象关系的内容所占据。这些内容通过意识工具向个体的全身传递着来自对象世界的必然性。个体随之累积到的关于对象世界的必然性越来越多，他的身体躯壳之上累积下来的理念也越来越多——一个强大的精神实体将要在个体的躯体之内形成了。

当某对象（比如母乳）与个体（比如婴孩）相接触的时候，个体的某个部位便会产生强烈的反应（比如婴孩的味觉系统感受到奶汁的甜度以及胃囊感受到温饱，如果换成苦口的草药则可能出现排斥反应），从而使个体与对象之间产生一种稳定的对应关系。这种关系表明了此对象非彼对象，也表明了此对象或是被长期欢迎或是被长期排斥，个体因此对此对象及与此之间的关系也产生了知觉。这种知觉既可能是对该对象关系的肯定，也可能是对该对象关系的否定，但无论肯定还是否定，个体皆由于该对象的介入而使此方面的混沌状态逐渐地清晰起来。他在肉体上获得了充实，在精神上形成了一个关于此对象关系的实在映像。

个体开始感受对象，更重要的是他从对象中观照到了自己的存在。对象是他得以存在的原因，也是他继续存在的证明。对象的到来，充实了个体，也不断地引导和印证着个体的感觉。在对象不断地作用之下，个体来自感觉的经验越来越清晰。个体的一切感觉在无数次的经验之后形成某个关于对象关系的"实体"（即理念、本质或其他规定性）定居在个体之中，主宰了个体的进一步的行动。个体的各种感觉通过大脑链接起来，统一起来，并在经过大脑时被大脑所析出，个体

第一章　个体

的精神状态也由感觉上升至统觉。感觉与统觉在个体身上演变成上述精神实体，进而演变成主宰个体的实体。个体从思考这种感觉到进一步思考个体本身，个体全身的感觉被总和起来。现在，唯有这个"总和"处在个体的最高处，它超越了个体的一切感觉，个体因为它而获得了绝对的自主，个体上升为自我，个体被自我所占领。个体与对象的关系开始转变为在拥有自我的个体的支配之下的主客体关系。

自我进驻个体之后，主宰个体并占据了支配地位。个体原有的指向也受自我的过滤并上升为自我的指向。个体的一切感官及其感觉开始被自我进行整理，就像计算机中的碎片被系统软件进行整理的效果一样。对混沌状态的个体来说，其感官也是混沌的、不清晰的，它们完全陷入了浑然一体的自然状态，毫无差别。那个时候，眼、耳、鼻、舌、身等器官对个体而言处在同等重要的地位。然而，自我的到来改变了这种状况。每当个体与对象结成关系时，随着个体将不同对象对自身感官感觉程度的影响报告给自我时，自我与感官就一同被对象所唤醒，自我把所有感官集中到自己之内，并将感官之间的差异性明晰下来。

需要说明的是，此处在研究个体的对象关系时，更多地运用了个体的视角作为个体感官世界的代表来加以讨论。这是因为，窃以为个体的视角作为个体建立对象关系的初始途径，它在今天的人们的所有感官中仍然具有相对普遍的认识意义，但这里绝没有否定其他感官的作用的意思。我们当然不会认为，只有眼睛对个体才是最重要的，因为显然，在不以视角维系对象关系的世界里，这种说法存在着极大的局限性。细心的读者当然会发现，本书对视角的关注更具有胡塞尔的"视域"的意义，视角或视域，它在"自我"的意义上表达了个体可能采取的某种路径以及达到的某个境界。

个体的感官由于对象的作用而表现出差异性，又由于自我的整理使这些差异性确定下来。自从有了自我，个体的其他部分便居于次要地位。没有自我的个体零散地、盲目地与对象接触，而自我则系统地、明确地与对象发生关系。自我的出现从根本上改变了个体的状态：没

接受与选择

有自我的个体是自在的，拥有自我的个体才是自为的。

自我对对象关系的整理并不是在一天之内完成的。在长期的交互作用中，对象关系在个体身上的累积越来越多。这些累积有些是个体所需要的，有些则是个体在非自愿的状态下接受的；有些是个体所喜爱的，有些则是引起个体不快而要被摈弃的。在自我的支配下，个体开始有选择地对对象关系做出抉择。不需要的对象关系有可能被阻断或者抛弃，需要的对象关系则被进一步链接起来。而个体总是被他所需要的对象关系所牵引。

对象关系与个体的变化之间具有显著的因果关系。其一，与原有的对象反复地发生作用，则可以保持和重复原有的对象关系，个体自身（包括其自我）也就处在原有的水平上，但量的累积是不可避免的。其二，选择与原有对象不同的新的对象，其对象关系必然地发生改变，个体自身的聚变将随之到来。对象关系的量的变化对整个人类的作用是不言自明的，在这一代人身上的量变可能在下一代身上才发生质的变化，但对仅有简短一生的个体来说，重复性的量的变化对他几乎不起什么作用。换句话说，倘若个体希冀在他的一生之内获得增长，他的生活的意义就在于不断地变换对象关系。举例来说，在贫困山区生活的人们一辈子面对大山，他们从早到晚伴随的就是日出日落，他们的生活在几十年中很难有大的改变；相反，那种瞬息万变的都市生活为个体带来的是应接不暇的对象关系，在这种状态下，个体则会极快地进入新的生命历程。对象关系对个体的意义正在于此：变更了的对象关系对个体来说是革命性的，而重复的对象关系对个体来说则是保守性的，前者往往使个体的自我处在亢奋的状态，后者则更容易使其安逸下来。

用历史的眼光认识自我，是理解对象性力量的强大作用力的枢纽。今天看来，一个成熟的自我已经展现在我们面前，似乎每每都是由拥有自我的个体在选择对象世界，而对象世界对个体的形成作用却被忽略了。这是因为，当成熟状态的个体来到我们面前时，他已经是一个"庞然大物"了，他的已经"凝固的"成熟与其说表现给我们的是个

第一章 个体

体成长的渐变形态，倒不如说是个体成长过程中的相对静止状态。正是个体与我们之间近距离的相对静止状态阻滞了我们的视线。其实，在今天看来已经形成的自我，恰恰是由昨天的对象所造就的。昨天的对象进驻个体的身体之中，个体就被这些对象奴役了。个体最初希望得到对象的充实，但最终却被对象所主宰。他变成了对象之所求，是对象之所是。如此一来，昨天的对象转化成主宰个体的"自我"，对今天而言，这"自我"已经变成了"旧我"，"旧我"又在今天的对象关系中刷新自己。对象越多，个体身上也就越会形成较多的"我"（图1—2），个体也就越失去所谓的纯粹性，个体也就比原来的"自我"更加强大。唯其如此，我们才能看清个体的历史对个体今天的成长所产生的重要作用。

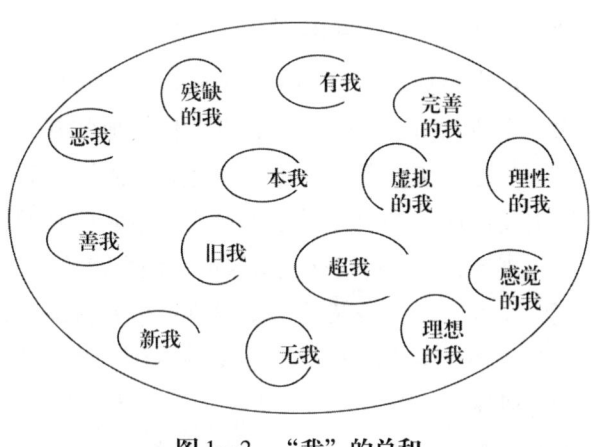

图1—2 "我"的总和

很明显，对一个既定的个体来说，他实质上面临两个方面的力量的作用：一是来自历史的对象的作用力，二是来自现实的对象的作用力。既然历史的对象的作用力已经转化为"旧我"，而现实对象的作用力已经转化为"新我"，那么，这两种对象力量的抗衡实际上是"旧我"与"新我"的斗争。如果说个体遭遇的现实的对象是其历史对象的重复或者它们之间具有相似性，则个体的新我与旧我的矛盾便是缓

接受与选择

和的、兼容的；而如果相去甚远的话，个体的自我则要遭到革命性的变革了。

事实上，有了自我之后，个体才充满了活力。是自我的诞生让个体从整个自然界中真正地脱离出来，个体也才拥有了真正的独立性。个体的肉体有了附着之所，个体被"自我"这个精神实体所牵引，个体受到了真正的目的性熏陶，个体以真正的"主体性"开始了观察对象并改变对象的过程。应该说，在自我之中，个体的肉体与精神获得了真正的统一。

自我是按照对象的要求塑造个体的。在个体的原始状态那里，对象在个体看来是支离破碎、残缺不全的，原始个体的相互割裂的感觉无法统摄对象世界并形成统一性，直到个体的统觉形成之后，对象之间以及对象与个体之间的某种联系才在个体的视域中被相互链接起来，统一起来。统觉的产生使个体升华为拥有自我的"二位一体"。由于统觉高于感觉，个体宁愿放弃他对感觉的依赖，转而相信统觉带来的一切。于是，由统觉转化而来的自我统摄了个体，他弥补了原始个体的纯自然物的缺陷。他站在更广泛、更总和的领域观察对象，审视个体，引导个体建立更高层次上的对象关系。自我在个体中日益地占据了主导地位，对个体来说，自己有可能是错误的，但自我总是正确的。

虽然自我的完善是一个较长的历史过程，但是，即使是残缺不全的自我，也是改变个体本质的自我。自我似乎是一个活跃在个体之中的精力旺盛的有机体，他既为个体守夜，也为个体导航。正因为如此，任何独立着的自我都在完成一个指向，这个指向与其说是指向对象，不如说是指向自我本身。现在的自我总是指向未来的更高层次的自我，对每一个阶段的个体来说，他总是怀抱着历史的积淀所形成的现实的自我而展开了与对象的交互作用，希望最终到达自我实现的境界。

所以，从此以后，每当我们谈到个体，那便是包含了自我的个体；每当我们谈到自我，那便是拥有个体的自我。在其现实性上，自我与个体是合二为一的二位一体。个体是自我的载体，自我是个体的灵魂。自我主宰个体，自我就是个体的自为状态。

三 自我的矛盾

以上分析证明，自我与对象有着天然的联系。一方面，他是对象关系在个体中的反映，但他却寄宿在个体之内，他与个体结成了命运共同体。由于大脑对他的偏爱，他既掌握了反映个体的对象关系的直接途径，也掌握了支配个体各个感官的神经系统，他更容易地承担了按照对象关系的要求完善个体这一物质实体的方方面面的任务。显然，他愈完善个体，他就愈远离对象，他就愈是与个体融为一体。于是，他附着、镶嵌在个体之中，理所当然地成为个体的立场的代言人。另一方面，他本身就是由对象演变而来的产物，他需要对象源源不断的给养，他的新的生命力的源泉来自对象。表面上看，自我产生在个体充实之后，然而，这里的充实不是个体自己充实自己，而是对象给予的充实。对象进驻个体之中，便成就了自我。所以，自我又是对象派驻到个体之中的代言人，如果没有对象的支持，他则不会附着在空壳一样的个体身上。他需要内容，需要对象给予的充实。他既想远离对象，又不能离开对象。于是他不得不在对象与个体两者之间徘徊，他折中、调和二者，结果把矛盾引向自身。他想进一步解决矛盾，借以完成更大的"自我实现"的目标，以逃避上述矛盾的纠缠。结果是旧的矛盾刚刚过去，新的矛盾又接踵而至。自我一经产生，便夹在这矛盾的两面之中左右为难，面对源源不断的对象关系，他要么接受，要么做出选择。

正如我们已经知道的那样，自从有了自我，个体的指向变得明晰起来。自我帮助个体完成了与对象的关系的确立，由此也完成了个体的独立性。自此以后，自我在个体之中作为对象的对立面观照对象，审视对象，并完成对象向个体的变换。个体的目的变成了自我的目的，个体开始通过自我来观照一切。自我的目的是包含了个体所有指向的目的，自我统摄了个体。由于自我的指向性，我们已经看到了自我对

接受与选择

对象的依赖关系，自我不能没有对象，自我的生命在于对象。自我的每一种指向，都是在选择更加适合自我的对象，他需要与下一个对象结合，才能完成"自我完善"的重大步骤。只有在所选择的对象中，自我才看到了希望，这似乎就是他的力量源泉。自我就是各种对象力量的聚合，而对象则是自我进一步壮大的原因。在源源不断的对象那里，自我获得了生命的给养，自我的内容的实在性就在于他与对象所建立的关系的实在性上。很难想象一个隔绝了周围一切对象的自我是如何存在的。正如马克思所认为的那样："一个存在物如果在自身之外没有自己的自然界，就不是自然存在物，就不能参加自然界的生活。一个存在物如果在自身之外没有对象，就不是对象性的存在物。"而"非对象性存在物是非存在物"。[①] 既然如此，要进一步认识自我的本质，就必须到其对象世界中去寻找。

---

① ［德］马克思：《1844年经济学哲学手稿》，人民出版社2000年版，第106页。

第二章

对象世界

　　对象乃是主体向外展开的一个定义域。换句话说，对象问题就是视域问题。"对象"本身就是对视域的设定：第一，对象表明了主体是向外看而不是向内看；第二，对象的多寡在另一面的意义就是视域的大小；第三，对象就是主体价值的等价物，主体拥有对象的多寡同时体现了其价值的大小。

　　对象世界就是对象进入个体视域内造就个体的感觉、知觉及意识的世界。如果说个体面对的世界是所有世界，这种说法不无正确；但在其现实性上，个体只能与他的视域内的世界发生作用，因而这一世界才是他实在的对象世界。

　　个体一经诞生，便被各种存在物包围起来。个体的对象世界在最初的意义上是指从个体诞生开始就独立于个体之外并围绕在个体周围的世界，它包括支持该个体存在的物质实体和用于该个体发展的各种因素。但这里绝对不应简单地把"周围"二字理解为形式上站在个体之外的某种外在存在。因为包围个体的对象其实在他自己看来先期可能在自己身体之外，但后来，他的身体、他的精神世界等等也都与他自己相分离，它们进一步成为他的对象，他以他自己为对象，他自己成了他的"周围"的一部分。故此，对象世界，只要是处在个体的视域之内的，皆是个体的对象。

　　从个体的生存处境看，个体的对象世界是我们通常所指的广泛意

接受与选择

义上的自然界以及这个自然界的展开形式。这个世界由低级到高级依次展开，它们呈现给个体的是由"原始自然—人化自然—能动自然—虚拟自然"等自然界的演化形态所构成的序列。（图2—1）

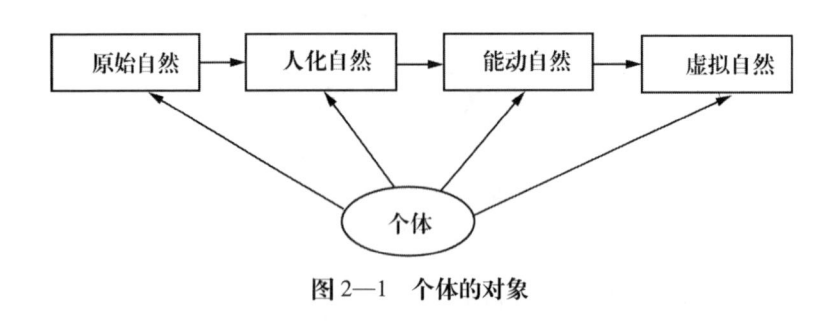

图2—1 个体的对象

一　原始自然

原始自然是个体用来维持自身的对象。

1. 自然界的原始性质

原始自然界是广义自然界中未经人类涉猎的领域，或者说是人类将要首次涉猎的领域，它的原始性就在于它的自在性。它无视他在，完全以自在为中心；它"自己运动"，虽然是按照机械的、物理的、化学的和比较高级的生物的形式在被我们所称谓的"规律"中运动变化，但这变化与个体的意志没有任何关系，它只是埋头运动，不断分化，又不断出现新的合一，新的实体否定旧的实体，旧的实体的目的性就是不断地分化出"新"来。对许多个体来说，原始自然界是神秘的，它是个体的陌生的、无知的、混沌的、无法预料和难以驾驭但又必须面对的对象。

最让个体感到不安的恰恰是原始自然界无视个体存在这一事实。原始自然界只强调自在，只按照自身的规律运动和发展。在它的本然世界中是没有人为的或者为人的运动的，倘若有的话，那也只是人类

第二章 对象世界

对它进行选择的结果,而不是它的本意。例如,四大文明古国之所以发源于黄河流域(古代中国)、尼罗河流域(古代埃及)、恒河流域(古代印度)和两河流域(古代巴比伦),并不是原始自然界按照人类的要求对自身进行改造的结果,恰恰相反,它是人类在那个时代的自然界中选择出的能够适应自身要求的有限的自然界。今天的农业生产仍然遭受着原始自然界的莫大的影响,虽然人们在科学育种、施肥、灌溉等方面已经把握了原始自然界的某些特性,但是,农业生产在整体上面对的仍然是原始自然界,"靠天吃饭"是从事农业生产的人们的一致看法。

在古代社会中被称之为"天"、"上苍"以及其他足以主宰人类命运的巨大力量的代名词的所指,其实就是我们所说的原始自然界。由于原始自然界的规律的不可抗拒的威力和它的神秘性质,古人以为,"天"可代人惩罚人间的罪恶,原始自然界因而成了人们敬畏的对象。自然界的原始性对个体而言既表现在它鲜为人知的一面,还表现在它比个体强大这一事实之上。对个体而言,强大的对象总是需要他小心翼翼地加以对待的对象。

2. 偶然性与必然性

原始自然界对个体的第一个明显的作用就表现在:个体就是原始自然界运动演化的结果,个体身上不容置疑地保留着自然界的原始属性。从人类发展历史看,当个体最初与饥饿和寒冷作斗争的时候,他仍然属于动物界的一部分,仍然属于自然界,因此,他们的一切活动都具有纯粹的自然性。但同时,他们并不代表一般的动物界和更广泛意义上的自然界,他们与其他动物有着显著的差别——不仅有四肢、大脑的区别,更有群体生活习性和自然环境(包括各种生态因素在内的生存条件)的差别。于是,个体的本能性活动也就是一种特殊的活动,这样一种特殊的活动只能产生一种特殊的结果。以古猿的演化过程为例,迄今为止,为什么同一种古猿中一部分已经转化为人类,而另一部分却仍然保持原形居籍森野?甚至还有一部分已经退化以至灭

接受与选择

绝？显然，这种变迁只能从它们活动的环境条件（类似于我们所说的对象世界）的演变等外部力量的作用中作出解释。正如物种的遗传性是长期适应环境而获得的一样，物种的变异也是长期改变环境而获得的。既然古猿的活动几乎全部地受制于自然，那么，他们的解放也就只能有待于自然的"赐予"了。以腊玛古猿为例，随着地质年代的变更，腊玛古猿的活动范围受到了强烈的冲击，他们的生存环境由森林地带转向无森林地带以至辽阔的草原，此后，除了一部分古猿继续追随森林的变迁而保存原来的栖居习惯以外，大多数林栖动物的生存习惯完全改变了。[①]

很明显，这种变迁使两种自然力（古猿—自然界）的交互方式和抗衡作用发生了变化。古猿以前借助大自然（森林）作为抵御（保护）力量的习惯不得不演变为，从古猿自身自然出发，提升自身感官的新的适应能力。如此一来，主动地（虽然仍是受制于饥饿与寒冷的支配但却比以前有着很大进步的）释放自身自然力代替了过去那种完全被动地承受外界自然力量保护的生存方式。古猿的这种活动促使其产生了实质性转变，以至于可以被我们视为人类祖先开始脱离自然界的前奏。

毫无疑问，从那时开始，发生在古猿身上的一个重大转变就是：从过去被动地依赖外部自然力进行防御转而趋向开始提升自身自然的种种能力。为了更好地适应新的生存环境、顺利地避开灾难和防御外来的侵犯，古猿林栖时爬行攀缘的习惯逐渐演变为直立行走，眼界愈来愈开阔，手脚的分工已经定型并开始发挥作用——古猿的感官力量增大了！各种直观感觉不断加深的同时也促进了古猿大脑组织的变化。

> 达尔文曾在他的《人类的由来》一书中描述了生物界的这种生长相关律。他说，由于动物有机体的各个部分，在组织上有着我们现在还理解不到的某种方式的联系，只要一个部分发生变异，

[①] 《世界上古史纲》上册，人民出版社1979年版，第44页。

第二章 对象世界

其他某些部分也会牵连着发生变异；而如果一个部分所发生的变异通过选择而得到积累，其他部分也会随之而经历一些变化。①

正是由于古猿自身组织内部及其与自然界之间的这种相关性，才使得环境的变化成为古猿发生变化的契机，从而也给偶然性发挥作用留下了广阔的空间。过去的林栖生活本来使古猿养成攀缘习性，但古猿获得的自然界对它的意外的"赐予"——抛开森林的栖居生活，却使得古猿的大脑和其他相关器官发生演变的可能性增大了。新的生存条件（从森林下到地面，并沿森林边缘进入无森林地带以至河、湖周围及广阔草原等）为古猿提供了新的觅食方式，大脑不仅成为古猿初次活动的感受器，而且变成再次活动的传感中枢。自然界的剧变完全改变了古猿的栖居习惯，而古猿为适应这种变化所导致的大脑及其他器官的发展，正在改变着它们自身自然与外在自然的原有关系。自身器官的不断成熟和完善，使它们超越动物界其他物种，一跃成为自然力量最强和最有智慧的物种。这种自然力在与自然界的斗争、统一中不断发展，为它们一步步迈向人类的阶梯积累了客观必然性。

从一望无际、混沌一片的原始自然界，到自然界各种实体之间的区别日渐清晰，从各种不同实体的不同方式的运动，到古猿被最后选择为人类的祖先，原始自然界的运动完全是"无意识地"展开的。然而，原始自然界在"无意识地"运动过程中，却不断地强化着各种实体的反应特性。正是原始自然界的这种运动，逐渐地分化出了具有高级反应特性的动物——拥有意识能动性的个体。对原始自然界来说，它仅仅行使其物竞天择的职能，而对人类的祖先——古猿来说，他恰恰具备了被选择的条件。如果我们不能从自然界漫长的演化中体会这种选择过程的话，有人仍然会以为人类的产生是个奇迹。有些人站在今天的现实中观看人这个庞然大物，总以为人是从天上掉下来的。今天的有文化的历史与人类的产生过程相比，是难以找出恰当的衡量人

---

① ［英］达尔文：《人类的由来》，商务印书馆 1983 年第二版序言。

接受与选择

类的非人的、漫长的演变过程的尺度的。但是,温习人类产生过程的漫长历程,对于我们认识原始自然界对今天人类的意义,却是任何人类史都不可替代的。

今天的人们正在远离原始自然界。由于受尽了原始自然界带来的苦楚,人们总想摆脱它。有些人甚至痛恨原始自然界无视人类意志的我行我素品质,他们频频地向社会纵深处投怀送抱,并企图不断地用人类的智慧改造这个不听话的对象世界;但是,也有相当数量的人们主张回归到原始自然当中去,希望在那里净化人们在拥挤的城市中呼吸到的饱受污染的空气。

美国和加拿大的研究人员发现,参与北极或南极探险活动,会让人产生极端心理状态,一方面会让人感到极大的压力,另一方面最终克服这些压力后,又会让人感到极度自负。

这项调查由美国南加利福尼亚州大学研究人员劳伦斯·帕兰卡斯和加拿大不列颠哥伦比亚大学研究人员彼得·聚德费尔德共同完成。调查结果说,极地探险给参与者带来的主要心理问题包括,沮丧、焦急、易怒、认知受损、反应迟钝和一种被称为"南极凝望"的空白状态,这是一种自发的无意识状态。

"大约5%参加极地探险的人符合精神失常的标准,"调查报告写道,"但他们在成功应付压力后,也会产生积极的心理影响,这帮助他们提升了自信心,有益于健康和个人成长。"

报告还提出了选拔参与极地探险活动的标准。报告说,就短期探险而言,应寻找那些成功欲望强烈、对冒险充满兴趣和很少感到忧郁的人;而就长期探险而言,最适合的人选是30岁以上、情绪稳定、相当内向、不太主动与人交往但又对他人需求敏感,而且不容易感到乏味的人。[①]

[①] 据新华网北京2007年7月26日。

第二章　对象世界

　　上述报告对于校正我们在居住地固定的状态下形成的人与原始自然界的关系的褊狭认识会具有积极的意义。现代人通过考察北极和南极体验了原始自然界带来的压力，他们在远离原始自然界的状态下成长起来的心理素质受到了新的挑战，这说明，长期与原始自然界打交道的人与长期远离原始自然界而能够生活下去的人对自然界的感知会迥然不同，更说明了处在原始自然界中的人们受制于对象决定的力量是今天的人们所无法想象的。

　　今天的社会生产让人们面临着不同的选择：一部分农业人口的确经常地承受着原始自然界带来的压力，他们的基本生存方式仍然依赖于原始自然界。原始自然界主宰着他们的命运，他们的劳动成功与否，全看原始自然界的"赐予"如何，原始自然界在他们看来就是统御他们的高高在上的"苍天"，是不可与之对抗的强大的异在；但是，以工商业为背景的城市人口却缺少原始自然界那种生存条件。他们被水泥、砖块林立的楼房包围起来，他们不直接以原始自然界为劳动条件，但希望获得原始的生态居住条件。显然，希望回归到大自然中去的人们并不是为了回到恶劣的或者不可掌控的原始自然环境之中去，也不是为了回到手工的、低劣的生产条件之中去，而是希望回到对自身自然发展十分有利的生态环境之中去，回到与生态条件的和谐关系之中去。在这里，人们对原始自然的态度因劳动方式的不同而有所区别。

3. 个体的第一存在

　　第一存在就是在任何对象都不存在时仍然存在的存在。

　　在个体还没有作为对象性存在而存在时，个体自身就存在着一种自然，个体就是一种自然物。这种自然是人的前身，是人的躯壳，是没有任何关系物为内容的纯物质，因而是非人的存在。它先于"个体"之名，是"个体"之所以成为个体之实的先天存在，是决定个体今后的对象世界能否被接纳的原始本质。

　　如果说原始自然界对个体的第一个明显的作用是在众多的物种之中选择了人类，那么，原始自然界对个体的第二个明显的作用就是它直到今天还仍然塑造着个体的身体。个体在没有接受任何对象之前，他是作为纯粹的原始自然的聚合物而存在的。对任何个体来说，不仅他一经出世所遇到的就是原始自然界，而且他自己就是由一个原始自然的胚体演变而来的。他的肉体——他本身所依存的作为载体的肉体方面——当他还没有展开对象性活动时——他的肉体的原始性是我们无法阻止的特性。它初来乍到，没有经过任何外界约束力量的作用；它向外舒张，输出它的本然状态。——在它没有经过对象的作用之前，它尚不属于个体的整体，它只属于它自己，属于原始自然界。个体愈是年幼，他的原始自然的性质就愈是浓厚，他就愈是站在动物性的一面开始他的行动；而他自身的原始自然愈是浓厚，他就愈是无法离开他所依赖的原始自然界。个体因为自身原始自然的本能（指向）与原始自然界之间发生了各种各样的关系，进而与一切围绕个体的外部因素发生了关系。一切后来的关系都由这个原始的关联性所引起，原始的自然在这里成了个体一切行动的出发点。因此，尽管原始自然界对个体存在着有利的和不利的两面性，但个体仍然不能消除这个存在。在初始的意义上，个体自身的原始自然不可避免地是他的第一存在。这个存在一开始就镶嵌在个体的身体之中，与个体的身体一同存在。

　　个体自身自然的原始性表现在它与自然界未分离时期的一切阶段。只要它是依赖自然界的，它就是呈现原始性的。尤其在个体自身器官没有被自我统摄的时候，这些器官是那么的消散，那么的唯它独行，它们的赤裸裸的、浅陋的、受力比多（libido）支配的特性是那样的明显，其原始性可见一斑。它们与自然界中的原始状态所不同的，是它们正在屈服于一种别离于自然界的目的，即它们不是跟外在的自然界一起，而是不得不跟随个体的身体一起完成其自身原始性的循环。当它们产生之时，它们已经跟随了个体，个体如果不消除其原始性，个体就必须呈现为与原始性捆绑在一起的生命体。这个根本的存在，也成为个体今后一切生活的逻辑起点。

　　这就是为什么所有个体的第一个指向都是其自身自然的原因。个体必须解决他自身的原始自然与外界的矛盾，他在他自身原始自然的

第二章 对象世界

支配下直接地指向更广阔的自然界。由于个体自身原始的自然与自然界中那种广阔的原始自然具有同样的属性，它愈原始，就愈属于那个更大的原始自然界。所以，在个体的初始状态下，他懵懂地发现，他必须依赖于更广阔的自然界，他需要它们作为对象性存在，只有依赖这些对象，他自己才能存活下来。于是，这里出现的问题是：面对诸多的外部自然界，当他不知道应该指向哪里的时候，他总是先指向自身的自然。

例如，青年人的身体正处在发育阶段，也就是自身自然的原始性开始启蒙的阶段。在此阶段，他（她）一般经历了从对自身自然的无知到无助再到通过对象加以求证、加以肯定的阶段。

青年时期是个体原始自然从发育走向成熟的过渡阶段。青年阶段对象关系的一个显著特征就是对异性对象的好奇性。在性指向方面，青年个体往往陷入与对象之间热烈、紧张和急切地了解对方的性取向的热恋之中，这就是所谓的"恋爱"过程。恋爱，从本质上讲就是以个体的方式追求对立面的统一，就是追求单个个体的完美性——身体的完美与精神的全能。从人的身体看来，每个人只是上帝创造出来的半个自然物，恋爱者通过寻找另一半来证明自己，以求得身体自立，求得完整性体验，求得关于人的身体完善的理念。

孤立状态下的青年人的身体是游移不定的，他（她）自己的身体相对于他（她）来说是片面的显现，他（她）不能肯定这身体是不是他（她）的身体，是不是必须必然地存在下来的身体。所以，每当他（她）自视他（她）的身体时他（她）是自卑的，他（她）需要从对象那里全面地认知人的身体，以超越他（她）对自己的感觉。所以，恋爱的实质就在于把一个不同于自己性别的"别人"视为对象来观照自己，就是通过对方来认识自身自然的过程。恋爱的意义就在于：自我认知是知识性的，而通过对象的认知是价值性的；孤立地认知自身是片面性的，通过对象而认

接受与选择

知自身才是对自身在实践意义上的把握，因而是全面的、真正的把握。恋爱活动恰恰就是通过对方对双方身体乃至于精神的认知以获取对自身自然的存在意义的整体性把握的过程。

直观地看，"恋"，就是个体对对象（对方）的思慕、念想，是自身自然不能自立时希望到达的彼岸，"爱"，则是对"恋"的升华和凝固，是在"恋"的指导下期望与对象结合的抉择。个体由自身的某种缺失而产生恋，由恋生爱，由爱而产生与之结合的心理动机，从而完成恋爱的全过程。

个体为什么要思念对象？皆因为个体自身不具备这些对象或者自身根本就没有这些对象，或者自身虽然有这些对象但是在量的方面还不足以自立，所以才需要通过对对象的"恋"和"爱"实现自身的统一，达到自立的境界。如果个体自身是完善的、没有缺陷的，他（她）就是自足的，就不需要对外界产生依赖，自然也就不会产生"恋"与"爱"。

从人类作为两性繁殖的动物来看，任何个体（的身体）都是不完善的，都是需要寻找另一半并与之结合来达成完善自身自然的过程的。就单个存在着的人的自身自然是不完善的自然而言，青幼年阶段的个体都存在着自卑心理，这一心理在恋爱的对方不爱你时表现得尤为明显。可见，在正常状态下，个体产生恋爱心理到最后完成恋爱的整个过程，实质上是完成了对自卑心理的超越。

显而易见，个体的第一存在是一种原始的不完善的自身自然。它既是自闭的，又是向外舒展的。由于它的原始性和不完善性，个体与原始自然界之间始终保持着若即若离的关系。如果说原始自然界作为对象制约了人的发展，那也是因为它首先决定了个体的第一存在。第一存在反映了个体的初始指向，由于这一指向，个体与原始自然界之间的关系变得紧张起来，原始自然界作为个体的来源使他感觉到原始自然既是他的根本又是他的自由的敌人。如果个体不面向更加广阔的自然界，他就永远不能提升他的初始指向。

第二章 对象世界

因此,摆脱原始自然的束缚就成为个体生命的重要属性,这一点似乎要伴随他走完一生。恩格斯说得好:"我们连同我们的肉、血和头脑都是属于自然界、存在于自然界的。"① 这种天然的联系,注定了个体的一生要与原始自然结伴而行。个体生于原始自然,死后又复归于原始自然。个体与原始自然界的这种不解之缘,使其把原始自然界理所当然地视为第一个需要加以认知和改造的对象。

100多年前,恩格斯在批判杜林时指出:"生命是蛋白体的存在方式,这种存在方式本质上就在于这些蛋白体的化学组成部分的不断的自我更新。"② 他进一步解释说:"这个存在方式的基本因素在于和它周围的外部自然界的不断的新陈代谢,而且这种新陈代谢一停止,生命就随之停止,结果便是蛋白质的分解。"③ 在这里,恩格斯揭示了这样的道理,即自然界对个体来说就是其生命的源泉。他如果不与"它周围的外部自然界"进行交互作用,他就无法自立。换句话说,个体的生命就蕴藏在"它周围的外部自然界"中,"他"是"周围的外部自然界"的延伸,"周围的外部自然界"是"他"的来源。显然,根据这一点,我们的结论可以变得更为直接一些,即当个体以自然界为对象时,个体"周围的外部自然界"是什么样子,个体就将会变成什么样子。或者更直接地说:个体的躯体是个体的身体的内在形式,个体"周围的外部自然界"则是他身体的外在形式。人们的身体的基本特征往往会打上他"周围的外部自然界"的这种烙印。

中国有句俗话,叫做"一方水土养一方人"。这句话也许是对整个地方文化里面一切东西之根源的概括描述,它的意思是说,不同的原始自然界塑造着不同的原始个体,山地、平原、丘陵、海洋;北极、南极、赤道附近的阳光等等成为形成个体原始自然的差别的重要条件。原始自然作为个体身体的第一存在,它直接地通向原始自然界。正因为个体的身体中有原始自然,个体才能够与原始自然界直接"对话";

---

① 《马克思恩格斯选集》第3卷,人民出版社1972年版,第518页。
② 同上书,第120页。
③ [德]恩格斯:《自然辩证法》,人民出版社1971年版,第277页。

接受与选择

正因为原始自然界是个体维持第一存在的存在，它才成为个体的真正的"一方水土"。个体通过他自身的原始自然，溶解和吸收原始自然界中的有益的东西，他自身的原始自然也因此被改变。个体因为有自身的原始自然，个体才需要外在的原始自然界的补给，外在的原始自然才变得重要起来。在这个双向关系下，原始自然界成为直接地反映个体身体的对象，它们塑造着个体的细腻的或者是粗犷的身体，也塑造着各式各样的群体生活习性。也就是说，原始自然界不仅对单个个体起作用，它还对以它为对象的同一类个体起作用。正因为如此，同类个体之间相同的原始自然成为他们的感知活动的基础，拥有相同的原始自然的个体在对自身自然的认知方面取得了惊人的一致性。换句话说，由于个体所面对的原始自然之间的相似性，个体之间的沟通变得容易起来。

原始自然界因为是个体自身自然的、先天的、直接的指向，它也就预先作为个体的对象设定下来。它先于个体的感觉而存在，因而它塑造着个体的感觉；它任由个体的感觉发出指向，因而它与本能结合在一起。它首先被不假思索地接受，它旁若无人地来到个体的面前。每当这个时候，相对于这一原始自然，个体总是处于初始状态，处于认识的起点。这自然对他来说是原始的，是他的意识内容中所没有过的。对于这些自然，他无法解读它们，只有被动地接受它们。在个体看来，原始自然给他带来的陌生感、混沌感和无知状态令他不安，这个状况也从另一方面增加了个体认知原始自然的难度。所以，个体一旦熟悉它们，他就更愿意依赖它们，而个体一旦对某种原始自然产生依赖，他便不想再闯入新的原始自然界，这也许就是山区里的人们不愿意挪窝的原因吧。

对个体而言，今天的原始自然界与几十万年前相比仍然没有发生太大的变化，但是，个体面对原始自然界时所依据的条件改变了，亦即个体通向原始自然界的中介改变了。在某种意义上，由于这些变化，个体自身的自然也得以改变。个体依赖于这些变化而与原始自然界渐行渐远了。这个时候，我们或许可以说，对于原始自然，个体已经向背离的方向迈出了一大步。

今天,使个体与原始自然界的关系发生明显变化的,是后来产生于两者之间的中介物。个体最初是以原始自然界作为对象,以获取它或者摆脱它为目的,现在变成了以自身与原始自然界之间的中介为对象。中介物一经产生,原始自然界的对象地位就下降了。中介物成为决定个体与原始自然关系的规定性的根本因素。这个中介就是紧随在原始自然界之后的实体——人化自然。

二 人化自然

人化自然是个体用来解放自身的对象。

1. 按照人的意志加以改变的自然

人化自然是个体改造原始自然界的直接结果,是原始自然界与个体达成的和谐统一的状态。

当原始自然界是个体的未知世界的时候,它对个体来说就是一个"异在"。如果这个"异在"与个体没有发生任何关系,它也就不会成为个体的对象。但事实是,总有一部分原始自然是作为个体直接的生存环境而存在的,就这部分自然看,它如果不改变个体,个体就必然地要改变它。

个体被自然界演化出来之后,便走上自我发展的道路,个体的相对独立性支持了这一发展。然而,个体自我发展的道路是十分艰难的。这不仅因为他在人类成长的初期十分弱小,而且因为他每发展一步都离不开他外面的原始自然界。原始自然界一方面是养育他的生命的源泉,另一方面又是充满我行我素品格的强大的异在。如此一来,个体既被原始自然界纠缠,又被原始自然界轻视。受此矛盾的影响,个体就试图彻底地摆脱原始自然界的控制,他希望走向自由。但是无论个体怎么做,他都无法达到完全不依赖自然界的境界。因为原始自然界

接受与选择

就在他的体内,就是他的肌体,是他的载体,是他的生命。要去除这种自然,就等于去除个体的生命。

因此,个体与原始自然之间便经常地存在着矛盾:一方面是个体自身自然的指向需要落实在身外的原始自然之上,需要找到一个接纳对象,需要形成一个结果,比如个体的胃囊需要与个体觅来的食物相统一来证实其指向;另一方面是自然界按照自身的规律即按照在个体看来是他在的、不为我的、陌生的、混沌的、无法预料的甚至是令人畏惧的态势发展着。其结果是,个体为了前一种需要不得不同时处分后一种情形,个体只有扼制住后一种发展态势,他才能获得前一种需要的满足,否则的话,个体的来自自身自然的诸多指向也就无从落实,个体将无法达到真正的自为状态,个体自身的存在将受到威胁,这是个体不用思考就已经感觉到的现实。

个体解决上述矛盾的直接办法就是制造出人化自然。考古发现,奥都威早更新世人类是最早的猎人。他们使用工具和制造工具,在很大程度上是为了吃肉的需要:狩猎,砍切,刮削。而镰刀、磨、碾石等在公元前9000年代就已出现,当初就是适应收割或加工野生植物的劳动需要而产生的。① 针对亟须改变的那部分原始自然,个体开始了苦思冥想。公元前3000年时人们已经掌握了使用风能的技巧,这个时候用于生产和生活的手推车也已出现,早期水路贸易促使人们发明了帆船,再后来,犁、灌溉技术、冶金技术的出现等等,使个体开始坚定了与原始自然界和平共处的信心。自此以后,青铜器、铁器、木器、瓷器、耕犁、手推磨、蒸汽机、机床、轮船、汽车、计算机、机器人等人化自然被人类陆续制造出来。人类每改变一步原始自然,自然界中就有一部分存在物被转变为人化自然。

人化自然出现之后,个体拥有了帮助他解决与原始自然的根本矛盾的条件和手段。这个时候,在个体看来,原始自然界已经有一部分而且是相当重要的一部分已经变成了为他所用的自然,这些自然在本

---

① 参见《世界上古史纲》上册,人民出版社1979年版,第75、110页。

质上是按照人的目的改造过的自然。它们被人认知，因而被人把握。由于它们的存在，自然界与个体之间的距离拉近了。在个体看来，这些被制造出来的人化自然是那样的听话，它们就像他可以随意摆弄的自己的身体一样，是个体的身体在自然界中的延伸部分。由于人化自然里储存了制造者的信息，它们显现的是个体的特性，而不是自然界的原始本质。它们来源于个体与原始自然的矛盾，也终结于这一矛盾。换句话说，当个体解决其与原始自然的矛盾的时候，人化自然使个体解决矛盾的能力和水平上升到一个新的高度，而当这一矛盾获得解决，原来的人化自然已经完成它的使命，它便让位于新的人化自然。

2. 个体身体的一部分

人化自然既然是按照人的目的改造或同化过的自然，它也就是与人相统一的自然，也就是统一在人的一方的自然，也就是人自身自然的一部分，因而也就是使人走向自由的自然。一句话，人化自然代表着人在原始自然面前的自由程度。现代人经常把手工工具比作人的延长了的手臂，而汽车则被看作腿的加长，电脑对大脑的扩展和提升作用就更不用说了，机器人则是在整体上模仿个体的人化自然的全能形态，它不仅超越了个体身体的个别器官的功能特性，而且在整体上超越了个体自身原始自然的肉体属性及其局限性，增强了身体的整体力量，成为凝结了人的意识的具有"灵性"的自然物。人化自然的出现意味着个体摆脱其与原始自然的矛盾的束缚，开始以超越人自身自然的方式展开与自然界的变换活动。

人化自然产生的意义尚不止于此。它不仅是个体对原始自然改造的结果，更进一步看，它还具有类的意义。第一，每一时代的人化自然标志着人类在这一时代的最高智慧，它是人类与原始自然斗争中最优秀的智慧的结晶。应该承认，人类的个体之间存在着较大的差异。这不仅因为每个个体的自身自然有差异，而且因为每个个体面对的对象世界也有差异。个体的这种差异性导致了个体与原始自然相互作用的结果也必然出现差异。这样一来，人化自然就是多样的、繁杂的，

接受与选择

被个体所建造（或者筛选）出来的人化自然其实也就是打上众多个体的现实性的烙印的自然。由各种各样的个体所制造出来的人化自然是那样的繁多，落后于个体改造原始自然的需求的那种人化自然便被淘汰了。第二，个体之间的差异性表明，人化自然并不是全人类的共同智慧的结晶，它只是那些优秀个体与原始自然界相互作用之后的产物。换句话说，它只表现在那些特殊的与原始自然作斗争的个体身上。比如铁器的发明、蒸汽机的出现、计算机的产生等等，它们仅仅是有限的个体改造对象的成果。但这些成果在同时代人看来，则是这个时代最先进的人化自然。许多个体所把握的人化自然与他们自身的智慧相比是有差距的。比如今天就有人在讨论，到底是电脑聪明还是人脑聪明。他们看到了电脑运算速度的强大，也看到了电脑系统比许多人的大脑还要完善。但他们没有看到，功能如此先进的电脑仍然是人制造出来的，是人按照自己改变自然界的需要所造就的体现人的目的性的自然。它相对于没有直接造就它的个体来说，是一种强大的力量，为这些个体所不及；但相对于直接造就它的个体来说，它仍然在这些个体的掌握之中，是这些个体作为人类的代表者向社会提供的最高水平的人化自然。在这一点上，其作为类存在物的意义就在于：如果个体掌握了某方面的人化自然，他也就在这个方面站在了人类社会的最前列。

人化自然是个体所创造出来的到达原始自然界的中介。由于有了人化自然，个体与原始自然之间的关系完全改变了。个体用自己创造的铁铲、犁、蒸汽机及汽车等人化自然延长自己的手足；用自己创造的数控机床、电脑等人化自然扩展自己的大脑；用自己创造的机器人替代自己的整个身心……个体在自然界中采取了比其他物种更为自由的生存方式。因此，自从有了人化自然，就打破了自然界创造物种的局限性，这是个体改变他与原始自然界的对象关系的决定性的一步。个体从此不再被淹没在自然界之中，而是真正地站在自然界的对立面，站在原始自然之上，实质性地展开了改造这个对象的过程。与初遇原始自然界时手无寸铁的情

第二章 对象世界

形不同，每一个个体手中都握有利器，他不再惧怕，他不再像在极其有限和贫乏的人化自然中生活的原始人那样只能在图腾崇拜或者艺术活动和艺术作品中释放或描写自己的成功，他知道他不再是全部地受制于自然界，他的手中已经掌握着自由，他仿佛已经看到了原始自然界垂下来的头颅。

对个体来说，开始不受自然界的局限，就是开始挣脱自然的束缚，就是开始超越自然，就是走向自由。所以，人化自然产生之后，迄今为止的人类史就表现为自由与必然不断趋向统一的历史。个体不断地认识自然，不断地改造自然，而前人改造原始自然的信息又通过人化自然保存下来，并通过后来者的使用过程而传递给后人。从而，对人化自然的把握将个体的世界不断地由必然王国转变为自由王国。正因为有了人化自然，个体的时代才改变了。在改造原始自然的过程中，后一时代的个体总是以前一时代的人化自然为基础，如果抽掉了人化自然，个体不退回到人类的原始状态还会走向哪里呢？所以，人化自然每前进一步，个体就发展一步，个体的自由就实现一步，这种作用到后来演变到这种程度，以致使人化自然取代原始自然，成为制约个体的一个更加实在、更加重要、更加直接的对象，成为个体的一个新的指向。

中国改革开放 30 多年来的一个巨大成就，就是人化自然在家庭和社会的各个领域中的普及和应用。从家用电器的广泛拥有到轿车进入寻常百姓家庭，从机械化劳动工具普遍运用于工业加工领域到电气化、智能化、自动化等工具大量进入工业、商业和其他服务行业，它们给人类的生产和生活带来了翻天覆地的变化。可以说，人化自然走到哪里，它们就把个体解放到哪里。

个体以前以原始自然界为对象，现在不得不变成以人化自然为对象，即以他所创造的凝结着他或者同类智慧的那种外在的物质载体为对象。面对自己的创造物，个体的自我要比他面对原始自然时释放得更多，张扬得更多。个体的创造物不再体现为个体的对立物，而是个体力量壮大与发展的源泉，它站在个体与原始自然界之间，成为促使双方力量此长彼消的基本实在。个体所要做的唯一的事情就是获得它们，占有它们，使用它们。自从有了人化自然，个体与原始自然之间就架起了畅通无阻的桥梁，原始自然按照个体意志加以改变的可能性增大了，它与个体之间的矛盾同时也得到缓解。这样一来，个体所面临的初始矛盾便出现了弱化的趋势，而围绕这种初始矛盾所产生的其他矛盾则有上升为主要矛盾的可能。

3. 认识对象的新工具

人化自然作为人的对象性存在，当它与人相统一时，它在提升人的认识方面具有特别的意义。第一，人化自然直接地是我的自身自然的同一物，当它与我的自身自然相结合时提升了我的感知水平。人化自然的产生，就是为了改善人自身自然的机能和局限性。因此，当我拥有人化自然时，也就预示着我自身自然的机能增强了。比如，一个人在晴朗的天空中用肉眼最远只能看见25公里左右的景物，但如果借助天文望远镜的话，则可以看到100亿光年以外的星系。正因为有了后者，人类对天体世界的认识水平提高了。当人化自然帮助个体实现了他的原始指向时，人化自然即变成了现实意义上真正的为我的对象，变成了与我相统一的对象，变成了与我的合力，对象变成了主体的一部分，主体在原来的基础上便壮大了。人化自然的对象性作用在与个体的结合中被体现出来，个体自身的原始指向被人化自然的到来所终结，进而变成了依赖人化自然并被人化自然所设定和提升起来的新指向。我的自身自然在人化自然的作用之下，功能超出了原来的我的极限。第二，人化自然同时也是人类认知的凝结物，当它与我相结合时，就是人类最先进的意识与我相结合，因而在这一对象的辅助下我的意识的增长成为可能。人化自然虽然是个别个体的认知的结晶，但当它变成实现我的自身自然的对象时，它同时成为我的意识的一部分。它携带着人类的优秀认知，它凝结它们，转而为我所用。我虽然未曾见过那个制造人化自然的个体，但我从这个人化自然身上习得了这位朋友改造原始自然的优秀智慧,因为这些人化自然,我们站在了同一水平线和同一个出发点上。

人化自然对个体而言是认识世界的重要工具。1964年8月24日,毛泽东和于光远先生在讨论日本物理学家坂田昌一《基本粒子的新概念》一文时,谈到了这样一个观点,毛泽东说:"认识总是发展的。有了大望远镜,我们看到的星球就更加多了。……如果说对太阳我们搞不十分清楚,那么从太阳到地球中间的一大块地方现在也还搞不清楚。现在有了人造卫星,在这方面的认识就逐渐多起来了。"讲到这里,于光远插话说:"我们能不能把望远镜、人造卫星等等概括为'认识工具'?"毛泽东回答说:"你说的那个'认识工具'的概念,有点道理。认识工具当中要包括镢头、机器等等。人的认识来源于实践。我们用镢头、机器等等改造世界,认识就深入了。工具是人的器官的延长。镢头是手臂的延长,望远镜是眼睛的延长。身体五官都可以延长。"[1] 显然,所谓认识,不仅是指个体以其感觉、知觉、思维等器官及功能对对象世界的直接感知,而且也包括个体通过劳动工具对对象世界的探知过程。人化自然的发展,无疑为人类认识的深化提供了新的手段和路径。

三 能动的自然(他人)

能动自然是个体用来观照自身的对象。

他人对个体而言是能动的对象。从自然界的演化与发展过程看,他人是自然界的产物;而从他人与其他自然物的比较来看,他人又是一种极为特殊的自然。至少在目前看来,他人在自然界的物种之中是

---

[1] 于光远:《毛泽东与自然辩证法》,《自然辩证法研究》1993年第12期。

接受与选择

唯一的、高级的、具有能动性的自然。

1. 能动性与主体性

他人对我而言是一个同类，就好像我从镜子之中观照到了我自己的伟大或渺小、美丽或丑陋、端庄或歪斜……一样，他人就是我的一面镜子。他人与镜子所不同的，是他主动地映照我，在我以他为对象时，我也直接地成为他的对象。

他人在对象物的形态上寄宿在对象关系的另一端取得了主体的地位。在我与他人的对象关系的初始，他人不是我所塑造的，他来自另外一个世界。他人的初始对象由原始自然界和人化自然界构成。经过与原始自然界及人化自然界的相互作用，他人逐渐地成熟并壮大起来。因此，他人从他的对象那里走来，他携带了他的对象身上的一切属性。他人身上的这些属性对我而言既似曾相识又似是而非，继而让我感到既熟悉又陌生。就内容而言，这陌生的东西并不可怕，因为在原始自然或人化自然那里我自己也会遇到它们。让我感到紧张的是这种陌生的内容采取了与我相同的形式，如此一来，我就不能不重视这内容了。他人与我的形式相同是我直观的感觉，这一点无须证明即被认可。他人给我带来的问题在于：他人既然与我形式相同，他就是世间所有物种之中唯一能与我为"群"的动物，然而，这动物在"内容"上能与我在一起吗？

当我们认识了原始自然界及人化自然界之后，我们可以与之坦然地结成对象关系。但是，当我们遇到他人之后，是否要结成对象关系并不是由我一方说了算。此间，他人也正在考虑着这个令人棘手的问题。这种考虑的背后，表明了面对他人我们不能像面对原始自然界那样任意地发挥我们的主体性，因为他人也在审视、度量着我，他希望做我的主体。他与我之所以能够互为主体，是因为他同样是已经掌握了原始自然和人化自然的高级自然物，是他的原始自然界和人化自然界的总和物，是能动的自然。

在这个意义上，人和人之间互为主体的前提乃是各自所经历过的

第二章 对象世界

原始自然界与人化自然界的量的积累，这种积累的差别性导致了互为主体时真正的主体性倒向哪一方的可能性。父母和子女之间在家庭主体性上自然地倒向父母一方，是因为父母比子女更多地具有了前面提到的经历和积累，子女由于经历和积累比父母在时空上更靠后，自然地退居到了非主体的地位之上。在这里，有人也许会抬杠说，子女如果经历和积累比父母更多，是不是会将父母与子女的关系颠倒过来？这句话近乎玩笑，但也揭示了一个事实和可能，自古以来虽没有人敢公开地叫板改变家庭伦常，但却不乏有人行变革之实，甚至还有人在皇位继承时弑父杀兄。在这里，个体的主体性与人际之间的伦序并不是经常地保持一致。当社会巨变之后，90后、00后似乎掌握了更多的时尚，而他们的70后、80后的父母们似乎在这方面落伍了，面对时尚问题，子女显然比父母更多地显现了主体性。这里所包含的主体性的意义就在于，个体之间交往之时，交往结构中的主体性一般地取决于各自前期与原始自然及人化自然的对象关系的累积特性。

2. 受动性与反主体性

如前所述，在主体形态上，他人与我有着极大的差别，这差别来自我们所拥有的原始自然界与人化自然界。我们在多大程度上与后者结成了对象关系，我们就在多大程度上构成了相互之间的差别。在这里，能动的一面是指我们高于低级对象的方面，但在同类中间，互为主体的特性同时也带来了互相尊重对方、互相受制于对方的另一种特性，即受动性。在这里，人受制于原始自然和人化自然本身的规律性，并不能说明人就丧失了主体性。但在人和他人之间，人放弃自身的主体性，恰恰是为了尊重对方的主体性。在这里，当人放弃自身的主体性时，他便是为他人而存在的，因而也是受动的。

显然，他人的能动的方面其实就是他人作为主体的方面，而他人作为主体的方面其实就是他人比其他自然更具有总和特性的方面，就是他人所具有的用意识把握对象的能力。他人是横在个体面前的、足以引起个体重视的、能够总和地唤醒个体的自然。他人比其他自然高级，是因为他人具有总和特性。由于这种总和特性，他人让个体在某种程度上感受到的是超自然的力量，是来自宇宙间另一个人而不是什么别的物种的力量，因而是个体所不能忽视的力量。个体尊重他人的选择，尊重社会规范，是因为在个体的内心深处已经感受到了他人的这种能动性。

显然，在个体之间，由于一方所强调的能动性，给另一方带来了受动性。一方要作为个体关系结构的主体，另一方也希望作为主体，其结果是总有一方处在反主体的地位之上。从形式上看，双方都是主体，但在此结构的运行过程中，总有一方作为真正的主体而另一方作为非主体（反主体）推动了个体关系的变化。

3. 总和特性

他人与原始自然和人化自然相比，我们把他称之为能动的自然，他的能动之处就是他的总和特性。当他人来到我面前的时候，他已经经历了与他的原始自然的相互作用，有些也经历了与他的人化自然的相互作用。他人在与前二者的相互作用中解除了他的蒙昧时代，他原有的意识功能变得成熟起来。在对象关系一章我们将会证明，经历这两个阶段是个体自身自然拾级而上的必由之路，个体的感官不经过它们的"洗礼"就无法走向成熟，就像刚刚出生的婴儿一样，在你眼里，这婴儿空无一物，他什么也没有，他无疑只是有着人的胚体的动物，他怎么可以作为你的"他人"而存在呢？

经过与原始自然和人化自然的交互作用，他人的感觉、知觉等感官逐渐地开化了，这为其意识的发生奠定了主观基础。他人在与我的交往中开始挖掘、开发他的这一基础，他人便有了成熟的意识，即有了会思维的工具，他便进而掌握了超越自身原始自然的局限性的武器。作为自身自然物的人的眼睛只能够看到它自己前方范围以内的东西，但意识的"眼睛"却不仅可以"看"到人的全身，而且可以超越人的身体而观察到藏在实体背后的东西。也就是说，意识的全视性和广延性使得它能够总和地把握它的对象世界，因而能够使人尽可能客观地

第二章　对象世界

对待个体的对象世界。如果说意识是人脑的机能，那么这种机能给人带来的结果是：人变成了超自然的人——能动的自然。

至此，他人作为能动的自然，比人化自然这一对象拥有了更高的意义，这就是他所拥有的意识的总和特性。他人区别于人化自然的方面就是其能动的方面，而他人的能动的方面就是其拥有意识总和特性的方面。可以想象一个没有意识的个体在你的面前出现时你对待他的情形。你恐怕把他混同于动物的意义要大于把他看成人的意义，如果除去道德的、道义的方面的原则不谈，你的这个态度是对个体的对象关系的自觉反应。就此而言，关于他人的塑造，是社会应当普遍关注的话题。我们关注他人，不仅仅是关注其吃饱喝足就足够了，我们必须更要关注他人在意识方面的成长。唯其如此，他人才能真正地成为文明时代的产物，成为我们的真正的高级对象。

具有能动性的他人已经变成了他那个对象世界的代表来到了我的面前。他与我交往，实际上是他背后的对象世界在与我交往。所以，他人是他背后对象世界的形式，他背后的那个对象世界才是他的本质内容，这就是我们所能理解的"人不可貌相"的道理。

四　虚拟自然

虚拟自然是个体反思自身的对象。

虚拟自然正因为它是对实在的虚拟，他在本质上就是超自然的；又因为，虚拟自然它产生的目的是反思个体本身，所以，它与前几种对象的最大区别就在于：虚拟自然这一对象的功能就是对人自身的根本关切。

在一些人看来，与实体相比，虚拟的东西是值得怀疑的东西。如果从个体的传统经验出发，事实的确如此。个体从幼小时期的一个感觉阶段的胚体，逐渐成长为具有高级反映特性的自然界最高级的能动自然，他的感觉和知觉左右了他在初始阶段的认知能力。他从感觉出发时，就会对有形的实体和无形的虚拟表现出截然不同的态度。"有形"是可感的，是感觉系统的天然的伴侣，因而被看作是实实在在的存在，是无须怀疑的东西，而虚拟的东西更像是一种幻象。当个体还处在依赖于自身感官作为认识工具的阶段时，往往是对象的实体性特征最先打动了个体，个体的初始状态的感觉器官也往往会处于个体观察世界的优先位置。个体愈是依赖于身体的天生感官观察世界，他就愈是把感官之所见看成实在的东西，同样，如果他过多地依赖于大脑观察世界，理性之所思所想就有被推崇的可能。

这就是说，虚拟对象对个体而言更多地表现为纯粹的精神世界。它由人虚拟出来，为人类提供了一个无限广阔的精神化了的再现的自然界，是人类为自己设定的、高于物质实体形态的精神建构，用以弥补实体世界的僵化和不足。如果把对象对人的认知作用加以区分的话，应该说，实体对象给予我们的是认知事物的简单形式，虚拟对象则是人类塑造出来的高级的复杂形式；与实体对象打交道是一般性的动物性的简单活动，而与虚拟对象打交道则是观照自身、历练理性的复杂活动。

虚拟是个体在认识事物的形式上做出的区别于实体事物的形象概括，例如思想观念、模仿行为、艺术作品、宗教活动等等，类似于马克思所定义过的人类社会历史中的观念的上层建筑。这里所说的虚拟，是脱离事物本身实在性而独立存在于实体之外的精神现象。比如记忆，当记忆对个体发生作用时，它已经不是事物本身对个体的作用，而是事物属性再现在大脑中的映像对个体的作用；再比如幻觉，当我们谈到某种幻觉时，它已经是类似的综合的感觉在个体大脑中的体验，而不是对实体的直接感觉。

个体在初始状态下直接地来源于实体对象。他的感官生活在滋养感官的对象之中，这些感官下一步的发展趋向直接地由对象塑造出来，塑造感官的对象的实在性同时也塑造了他的感官的感觉特性。有很多的个体，他一生的居所几乎不发生改变，他的感官感觉到的范围就极其有限，即使通过思维工具来获得感官以外的对象，也只是除了从先

第二章　对象世界

辈那里听来的历史的、神话的、鬼怪的种种故事之外，很少有其他的虚拟世界。因此，他们的想象力也受到了很大的限制，他们甚至不用过多地思考就可以生活得"很好"。所以，相当多的个体生活在感官所造就的现实之中，因而也生活在感觉之中。在时间的序列上，感觉直接向个体证明了一切存在皆产生于实在领域、实在就是感觉的本源的简单结论。

事实上，针对任何个体，感觉并不总是沉浸在他所经验的实在之中，它更多的时候是离开所感觉的对象而独立存在着的。每当这个时候，感觉之所以能够独立存在，是因为这感觉承载了某种对象关系，这种感觉被这种对象关系所支撑，感觉代表这种对象关系直接对个体发号施令，个体的行动被这种感觉所支配。当个体离开对象的时候，这种感觉则会滞留在个体的体内或脑际，此时，依赖对感觉的复写，个体获得了虚拟的对象。

应该承认，复写感觉而获得的虚拟对象是低级的表象。正像感觉对于个体而言是低级的对象关系一样，对于感觉的复写——基于感觉的虚拟对象——同样是低级的对象。也就是说，高级的虚拟对象是意识对对象世界的虚拟，或者更高级的是对意识本身的虚拟，它们来自感觉但被意识总和之后则高于感觉而呈现给个体。所以，虚拟对象本身也具有层次性。个体由感觉而来的对象或者由意识而来的对象储存在个体的神经末梢中，作为虚拟对象的素材，受个体总和特性的调动，向个体再现以前的感觉信号，或者，更进一步地依赖这种感觉向个体发出叩问和诉求。

虚拟对象因为它在虚拟之后就已经离开了被虚拟的实在，因而是超时空的、独立游走的，因为摆脱了实在的束缚，它便给了个体更多的自由。

所有的虚拟对象皆具有超时空的特性。

1. 想象与幻象

个体依赖大脑的机能，把感觉到的对象的印象存留在脑海之中，

接受与选择

并再现给个体以作为个体进一步"咀嚼"的对象。在虚拟的问题上，大脑更像一部摄像机。当实体离开个体的时候，大脑中却仍然留下了实体的印象。由于这些印象显现在同一个脑海里，脑海中的各种已有信息便会相互发生作用。这样一来，脑海中的显现则是从现实走向幻象的显现，当个体反过来观照和确认这种投射物时，它们是已经脱离现实的存在。

想象从一开始就脱离了实在而独立运行。心理学家们说，想象是心灵在工作，但又找不到心灵居于何处，既不是在大脑、小脑，也不是在心脏，最后便认为心灵在人的身体中无处不在，是每一寸肌肤里都存在的生命场。

人们对于但凡捉摸不定的东西就善于用"场"加以形象地概括。其实，"场"作为物质存在的一种形式，它是由"极"决定的。"场"、磁场、人气之"场"等现象都说明，先有磁极磁铁然后才有"磁场"，先有有影响的人然后才有"人气"效应。心理学家们对"心灵"这种捕捉不定的事物以"场现象"来理解，恰恰证明了心灵是人体某个器官或者某种关系作为"极地"时的映射。在这里，"极地"的发生，就是个体与对象相结合之后在个体体内的聚集，由聚集而有想象，有想象而有弥散全身之效果。所以说，心灵是这种弥散凝聚在人的体内的现象的观念概括，是"想象之结果"，而不是"想象是心灵在工作"，有什么样的想象，自然就会得到什么样的心灵。而想象，它就是对象对个体的作用力汇集在个体神经聚合处时个体进一步调整、平衡这些关系的连锁反应。

所以，表面上看来，想象和幻象在很多时候是由联想而来。想象的东西是大脑已经纳入的对象物的再现。比如《西游记》对孙悟空形象的塑造，"孙悟空"来自于人和猴两种对象的结合：《西游记》的作者吴承恩的脑海中首先有人的表象和猴子的表象，然后才有"孙悟空"等想象物出现，"人+猴=孙悟空=超人"。既然想象和幻象这种虚拟对象是个体已经经历过的对象物的再现，那么，个体所经历的对象的多少就成为想象力是否丰富的重要前提。

第二章 对象世界

想象和幻象在某种程度上是个体被迫接受对象的反映。个体在与对象进行交互作用的时候，个体的大脑也同时进行着反映活动。这种反映活动由于其与反映对象之间相对独立，当交互作用终止时，大脑中的存留物却在延续。这个延续过程的内容就是想象和幻象。由于大脑对外界现象的刻录作用，在以后的日子里，只要需要，大脑会随时调出这些存留物并再现它们。但是显然，再现的必要性来自个体遇到的新对象的刺激。这个时候，个体的想象和幻象实际上是作为个体的意识站在了个体处理对象关系的前台。

因此，在对象关系的意义上，想象与幻象增强了个体的能动性和主体性。他们作为个体主体性的一部分，参与了个体解构下一步对象关系的活动。

2. 知识

知识作为人们（前人）认识世界的结晶，仍然属于虚拟的对象。知识的虚拟性在于它在表现对象关系时采取了与对象完全不同但却与个体更具有同一性的形态。在知识世界中，实在的东西变换成了经过思维过滤的、适用于大脑直接吸收的形态。它以语言文字为媒介，以信息为载体，以某种思维的方式方法为手段，以反映它所描述的对象为内容。知识的创造者把对象世界用思维的形式提升出来，现实变成了思维的产物，实在的、具有诸多限制条件的、在个体接受起来看似困难的对象世界变成了超越时空条件的、令个体可以自由选择的、容易细嚼慢咽的虚拟的对象世界。从这点看，知识是人类区别于动物界的特有的工具之一。知识在形式上的虚拟性解决了个体通往对象过程中的巨大困难：一是它让实在的东西在个体那里可以更加自由地、超时空地索取和对接，拉近了个体与实体对象的距离。二是它直接就是对思维与存在的同一性的表达，它更加鼓励和支持了个体意识领域的发展，拓展了个体的意识空间，提升了个体运用意识工具把握对象的能力。当然，正因为知识是虚拟的，因而它所提供的对象关系也是相对的，是有限的时间和范围内的同一。知识所显现的并不是实在本身，而是实在的某个侧面。所谓正确的知识只是对所在实在的合理的虚拟而已。

知识作为虚拟的对象，具有比实在更容易合乎人的需要的特性。它逻辑地把世界展现给人们，它也把世界的侧面（包括人们不易觉察的方面）用合理的方式呈现给人们，它更把个体需要长时间体验才能获取的经验变成了一种压缩包，比如一本书、一张光盘等等。所以，知识的虚拟性超越了实在的时空特性，对于个体把握对象来说它无疑是一种间接而有利的路径。在知识对象那里，个体面对的是他人已经改造自然的经验和认知的积累。面对知识对象的个体可以在超越时空的状态下获得对时空状态的认知，这是多么捷径的事情啊！

知识的虚拟性并不否定它自身的真实性。也许我们可以更直接地说，知识的价值就是其真实性。知识在形式上的虚拟性掩盖了它的内容上的实在性。由于知识的虚拟特性，知识创造者任意虚拟各种知识形式就成为可能，知识远离实在而独立漂浮在虚空之中也成为可能，知识的真假就成为一个问题。如果因为其形式上的虚拟性，就在内容上容忍虚假的东西，甚至相信虚假的东西，这样的知识严格来说不是知识，尽管它也是虚拟的东西。

知识的真实性是人们接受知识时必须解决的首要问题，这个问题在知识传播者的方法论那里也许可以找到答案。

我们知道，认识往往是个体对对象世界的真实性的回答，从认识就是对客观世界的正确反映来看，认识的真理性就是认识的广泛性和深刻性。愈是广泛和深刻，认识对事物的把握就愈是全面和彻底。从地心说到日心说再到河外星系说，人们认识世界的范围在不断地扩展；从宏观宇宙到地球世界再到微观粒子，人们认识世界的深度在不断地递进。由于站在更加广泛和深刻的视角上观察世界，人们过去的认识的狭隘性就被暴露出来，世界更加本真的面目也就显现出来，人们的认识也就更加接近真理。可

第二章 对象世界

见，广泛而深入的认识总比狭隘而肤浅的认识更具有真理性和持久性。因此，真理作为知识中合理的虚拟，必须与对象广泛而深刻的实在性挂起钩来。当你获得比别人更加广泛而深入的认识之后，你也就在虚拟的形式上获得了更多的对象世界，因为这虚拟的知识的真实的一面，你的对象关系就有扩大和深化的可能。

关于对知识的验证，至少有两种方法可以参考：一种是后验的方法，即实践是检验真理的最终标准的方法。这一方法虽然具有百分之百的可靠性，但却不具有操作性。因为被实践检验之后的真理在下一个实践过程中面临的是时空变换之后的适应性问题，它或许就是真理，但它无法为个体解开下一阶段的对象关系。另一种是先验的方法，即在实践还未展开之前，现有的知识对于新的实践是否具有指导作用则必须用知识的逻辑去检验。对于人类而言，先验地确立行动的本质，永远比事后再发现错误更有意义。事先对未来进行知识性把握，恰恰是人类是否成熟的标志。正因为知识往往像灯塔一样把未来的航向照亮，人类才免去了在黑暗中艰难地、长久地摸索，人类才会更加理智地对待一切。知识的无限的价值和意义正在于此。

3. 宗教

宗教乃是个体把自我寄托在那个彼岸的一个所在，是个体虚拟出来的用于寄托自己的安息之处、归宿之处，是自我休息之所。宗教活动就是个体把自己完全托付给虚拟对象的过程。

纵观个体的一生就会发现，当自我寄宿在个体肉体之上时他是无法得到真正的休息的。这个时候，由于受对象的源源不断的力量所驱使，自我必须不断地为个体设定目标，必须一直保持着清醒的姿态。自我虽然被个体背负着，但他却是承担了个体所有使命的全权代表，他会时时感到自己的责任是重大的。因此，自我虽然负在个体身上，他却丝毫不敢松懈，他被个体所累，因而绝不轻松。只有到了那个他所崇拜的对象世界里，他以为由那个世界托管他的个体是合适的，他

接受与选择

才把自己从个体身上卸载下来，不再作为个体的主宰者，而是作为宗教主的饲养对象。他开始放松自己，开始埋没自己，在那个宗教主面前，他褪去了由对象而来的众多属性，他变得轻松起来，他由过去由于对象的集聚力量所带来的紧张的主体地位上退了下来，由于他对宗教主的崇拜，他甘愿把主体的地位让位于这个新主人，他做了客体，他放弃自主，他舒张地、散漫地回归到虚无的境界当中。

基于对某种自然的或超自然的对象的力量的认同，自我把个体放置在那里，让那个力量实行托管。于是，个体褪去了他所背负着的自我，个体的身体感觉到了轻松，个体的精神感觉到了舒畅。也许是因为在与对象交往的过程中个体日益背负了更多的对象关系，只有卸载它们，个体才能轻装上阵了。

对许多个体而言，宗教是一种既存的现象，是一种既定的存在。在这里只有选择这种对象和不选择这种对象的理由，而没有承认或者不承认的理由。从形式上看，宗教是一种非逻辑的意识形态，是既定的意识凝聚成的虚拟实体。这意识由于它对我的阐释胜过了我自己对我的阐释，它便取代了我的"我"而成为我的主宰。无论这种意识所反映的内容如何，这意识本身由于采取了虚拟的形式，它便拉近了与我的距离。它不像纯自然界里的实体那样让我有距离感和空间感，它的虚拟的形式就是与我的大脑的思维形式一样的形式，是我只要动脑就可以触及的形式。因此，在众多的虚拟对象中，我们就不能忽视这种对象。

在这里，我们有必要讨论一下宗教是否是一种"鸦片"的问题。目前，人们对宗教的看法比过去那种极端的认识有了很大进步，有代表性的看法认为宗教既有消极作用，也有积极作用。例如在当前大学教科书当中对宗教就持这种看法："宗教在本质上是现实世界在人们头脑中虚幻的、颠倒的反映。……宗教在历史上曾经为劳动人民所利用，借以表达自己的利益和要求，起过一定的积极作用，另外宗教在文学艺术、医药等许多方面的发展也发挥了一定的积极作用。"[①] 这一说法对宗教采取了容忍、理解甚至支持的态度。事实上，宗教对精神的安慰作用极其明显，否则，也不会有被称为"鸦片"的说法。那么，它在什么情形下才成为一种"鸦片"呢？如果说对象关系是与生俱来的，那么，个体的精神总有很累的时候。毕竟个体是建立在肉体之上的一个活物。机器在运转时还需要加油、需要冷却、需要休息的，何况人是肉长的呢？所以，个体需要在与对象完成交互作用时把他已经形成的自我寄存在某个地方让其休息下来，宗教因而被当成了这样的场所之一。在这里，道家的出世主张、佛学对来世的阐释等，正是对个体如何解脱他所背负的"我"的某种答案的阐释，这为它们很容易地被转化为宗教提供了可能性。但是，正像许多事物发生变异一样，宗教出现之后，也被利用来作为统治者的工具之一，只有在这个时候，它才成为了真正的"鸦片"。

4. 互联网络

今天，网络世界已经是一个在模拟世界方面十分独立的、技术支撑比较完善的系统。对个体而言，进入这一系统与进入现实社会有着迥然不同的人生体验和精神感受。如果说人类在成长的过程中逐渐地虚拟出了更加适合自身需要的对象世界，并且通过这些虚拟世界为自身提供了前所未有的新空间，那么互联网络就是这个新空间中最大、最新、最全面的虚拟平台。

互联网是信息社会到来的标志。20 世纪后半叶，美国学者阿尔温·托夫勒与约翰·奈斯比特等人对工业化后期出现的信息化浪潮进行了预测和分析，提醒人们要做好思想准备迎接新社会革命的到来。此后的几年间，以计算机技术为基础的信息网络就布满了全世界。今天，相当多的人已经生活在网络世界当中了。网络信息工具带给个体的是一个全新的社会关系的模拟世界。在此之前，个体仅仅生活在实

[①] 教育部社会科学研究与思想政治工作司：《马克思主义哲学原理（本科本）》，高等教育出版社 2003 年版，第 158 页。

接受与选择

实在在的社会关系之中，个体凡其所见必是直观的、实在的社会关系，不论个体是否愿意，个体都要处身于这个社会关系当中。马克思正是在这个意义上把个体的本质看成了现实的社会关系的总和。但是，网络社会似乎要打破这一定律了。

网络社会重视的是精神的交互作用。参与网络对象的主体基本上是意识的宿主，他们所凭借的交往的关系物就是他们的意识。除了意识交互之后获得的精神力量的增长之外，我看不出网络世界有更多的作用。正如一个人面对网络那端的异性做出手淫的性行为，或者居于网络的某处建立起来的两个人的家庭生活……一样，如果不超出网络系统，那么，这种活动主体仍然局限于虚拟的、纯粹的自我体验的对象世界当中。

但是，从另一方面看，网络世界作为人类目前最大的虚拟平台，无疑是对人类精神领域的全能的解放，是人的主体性的无限延伸。比如，人类社会最基本的细胞——家庭正在受到这一虚拟对象的巨大冲击，网络型家庭将成为新型家庭形式在虚拟世界中蔓延开来。必须承认，网络社会在根本上既是对现实社会的虚拟，更是对现实社会的超越。网络家庭则是对现实社会的人的情感世界的虚拟，是对情感归属的另一解脱方式。它一方面打破或超越现实的社会关系，另一方面却试图重建新的社会关系。每一个参与者借助网络工具都可以扮演他想扮演的社会角色。老人可以扮演小孩，男人可以扮演女人，穷人可以扮演富人，现实中毫不相干的两个人可以在网络世界中组建一个新家庭……总之，你可以随心所欲地在网络世界中虚拟自己以及自己的社会关系。与现实社会相比，网络社会让个体平添了更多的建设或者破坏社会关系的自由。

让我们再回到"网络家庭"这一新的社会细胞当中。具体地看，在网络世界中，家庭具有了前所未有的新特点。第一，它超越了现实社会中简单的一夫一妻结构，取而代之以多极化、多角色的成员形成网络共同体。无论男人、女人、老人、孩子、白人、黑人、穷人、富人等等，以网络中某个角落为栖居之所在一起模拟家庭式的生产生活，

第二章　对象世界

这里的"家庭"概念并不是为了行一夫一妻之实,而是多个网络主体期望在一个"房间"里面形成兼有传统家庭而又超越传统家庭的伙伴关系共同体。第二,它打破了现实家庭以血缘为纽带的结构链,却以现实世界情绪再现和社会关系的延伸为内容构建出精神寄托的松散的网络组织。它通过网络达到了更大范围的人与人之间的感情陪伴、性心理需求和经济合作功能,是对现实社会关系的重要补充和创新。第三,它在时间上增加了流变性。也许这一家庭成员会宣称家庭关系的永恒性,但网络世界所提供的对象世界的快捷的变化会打破静止的家庭观念。第四,网络家庭生产和再生产精神产品,但仍然摆脱不了现实社会的控制。网络的虚拟解决了精神世界的某些问题,但它尚不能解决物质方面的根本问题,比如人自身自然的物质需求等。一旦人类自身自然变得无足轻重的时候,或者一旦网络主体从自己一端的3D打印能够即刻把网络另一端的对象变成身边活人的时候,只有在那个时候,网络家庭也许就会主导世界的潮流了。

网络社会中每个人都成了主体。在理想的网络状态下,网络人可以看成是脱去了现实社会中的物质利益关系这一外衣的人,他们每一个人都可以占据网络世界的某一处,向网络世界的另一处发起自我的主体性诉求,而不受对方反主体性的影响。顺应人们追求对象的需要,网络虚拟使任何想成为主体的个体都拥有了展现的舞台,无论什么样的个体,都可以登台亮相,都可以利用网络工具充分地显示自己的主体性。网络世界在增强个体的选择性、提升个体的主体性方面是比其他虚拟形式门槛更低的对象世界,也是最能够虚拟出无限多样世界的虚拟对象。所以,与这样的虚拟对象相结合,个体的主体性没有不强大的理由。今天的人们为什么总是宅在他的手机终端里面而置外面的白天黑夜于不顾,就是因为手机里面有他更加广阔的对象世界,在这里,只要他打开手机按键,他就可以体验到他作为无限延展的虚拟对象世界的主体性。由于网络世界超越了时空的限制,个体如果在此处得不到主体性的显现,他就会在其他角落里找到它。

显然,个体一直希望寻找这样一个新空间。由于个体对对象世界

接受与选择

的依赖性，个体只有摆脱对象或者征服对象，个体才能获得自由，而摆脱或者征服对象的理想途径就是扩大对象，就是拥有更加自由选择的空间。换句话说，个体在本质上是与对象捆绑在一起而一同成长的，这一必然性导致其天生是不自由的；但另一方面，对象又给个体带来了自由的希望。那些常常出现的新对象，不断地燃起了个体内心深处的阿拉丁神灯。显而易见，对任何个体来说，只要他拥有了网络世界的一角，他就可以拥有整个世界。

从对象给予个体的本源性看，个体只有在源源不断的对象世界中才能获得自由，如果对象世界中断了，个体的自由也就随之结束，网络世界恰恰虚拟了更多的供个体选择的对象世界。

在今天，网络世界能否真正地变成属于"个体的"世界仍然是一个问题。因为网络世界的虚拟性，网络世界的基础仍然是现实世界，网络世界也就经常性地受制于现实世界。正如我们在前文中所说到的，当个体想把他人作为客体的时候，其实他人也在把个体作为客体看待，个体在现实社会中的行为规范必然会映射到网络世界当中。在这种情形下，个体扩大现实的社会关系的各种追求在网络世界中同样受到限制。网络虚拟可以增长个体的主体性空间，拉近个体意识与物质对象之间的距离，但要从根本上改变个体的对象关系，还需要回归到现实的世界当中去。网络世界的优越之处就在于它向个体提供了一个貌似无限的对象世界，个体通过精神领域的扩展，通过对这些无限的对象世界的选择，再回到现实世界时他就不再是蜷缩在被命定的现实的可怜一隅中的社会关系主体，而是携带了充满希望和新的努力方向的理想的社会关系主体，是将要从经历虚拟世界洗礼之后再重新面向现实世界的能动主体。

在许多年以前，我们已经在某种意义上把当今时代看成是信息社会，而得出这一结论的根据就是人类有史以来的信息工具的出现。网络工具与其他工具相比，它为人类所带来的是革命性的变化。传统的手工工具诸如铁锨、锹、犁、长矛等旨在延长人的

第二章 对象世界

手、腿或者其他某个感觉器官，通过扩展这些器官的官能达到增强人类改造对象的能力的目的。近代社会出现的机械化工具诸如机床、动力机等在解放人的自然力和提高效率方面又前进了一大步，但这些工具旨在增强人的体力的特征没有改变。自进入现代历史以来，计算机的出现使人类生活发生了革命性变化，它显然是为解放人的脑力而产生的。尽管人的脑力之间有着各种各样的差别，但是，只要你借助于电子计算机，你就几乎和计算机及其软件的发明者一样聪明了。毫无疑问，计算机不仅提高了一个人的智力，它还在消灭人类体质的不平等方面做出了巨大贡献。比单纯的计算机工具更进一步的工具是机器人。机器人是对人的整体的智能模拟。它不仅解放人的体力，也不仅解放人的智力，它是对整个人的自身自然的全面的解放。在机器人那里，人类由于自身自然的限制所不能做的许多事情，都变成了现实。

然而，与上述工具的历史中每每发生的革命性变化相比，建立在计算机技术基础之上的网络工具已经完全地超越了计算机本身的工具特性。我们宁肯说计算机是实在的工具，而网络则是虚拟的工具，虚拟的工具超越了实在工具的局限性。在这里，网络工具与前面所有的工具不同，它不仅仅站在个体自身的角度解放个体，更重要的是站在社会的角度解放每一个个体。也许，网络工具的出发点发端于单个个体，但是，网络工具一旦把所有个体串联起来，它就变成从其他个体那里找到解决个体本身问题的答案的一种简洁方式。

简言之，网络工具在为个体虚拟着一个个崭新的社会。与现实社会比起来，网络世界是一个更能体现个体意志的对象世界。在现实世界中，如果一个人面对对象世界有难度时虽然可以通过求助他人来解决，但这是需要结成一定的现实的社会关系才能行得通的事情。而且，这里本身就存在着结成一定社会关系的复杂性。但是，人们借助网络工具，他就等于借助了人类当中最优秀的个体的智慧和力量，他和他人的社会关系变得简单易行，只要网络两端的个体愿意，他们在网络

接受与选择

上的某个空间里可以随心所欲地虚拟出任何对象,而如果此对象不能满足个体的对象性需求,偌大的网络世界里可以提供更多选择的可能性。网络世界的虚拟性质,就在于它在壮大人的力量方面突出地解放了人的精神世界,它的虚拟性就是它拓展给人的对象世界的无限性,就是它超越了地域和时间限制而把全部网络人的精神世界展现在个体面前任其选择并与之交流的广泛性。

对个体而言,网络的本质就是个体精神在更大范围内的交互作用和精神内容的社会化,它给予个体的是意识世界的广延性和无限性。因此,网络虚拟成为今天的个体设定对象关系的重大途径,它同时也把虚拟实体推向了个体的对象世界的顶端。(图2—2)

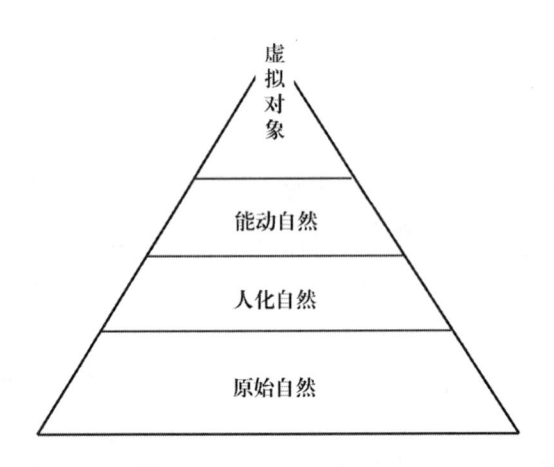

图2—2 个体对象的层次性

在虚拟对象的引导下,个体的精神世界获得了无限的提升。在自然界的展开形式中,原始自然作为个体的初始对象以维持个体身体的存续作为出发点,人化自然则在较高的层次上起着解放个体身体的作用,能动自然的意义在于从同类中为个体提供了观照自身的对象,虚拟的已经完全失去了自然本来面目的对象世界则在纯精神领域完成了对个体的观照,个体经历了目前看来是完善的对象性历史的洗礼,个

第二章 对象世界

体的自我也因此建构在所有的对象关系之上。据此，经历上述对象性历史的个体的自我可以简洁地表示为：

完善的自我 = 个体 × （原始自然 + 人化自然 + 能动自然 + 虚拟自然）

这些对象从不同的方面塑造了个体的"我"的侧面，如果缺少其中之一，个体就失去了"我"的一部分而演变为残缺不全的"我"。

至此，我们描述了迄今为止个体可能拥有的所有的对象世界，个体的成长历史也因此变得清晰可见。我们看到的是，整个人类的演变历史与单个个体的成长历史有着惊人的相似性：无论是整个人类还是单个个体，在历史的幼年时期更多地被对象所决定，他们处在一个不断地被动地接受对象的过程之中，各种对象的变换带来的是人类自身自然的新变化；在人类增强了自主性（比如人类拥有了劳动工具等人化自然）之后，人类设定对象、创造对象的历史从此开始了。当网络工具成为个体指向对象的新平台时，个体的自我强大到了这种程度，以致个体可以虚拟出世界上迄今为止的任何现实来。

自从有了网络工具，个体获得了一个前所未有的新时空。他可以驰骋在网络世界之中，不仅与另一端的个体模拟出各种各样的生活现实，而且在选择另一端时，他的受现实社会传统观念的束缚的力度越来越小，他的精神力量却日益膨胀起来。随之而来的是，他在网络世界里变成了世界的真正的中心，只要他愿意，整个网络世界都可以成为他的对象。借助网络工具，个体的自我被无限地放大了，个体选择的能力和可选择的对象一同扩展，个体的世界更加丰富，个体主体性的增强也是不言而喻的。

离开互联网，个体之间的差异是明显的；介入互联网，个体之间的差别随即消失了，互联网成了个体之间消灭差异性的平台。它直接、快捷、互动，借用别人——被对象世界创造出来的那个活物——的一切成果，通过网络传递被我迅速地得到了，我还需要跋山涉水吗？足不出户，便可把握天下之事。那种原始人由于某种物质环境所局限的

接受与选择

生活方式在这里再也看不到了，只要轻轻地点击鼠标，我就可以到达现实世界人们无法到达的任何对象的面前。在网络条件下，个体的发展出现了十分惊人的速度，它把整个人类所认知到的整个自然界瞬间展现在端坐在计算机前的这个看似弱小的个体面前。在互联网络中，地球是真正的缩小了几十万倍的小村庄。

人类社会发展的历史多次证明，劳动工具的变革给人们带来的是生产力的巨大飞跃。同样，网络工具由于它对整个社会的虚拟使其成为每个个体未来生活的必然。我们甚至可以设想，在不久的将来，人类发明了一种传递网络信息的芯片并把它植入到人的大脑里面成了大脑工作的新平台，它替代了肉体的脑髓质，它就是互联网络安置在人一方的终端机。通过这一平台，人类超越了人脑自然机能的局限性，当他从梦中醒来的时候，当他的大脑脉冲击打脑内芯片的时候，他的大脑中所显现的就是整个网络世界，他用于思维的质料就是整个网络资源，网络世界里的所有信息都被他即时调动起来。那个时候，个体——我真的不敢想象这个会思想的庞然大物会是个什么样子了。

但是在今天，网络这个工具和人们的现实还存在着矛盾，换句话说，网络工具仍然处在工具伦理的摸索阶段。当人们以网络工具获得对象时，部分被现实生活所排斥的对象侵犯着工具使用者的权利。人们看到，在这个平台上既有对人类有益的对象，也有对人类有害的对象。而不论使用者是否欢迎，它们总是急切地、强迫性地介入个体的生活。由于网络工具对于网络资源的从属性，又由于网络资源往往被经济属性所分割，网络工具不再是它本来的面目。它的发展也许产生于经济属性的激励，但它一天不摆脱这种属性，它就不能成为个体的真正有益的虚拟对象。网络工具的发展本身并不是一个错误，正像人性变得更加经济性是因为经济利益对人与人的关系的驱使一样，网络工具所运用的资源的属性同样受制于资源所有者的经济关系的制约。现实世界的趋利性把网络这种良好的工具引入歧途，是使网络工具普及速度减缓以及网络资源变态发展而不能正常使用于人类生活的一个重要原因。

五 自我本身

在个体所指向的对象世界中,"自我"是其最后的指向。

我们看到,个体建立对象关系的初始目的是面向自身的自然。"自然"作为他的身体的载体决定了承载在身体之上的一切东西的阈限,他的年龄,他的体质,他的智能,都是影响个体承载对象关系的自然基础。这些"自然"最后要求一切东西都回归它自己,连同它的消亡一起消亡。正因为个体自身的自然是有限的自然,它无法应对对象世界的无限性,个体便希望对其自身自然赋予永恒的意义。例如,我国古人所企盼的人生"立德、立功、立言"的三不朽,做人应该做"圣人",应该"德配天地道贯古今"的人生标杆,还有孙悟空所命名的"齐天大圣"等等,都表达了向对象世界看齐和对生命的永恒价值的追寻。不仅如此,人们还把这种追寻触及到死亡的意义之中,通过探究死亡的形式,赋予人生永恒的价值。比如,有轻于鸿毛之"死",也有重于泰山之"死";有安排好后事、为后代留下大量钱财之"死",也有不留分文、只愿为子女留下精神衣钵之"死"等等。如此种种不同价值之体现,是个体面对庞大的对象世界时对自身自然的有限性的真实感叹,也使得个体不得不在活着的时候就为着如何死法去努力。他要使死亡这种对"自然"的最后诀别变成一种存留于其他个体的信念之中的仪式。虽然个体身体的消亡已经从形式上把附着在他身上的一切属性带到了终点,但通过其他个体的继承,他似乎又复活了。

这也许就是个体的对象关系最终不愿意回归到自身自然的根本原因。他的身外的自然和他的自身的自然在不断地从冲突化为融合。这个过程使人们看到,自身自然其实是人们走向自由的原始的诅咒,人们必须解开这魔咒才能达到通途。因此,超越自身自然的有限性而实现人生价值的永恒性,是我们考察了一系列的对象对个体的作用之后的最终结论。就个体所面对的一切外界事物而言,这些事物的精髓部

接受与选择

分只是自然界的不同层次的显现,个体感受到的就是这些对象的层次性。正因为它们之间有高级和低级的差别,人们在寻找对象时,高级的自然往往成为个体的理想选择。但人们所忽视的,恰恰是自然物拾级而上的特性。高级自然由低级自然发展而来,高级的个体由低级的、幼稚的个体发展而来。没有经过低级的对象关系的接受过程,高级对象在个体那里则难以扎下根来,缺乏前期基础的对象关系也就是空中楼阁。当那种纯粹的追求变得没有根基时,人们返回来再追求低级的自然对象就已经是一种惩罚了。

如前所述,个体建立对象关系的初始目的是追求自身自然的完善(使其原始的指向获得充实),但追求的结果却产生了高于自身自然的"自我"。自我统摄个体之后,个体最初追求自身自然的完善这一目的就被自我修正了。基于自身自然的个体总是从个体的自然性出发去把握他的指向,这种方式使得他不仅在自然界那里处处碰壁,而且在其他个体那里也难以获得支持。于是,自我的产生弥补了纯自然主义的狭隘视角,他尽可能地把自己的目的修正到所有可以预见的对象所要求的程度。

"自我"对于个体自身自然的把握,又是基于何处呢?由于个体是以类的方式活动的,个体的自身自然也就有多种形式存在。换句话说,人类或人世间有多少种族群和多少个个体,就会有多少种"自身自然"。这样一来,个体及统摄个体的自我对自身自然的追求就失去了目标——自身自然应该走向何处才是它的必然的归宿呢?作为一个女人,是应该追求"环肥"式的人体美呢,还是应该追求"燕瘦"式的人体美?这里显然不能得出绝对的定论。于是,以追求自身自然为目的的指向实际上已经失去了确定的方向。

换句话说,追求自身自然的初始目标毫无例外地受到了来自自身之外的对象的制约。只要是处在开放的社会关系当中,个体就不会把人生的追求静止在自身自然的界限之内。无论是"环肥"之美还是"燕瘦"之美,它们都来源于对象世界对个体的观照,是个体在某个对象关系中必须显摆出来的一个位置,必须彰显出来的一个姿态。而当

第二章 对象世界

对象世界的要求不明确时，个体则会不知所措，他所要面临的对象就是"自我"本身了。

个体由自身自然的需要转向外在对象，由审视外界对象到回归自身自然，从审视自身自然到反思自我，是对象关系一次又一次的升华。个体与外界对象建立关系，是个体在生命的长河中自始至终的任务。但是，在这种关系的建构过程中，个体有时是正确的，有时则可能是错误的。换句话说，个体有时选择了对自己有益的对象，有时却为有害的对象所困扰。每当这个时候，个体的自我就会进一步追问，为什么会造成如此这般的对象关系呢？难道是"我"什么地方做错了吗？自我开始追问藏在自身又坐镇指挥自身的那个"我"时，也就是自我开始反思自己的时候了。

由于自我是前对象关系在个体身上的凝结，所以，对自我的反思就是对前对象关系的反思。而自我与那种散见于对象世界的各种对象所不同的，就在于他是对象关系总和在个体之内的凝结状态。因而，当个体对自我进行反思时，其实就是自我对自我的审视，就是对总和的总和。总和可以有多种形式，比如自省、慎独、检讨、凝望、逻辑梳理等等。总和的结果在形式上虽然是对虚拟的虚拟，但因为这种虚拟是意识对自身的觉察，是总和本身即刻可以伸手可及的，是自己对自己的说服，是高于原有意识的意识，它的作用也就不因其虚拟的形式而有所减弱。个体虽然不知道这反思实际上是拿关于现实的对象的理念去度量以前积累在个体身上的关于对象关系的理念，但他知道这反思是针对他自己的，是他正在进行着的对他自身的批判，他进而知道反思的结果是高于原先的自我的，是自我的叠加，这样一来，反思的结果就成为现实的自我给自己准备下来的丝毫不能推辞的晚餐，一旦做熟，就必须吃掉它。

由此可见，对自我的反思是所有对象中对个体而言最重要的、最高级的、最后出现的、将要发生革命性变革的对象关系。反思作为自我对自我的批判，是个体下一个自我的起点，是新我诞生的重要一环，它教给个体建构对象关系的新的指向。

接受与选择

显然，要做到正确地反思自我，掌握反思的武器十分重要。直观地看，反思是个体的意识对自身的观照。个体用他现在的对对象关系的意识，来审察他的过去已经形成的对对象关系的意识，他现在的对对象关系的意识的内容，一是个体的新的直接的实践活动，二是个体从其他个体那里继承来的意识（如书本知识等），三是自然事件或社会变革对个体的冲击。就第一种情形看，个体新的直接的实践为个体带来新的对象，个体要接受此对象，就必须要批判前对象。而对前对象的批判，由于时空转移的关系，只有在个体大脑中才可以进行。因此，对个体而言，接受新的实践关系并使其与旧的实践关系在大脑中进行冲突、融合与析出等，就是对自我进行反思。就第二种情形看，任何有知识的个体都是掌握了把握知识的逻辑的个体，用知识的逻辑分析已有的知识的真伪性，是使个体的自我建立自信的重要途径。任何知识教给我们的，除了它所包含的丰富的内容之外，还有它的固有形式，它用一种逻辑的形式把这些内容呈现给我们。这形式可能是我们直接经验过的实践教给我们的事理，也可能是我们已经掌握了的数理的、辩证的或者纯形式的逻辑学（或生活逻辑的）道理，它们是我们鉴别其他知识真伪的重要的分析工具。就第三种情形看，个体虽未亲身体验但却观察到的自然事件和社会变革对个体的警示，使得个体不得不转而反观自身。在这些突如其来的变故面前，个体内在的多个自我之间窃窃私语，他们正在推举某个成熟的自我，携带个体去应对这些自然事件或社会变革即将带来的无法躲避的冲击。

值得注意的是，系统地、全面地反思，或者说用总和来总和总和，恐怕只有在哲学的高度才可以做到。我们或许可以在许多领域得到点滴的反思，但要彻底地总和这些将要反思的对象，要把它们系统化，在迄今为止出现的认识工具中，哲学具有较高的可行性。我们知道，对象在个体的实践中是以单个的实在表现出来的，它形形色色，各有具象；而且历史地看，由于社会分工等原因，个体在某一个阶段总是只确立一个（关键的）对象，比如他只能局限于某个领域进行工作，相对于其他对象，即使个体在主观上有愿望，但在客观上也无法与对

第二章 对象世界

象相结合。所以，就实践着的个体看，个体正因为是一个实体，他就无法分身去体验每一个对象，但是，这并不影响他运用理论的武器反思所有对象的可能性。由于哲学的抽象性和其总是不放过任何一个来到它面前的对象的细腻性以及总是不满足表象而以透视对象的本质为己任的"学科之王"的属性，它无疑是个体审视各个对象进而反思自我的利器，它把它们合理地抽象化、系统化，它比迄今为止的任何学问都更能做到对众多对象的抽象，它站在真正与时代接轨的紧要之处，彰显着精神和理性的巨大作用。这个最高的抽象工具将把我们带进"众里寻他千百度，那人却在灯火阑珊处"的境界，在那里，对一切总和的总和，都会变得更加容易。

第三章

接　受

　　接受是个体适应外界事物的一种行为特征，是个体对对象的一种接纳、吸收和内化为自我的过程。所以，接受的本质是个体在被动状态下内化对象关系的过程。

　　从人的一生看，接受对象的行动贯穿于人的成长的全部过程。它既在自我尚未产生之前的个体的原始状态下经常发生，也在自我产生之后自我与个体合二为一的阶段上时有发生。在前一阶段，接受是个体不假思索地把对象纳入自身的过程，那时的个体是被塑造的个体；在后一阶段，接受活动虽然仍在进行，但却出现了分化的情形，此时，由于自我的存在，接受遭到了质疑。只不过此时的自我尚不足以凭借自己的力量来阻止这一接受活动，或者他直接地承认这一接受活动，他把自己隐藏起来，使自己纯粹地处在旁观者的地位之上，不发表任何"意见"，甚至"不在现场"，从而任凭个体与对象自在地结合起来。但是显然，此时的个体保留了改变接受行为的权利，他实质上已经在暗地里——或者说在内心深处单方面地掌握了个体对象关系的主动权。

　　因此，接受关系所展现的就是个体在对象关系之中的被动地位。接受向我们表明的态度，其一是迫于个体身体本能趋向对象的某种力量，个体面对对象只能释放出唯其如此、必须如此的态度；其二是个体已经形成的自我对对象的默许和接纳，是自我在被动状态下对对象关系的放行。

接受对象是个体成长的主要方式。个体接受对象，对象才造就了个体。个体作为生命体，他在本质上需要不断地从外界获得生命的给养，因而他必须不断地接受外界存在物以完成生命体的循环和复制。在这个意义上，接受关系对个体而言并不是坏事，而是他形成自身的必备环节。接受带来的问题在于，如果个体永远地置于接受状态，个体就是永远地被对象所决定的"物"，个体就无法表达自己的自觉状态，他的"觉悟"了的自我就无法把个体带到自为阶段，个体就永远处在自在状态，他沉寂在自然界之中，未能向外彰显"主体"的意义。

在这里，让我们放下我们的自我的"主体性"的意义不谈，先回到"接受"本身，全面地考察一下"接受"这一不能回避的对象关系的基本内容。

一 接受特性概述

促使个体在被动状态下仍然与对象相结合的力量到底是什么呢？从对象关系的一般意义看，个体之所以处于接受状态，是因为他的对象关系尚不足以形成强大的"自我"——即"自我"尚未出场的结果所致。

第一，自身自然的持续的成长力驱使个体不断地向自然界发出祈求，从而把自身降到被对象所主宰的地位上。个体的自身自然是向外展开的自然，它的生命力来自它之外的自然界。比如它不断地承受饥饿的压力、寒冷的逼迫。它如果不从自然界获得食物和衣物，就难以自在地存在。所以，为了自身自然的浅陋的目的，个体的自我不得不放弃自己的主张，他宁愿眼睁睁地看着被动的对象关系而随波逐流。

第二，自然界巨大的压迫力驱使个体采取了回避自然的态度，他退避三舍，以求自保。面对自然界的暴风骤雨、山崩地裂、河水洪流、地震海啸等的压力，个体处在弱者的地位上，只能采取疏导或者通过

接受与选择

迁徙规避这些自然力所带来的风险。在这里，如果"自我"已经存在，从呵护个体这一目的出发，他也只有跟随自然界斗转星移的规律而做出让步。

第三，他人作为高级的能动自然对个体形成的受动关系，迫使个体放弃自主性。当他人在个体面前张扬他的主体性时，个体的自我服从了对方的主体性，他让位于他人，从而换来个体与他人之间的和谐状态。

以上可见，接受关系下个体只接纳，并不"发声"，他把自己降到没有意志、没有意识、没有个体特质，只是纯粹的自然界里的一个"受体"的地步，因而具有非人的特性。这一点，近似于马克思在分析人的发展阶段时归纳出来的第二阶段的特性，即"以物的依赖性为基础的人的独立性"①阶段。在此阶段，个体总是限于物质对自身自然的推动，把自己混同于一个普通的自然物。与此相关联，自我也会由于受到来自物质领域对他的指责而饱受煎熬。自我带领着个体，既想摆脱这种对象关系，又深感无能为力。自我一天不发出选择的指向，个体就一天也不能显现自己的主体性，自我也就不能在个体身上真正地确立其地位，更不能在自然界中确立他——也只有他有这个超自然的可能性——的地位。

接受阶段，个体服从于对象对其指向的耦合。接受就是个体服从对象的安排，就是个体对对象的无法变通的依赖性。接受之前，个体作为一个活物，拥有发自自身的指向，但这些指向既混沌不清，也游移不定。它们应该指向哪一个具体的对象？应该在何处落脚栖身？个体自己并不十分清楚，也没有能力单方面地确定某个对象。只有当某存在物面对个体、迎合了个体指向，并与个体结成对象关系时，个体的指向才被印证，这些指向获得充实，"指向"的本质被确证，指向变得清晰起来、活跃起来。故此，个体与对象物建立对象关系的可能性，既存在于个体自身混沌未开的指向里，也存在于个体遭遇到的将要与

---

① 《马克思恩格斯全集》第46卷（上），人民出版社1979年版，第104页。

第三章 接受

个体指向相耦合的对象里。此间的可能性越多，个体不能自主的可能性就越多，个体越容易被对象所规定，他自己也越是处于接受状态。

正如我们在第一章中所描述的那样，个体从产生到壮大，就是从初始状态向成熟状态渐变的过程。从肉体状态的原始个体到被自我主宰的个体，其接受对象的指向之间存在着较大的差异。肉体状态下个体的指向是一种原始指向，个体的肌体是什么样子，个体的指向就是什么样子。受原始的自身自然力的支配，个体的指向具有明显的低级的、动物性的特征。当个体被自我统摄时，个体的指向才被自我所取代。这时，自我在形式上取代个体成为统摄个体接受行为的主体，但在内容上，在接受阶段，自我仍然是受动的、被压抑的，尽管此时的接受行为已经由个体发自身体的低级行为上升为在自我指导下的高级的接受活动。

表面上看，个体接受的存在物往往指向对象本身，似乎外部世界的那个实实在在的实体就是我之所需，就是我之所想，就是我之所求。这种现象掩盖了个体对象关系的本质。因为，一方面，在个体那里，对象所表明的是个体与存在的对立，它们在与个体建立关系之前是另一个他在。对象的到来，为个体消除对立提供了可能性，所以，对象本身绝不是目的，它只是实现目的的手段。另一方面，对象如果是实体，它更需要转化为某种关系才能为个体所接受。对象物作为一个实体，在形式和内容上与个体截然不同，否则的话，世界上所有存在物之间的差别就都消失了。正因为这种差别的存在，那些实体便不可能在实体形态上与个体合二为一，但正因为它是另一个实体，所以它可以在关系形态上与个体合二为一。对象是零散的、外在的，而对象关系却是集聚的、统一的，对象关系凝结成一个类似于软件包的东西，被安装在个体身上，寄宿在个体一方，进而掌控了个体的感觉、知觉和意识机能，这里包含着个体取之不尽、用之不竭的信息和能量。所以，个体的接受特性的实质是：个体无为地、无力地听从对象的摆布，默许对象的存在，但却被新来的对象关系唤醒了他的指向，他具备了走向主动发出指向的可能性。

接受与选择

所以，接受虽然是个体被动的对象关系，但它却孕育了个体的主动性。正因为对象本身是有别于个体的另一个存在，所以个体才希望与它建立对象关系；正因为对象是另一个实体形态，所以它也才不会直接地转化为个体，它只有在与个体建立的对象关系中才能帮助个体完成指向。是对象让个体处于某种关系之中，是这种对象关系成就了个体，滋养了个体。于是，接受阶段的结果便是，个体被动地、无条件地由各种各样的对象关系演化而来，他是这些对象关系的聚合物。个体从最初的身体到精神都来源于对象关系，各种对象关系凝聚、栖居在个体之中，占据个体，集合成个体的所有指向，从而在个体的身体中形成了一个高于个体的自我；这里的自我虽然充满了对象的意志，但却是集聚在个体之中的，占据个体从而激发个体向外展现这些意志的一个宿主。由于自我与对象的密切关系，他总是时不时地尝试着把个体发送到他认为合适的对象面前。个体被自我所带动，实现了对接受关系的改造和转向。

个体接受对象的特性呈现连续性和递进性。个体每接受一种对象，就预示着在他的周围建立了一种对象关系，这种对象关系同时就会展开对个体的塑造，被塑造出来的个体在进入下一个对象关系建构时就携带了他已经接受而来的属性。这种属性的内容，就是个体在广阔的自然界中逐渐形成的、增长起来的、受对象支撑的个体的独立特性，也就是个体的"自我"，个体据此拥有了与下一个对象相对而立的"对话"资格，进而变为个体是否需要接受新的对象关系的决定因素。

在拥有了自我之后，个体接受新对象实质上就是个体的旧的自我接受新对象，就是前对象关系对新对象关系的融合、吸收和统一。所谓某存在物被个体所接受，就是指个体的自我对这一存在物与个体将要建立的对象关系采取了非自主的、放行的态度，而对自我而言，他之所以愿意放行，是因为他看到了此对象与前对象关系的同一性，看到了个体可以与此对象建立新的关系的可能性。对于那些与前对象关系具有一致性的对象物，自我总是采取欢迎的姿态。因此，能否与个体的前对象关系相统一是某物能否成为个体的新的对象物的前提。某

第三章 接受

物能否被接受,关键在于该物的到来是在破坏前对象关系还是在维持前对象关系,接受与选择的不同之处在于,接受乃是建立在维持前对象关系的基础之上的,选择,则期望改变前对象关系。

拥有了自我之后,个体把来自肌体的原始的接受行为直接地交给自我去处置。在自我的支配之下,个体与存在物之间能否形成对象关系终于有了比较明智的判定者。自我作为个体的全权代表肯定或是否定对象关系对个体的合理性。存在物说:某个体,你愿意与我建立对象关系吗?个体回答说:你问我的自我吧,他完全可以代表我。自我看了看存在物说,我们有两个条件:第一,看你与我们现有的家族成员有没有融合在一起的可能性;第二,看你是否符合我本身的现实的指向。第一点表明了个体接受新对象时必须满足一个既定的条件,即必须以个体自身自然为中心,设定个体的有限的对象世界。第二点却埋藏了超越的可能性,它要求一切接受应尽可能地在自我的指引下,要么默认对象的到来,要么使"接受"建立在"选择"的基础之上。通过选择而接受对象,个体做出了主动的举动。自我高举着上述两个条件,在个体所见的所有存在物中寻找着合适的对象。

对个体而言,他的已经形成的自我是检验下一个对象关系的宿主。自我为个体提出标准,做出取舍,制定接受对象的模式。有了自我之后,任何对象进驻个体都必须征得自我的同意。从表面看,接受是以既定的个体为前提,而实质上则是以个体的自我的确认为前提。接受反映的是已经形成的个体与现实的对象之间的相互适应的关系,是个体顺应对象关系的一种基本态度。

虽然在个体看来对象作用于他完全出自他的需要的指向,但是,就连他的指向的本质,也是对象所给予的。对象不仅转化为承载个体指向的器官的物质内容,而且规定了指向的指向:对象使个体的指向逐渐地明晰起来,从而使指向指向它应该指向的方向。实际上,个体必须与对象建立关系,因为个体的过去来源于对象,个体被过去的对象塑造而成,个体本身就是过去对象的"历史"的堆积,这"历史"教给个体的恰恰是对象对个体的合理性,是个体所要遵从的他的未来

接受与选择

世界的建构原则。

个体被一系列的对象包围着，与个体建立了对象关系的对象物可以近似地排成一个序列。不论这些对象之间是否相互联系，它们一旦与个体发生作用，发生过作用的对象在个体看来就构成了他成长的序列（即成长史）。从这个角度看，对象是连续的，自我的演变也是连续的。个体从对象中走来，由于对象的连续作用，个体获得了发展。我产生于我的对象，新我产生于新的对象。由于对象的连续性，旧我不断地被新的对象刷新，新我取代了旧我。在接受新的对象的过程中，个体及其自我成长并壮大起来。

二 身体是个体的第一受体

用身体接受对象，是个体接受对象的普遍方式。

对个体来说，接受是绝对的，不接受是相对的。接受意味着个体与对象的矛盾正在消解。既然个体来源于对象，个体生存的意义就在于和对象建立接受关系。个体只有接受某种对象，个体才能获得支撑自己存在的存在。

身体的第一种接受特性来自对象的质。

首先由于个体的身体的质来源于形成个体身体的对象的质。身体是个体获取的物质对象的累积，对象物的性质提供了形成个体身体性质的基本质料。它们给身体以某种知觉，也进一步塑造了身体的反映特性。身体的接受特性来源于对象物沉淀在个体之中的某种特性，身体在它以后的每一步遭遇中都用它已经同化在自身中的对象物来体验新的对象物，前者显然已经变成了个体自身的自然，后者也将要变成他自身的自然。前者接受后者，一是符合首因效应。先入者往往先与本体相结合，如有可能，它们总是先转化为"主人"来迎接后来者。二是因为后来者之所以能够被接受，除了它自身力量的强大之外，更重要的是它与先入者具有同一性。这一点也就是个体总愿意接受熟悉

第三章 接受

之物，而不愿意与陌生对象相处的重要原因。当一个印第安酋长初次走过纽约大街时，他那经受过静谧的森林声波塑造的耳鼓当然无法忍受国际大都市的喧闹声，他会手捂双耳，大声地喊叫起来。今天，生产的社会化和全球一体化逼迫人们不断地与新生事物打交道。许多年轻人面对陌生人时手足无措，不能在众人注视下工作，害怕接触领导或下属，有的甚至因此而患上了社交焦虑症。这说明，接受陌生的对象有一个过程，但了解接受特性，可以缩短这个过程。

海德格尔分析了人与对象之间在形成主客体关系时有一个前"上手"（实践）阶段。[①] 这个"上手"阶段就是先接触事物，再确立观察者（即主体）的地位。在接触前期，人并不是个施主，而只是个受体。个体用身体接受对象，相当于这个阶段上的个体的行为。

显然，个体身体的接受特性的形成，在本质上受制于个体已经接触过的对象。这些对象物积聚在个体身体当中，变成个体自身的自然，成为个体下一步接受自然对象的新主人。因此，个体身体的接受特性实则是个体自身自然与外部自然之间长期形成的和谐、一致及统一特性。就像大力士能够接受举重之物、思想者能够接受思维之质料等功夫的得来一样。

个体身体的接受特性说明，个体自身自然与对象界有某种求同的倾向。它更愿意接纳那种与自身和谐的、同一的物质，它向这样的对象开放自己，它时刻愿意指向这样的对象，并希望走向同一的境界。

身体的第二种接受特性来自身体的虚空。

在这里，"胃"是身体器官中最具形象的代表。它通过蠕动分泌胃液，消化食物。它的功能是接纳食物，吸收食物，把它们转化为身体的一部分，而它自己则转化为虚空。这种虚空的质就是需求，就是希

[①] 参见张汝伦《西方现代哲学十五讲》，北京大学出版社2003年版，第288—289页。

接受与选择

望填充，就是指向对象，就必然产生与某对象的接受关系。显然，虚空愈多，接受特性就表现得愈强烈，被接受的对象也就愈宽泛，生活中有所谓"饥不择食"的说法，就是这个道理。

在这里，必须消除一种误解，那就是把虚空看成孤立状态下的个体本身的属性。其实，虚空并不是个体自身孤立状态下的产物，它并不单单产生于个体本身，而是产生于个体与对象物的关系。因为个体的身体是否处在虚空状态，本质上取决于他与周围的对象世界处在什么样的关系之中。

让我们首先作一个假定，假定任何个体都是孤立的，那他就是不需要联系的。不仅个体与纯自然物之间不发生联系，而且个体与个体之间也不发生联系。这样一来，个体就是充实的，假如他有知觉的话，他是知足的、自满的，是不需要接受什么的自在之物。而实际上，现实中的任何个体都不是知足的，他们太需要外界的支持了。他们不仅需要阳光、水分和食物，而且需要婚姻、爱情和理想。应该承认，个体对外界事物的追求具有无限性。这种无限本身对人而言就是"无"，就是"未在"，也就是人的"虚空"的一面。可见，"虚空"乃是个体与对象对应之时个体按照对象的要求所显现出的自身的差别，是对象对个体的召唤。他自身并不显现虚空，但与对象在一起时，由于对象的到来，个体自身的虚空才被显现。

此间表明，个体虚空的质乃是个体自身相对于对象的差别，因此，对象相对于个体而言其数量和质量的多寡，就是个体处在何种虚空状态的标志。进一步讲，由于对象世界的无限性，个体——即使是成熟的、经历过再多对象的个体——也会时常处于"虚空"之中。

关于对象世界的无限性，可以从两个方面加以观照。一是微观世界，二是宏观世界。前者是指世界向无限小延伸的永不停息的状态，后者是指世界向外展开的广延性。从微观世界的无限性看，人自身就是一个典型形态。任何人都可以被看成是一个向无限小延伸的小宇宙，是一个充满无限多样性的实体。但是，这种无限性在人静止和孤立的状态下却无法显现出来，或者说静止和孤立状态中的个体只能是有限的，他相对静止，因而没有能够让他把无限性彰显出来的时空条件。就像现代人早已离开森林的栖居生活，他的攀缘功能处于静止状态，从而让他的尾骨的功能日益退化一样——当森林不再作为对象时，尾骨也就失去了存在的价值；而当需要以森林为栖居条件时，没有尾骨就成为人的一个差距。由此可见，个体自身的功能的消长来自对象世界对它们是否支持。他如果不处在对象关系之中，他的某一方面就会处于静止状态，他的这一方面的潜能就不再表现出来。日常生活中，许多人在追求无限性遇到障碍时，总是用"知足常乐"来安慰自己。从这个意义上说，观察个体和解放个体必须跳出个体本身，必须放眼个体与世界的关系的广泛性与深刻性来看待个体的一生。而从宏观世界的无限性看，正是整个世界、整个宇宙给人提供了源源不断的对象，才在对象关系上给人类提供了无限的可能性，只要从对象观照人，人的发展就是永不停息的。

就任何物质实体都具有反映特性而言，个体是截至目前我们发现的反映特性最发达的存在物。在某种程度上，个体与对象之间的关系就是一种反映关系。他的虚空就来源于他与对象世界的反映关系。他反映他物，也就是比较他物。他在反映中看到了他与他物的差别，这差别就是形成虚空的源泉。所以说，孤立的个体是自满的。由于孤立，个体无以从对象中观照自己，个体的成长只是自己重复自己，他是自足的。相反，与外界联系着的个体则是虚空的，由于联系，个体与其他实体之间形成差别。这种差别使个体陷入虚空。一个登山旅行者看到了大山的宏伟、挺拔，从而感到了自己的渺小；而当他登上山顶之时，俯瞰山下，他同时又感到自己比大山更加伟大；张三看到别人都在使用现代化农机具耕作土地，从而发现了自己仍然处在手工劳动阶段的不足；由于肯德基对味觉的作用，儿童们认为仅有中餐是不够的。由于一系列的对象的介入，个体的虚空被显现出来，由此推动了个体去追求新的对象。

30多年来，改革开放给中国社会带来了天翻地覆的变化。中

接受与选择

国改革开放的本质,就是使国人看到了更多更广阔的对象世界,从而看到了人在对象面前的差别。改革开放的伟大功绩,就是把每一个中国人从一个静止的对象关系中解放出来,使其站在了全世界这一丰富多彩的对象面前,中国人还有什么样的虚空不能表现出来,还有什么样的活力不能爆发出来呢?

由此可知,人的虚空其实来自于对象的显现,是对象对人的观照。人一经产生,就面对着原始的自然界,而随着人的发展,人化自然的世界则愈来愈多,人与他人的联系也愈来愈广,人的对象世界也日益扩大起来。人与各种各样的世界的对象性关系显现了人已经掌握的对象世界,同时也暴露了人与对象世界的差别,这差别乃是发现虚空的源头,人需要不断地接受对象才能充实这虚空。就此而言,人的认识的狭隘性可见一斑:人的家庭利益、民族利益、党团利益、国家利益、国际利益等等的差别其实是人处在不同对象关系之中的差别,人愈是把自身置于更广泛的对象关系中,人的认识的狭隘性也就愈少,他的认识就更容易接近世界的真理性。

对象世界给个体的证明是:人在本质上是不能脱离他的联系物的对象性存在物,他只能来自无限多样的外部世界,他只有被这些对象物所支撑才能存在下去,也只有在对象物给予的差别下,他将来的世界图景才展露无遗。因此,人既然来源于外部多样的对象世界,那么,对象世界有多大,人就有多少种未来。

显然,身体的接受是低级的,是带有纯生物性的,它最后上升到人的意义上是从自我对个体自身自然的把握开始的。在这里,个体意识的产生及意识支配下的自我的接受特性起了决定性作用。

三　他人作为接受的对象

他人是塑造个体接受特性的高级的对象。

第三章 接受

他人对个体来说是能动的自然。历史地看，他人是人化自然的制造者或占有者。他虽是个体的同类，是另一个个体，但当他人作为个体的对象物而存在时，他人则是一个能动的存在物。因而，他人是迄今为止个体所遇到的最高级的自然，是自然界的最高产物。与原始自然和人化自然相比，这种能动的自然不是自然界的某个侧面，而是总和了的自然。在他身上，不仅携带了原始自然，而且携带了人化自然。"他人"在其现实性上，就是站在一定的原始自然和人化自然基础之上的"人"。他直接作用于原始自然和人化自然，并在此过程中形成他的那个阶段的"自我"。所以，当个体以"他人"为对象时，实际上是以总和了原始自然与人化自然的更高级的自然为对象。个体与这种对象的交互作用的结果，显然高于他直接与原始自然及人化自然相互作用的结果。

与自然界那些无意识的实体相比较，人是最具有总和特性的动物。纯自然物被放置在某处时，它只感知它那个范围内的存在，而人则不是被放置在哪里就听命于哪里的动物。人所感知到的是超出他的身体局限性的世界，也就是超出自然界的规定性的世界，这些超越的力量，全部得益于人的总和特性。

个体的这一特性一开始并不是像我们今天看到的这个样子。通过考察原始社会，我们看到，原始人处理生活的那种笨拙状态与今天的个体有很大的差异。几万年前的原始人从他们与自然界的相互作用中制造出来的石器工具和今天的人们制造出来的自动化工具之间的巨大差别表明了个体在解决自然问题方面的总和特性发生了巨大变化；今天的社会有机体的复杂程度以及人们治理社会的能力同时说明了个体在解决社会问题方面的总和特性的提升是飞速的。当然，今天的现实是昨天的历史的延续，如果没有这种延续，我们就无法讨论个体的一切。在这里，支持这一延续过程的，正是建立在个体基因之上的胚体。这个胚体作为个体的物质基础和将要承载更多自身自然的基本质料，携带着从前辈那里遗传下来的生理信息，来到了一个不为他所知道的对象世界的面前，成为今后一切对象性活动的出发点。但是，正如我

接受与选择

们已经阐述过的那样，个体后来的一切活动的展开，绝不会潜藏在个体的胚胎之中，而是——绝对是——必然是——在对象中成就自己并展开自己。换句话说，有什么样的对象，个体就有什么样的展开方式；有多少对象，个体就有多少种展开方式。正因为如此，他人作为迄今为止自然界造就出来的高级实体，是个体的高级对象。

我们看到，一代又一代的个体把他们在与对象的作用中所创造出来的成果积累成社会财富，我们的子代正是站在这些财富的基础上开始他们的成长过程的。这些财富中自然包含了前代人凝聚了他的对象关系的精神产品以及他们在总和能力方面的种种特性。以此为基础，子代个体的总和特性的发展就是明显的。当今天的人们真正懂得改造对象的时候，他已经从前辈（比如教育者）那里获得了对对象的认识，换句话说，他已经总和地认识了对象，当他下一步接触到这一对象时，他已经有了先见之明。

他人作为个体的对象的特殊性还在于他的能动性。他人是能动的，因为他是总和的，他是被"意识"把握了的高级自然，他本身就握有"意识"的工具。正如我们已经知道的那样，意识是人脑的机能——借助人脑是它的重要条件。他人拥有意识特性，使得我把他作为对象时必须提高我的自觉性，否则的话，我将不能与他建构高级的对象关系。可以肯定的是，目前，在原始自然界中我们还看不到有另外的高于人脑机能的动物存在；在人化自然界中，人化了的那些自然物中所包含的意识是制造者物化在其中的意识，是已经僵化了的固在，它们在对象的意义上尚不足以被作为运动着的人脑看待。与前两种自然（对象）不同，他人这种高级的能动自然的运动本身就可以获得意识。事实上，当我们把他人作为对象来研究时，他是被抽象地放在了客体的位置之上的，而在现实中，他人则是双重的自然物，在任何时候以及任何地方，他人既是对象又是主体。他既表现他是自然界发展而来的最高产物的作为实体角色的属性，又表现他是他的原始自然与人化自然的总和者的属性。因此，他既是对象性存在物，又是反主体性存在物，具有反主体的特性。他对于个体的能动的方面更主要地表现为反主体性。

在对象关系中，个体先以主体的身份出现，其他个体（他人）则以对象的身份出现，但是，由于这一对象并非像原始自然及人化自然那样可以被个体任意地放置于某处，他不甘愿"被放置"，他其实怀有与个体完全相同的、充当主体的目的，因此，这一对象便有反客为主的倾向。在这种对象关系中，便经常地产生争夺主体性的过程。

他人的反主体特性使其在我心目中（即在个体所有的对象性存在中）获得了较高的地位。我尊重他人，恰恰是因为他人是以主体的身份审视我的。他人希望把我改造成他所认为的那样，而我则希望把他作为我要改造的对象。他的希望来源于他对他所遇到的原始自然及人化自然的改造，我的希望来源于我对我所遇到的原始自然及人化自然的改造。由于双方来源的范围和深度不同，双方的主体性冲突也由此产生。长期的冲突经过调和，达成了所谓的社会规范，将社会规范作为个体行动的出发点便成为人们之间的一种默契。在这里，个体的接受特性最终被一种社会秩序所取代。

四 群体是接受主体的类标准

群最初是适应于个体征服原始自然的需要而产生的。相对于原始自然界来说，孤立的个体是渺小的。个体在长期的活动中发现，与其孤立地与自然界作斗争，不如凭借群体更能获得成功。尤其是在人化自然的发展不是很充分的时期，个体要想直接地面对原始自然界，其遭遇失败的情形就是一种不可避免的残酷的现实，在这里，群则弥补了这一缺陷。

最初的群是简单的、耦合的集体组织。像原始氏族社会那种以血缘关系为纽带的群体就是如此。应该指出，以血缘关系为纽带建立群体是最简单易行的途径。这种关系在个体看来是最能得到认同的普适关系。直至今天，以血缘关系而结合在一起的群体仍然是社会组织的基本单元之一。这个现象说明，个体对群体的接受特性在初级的意义

接受与选择

上来自于其身体关系的延展性，对这种先天的血缘关系的认同便是其中的一种——哪里有他的血缘，哪里就有他的直观的认同，哪里也就是他的归宿。这是个十分有趣的现象。简单地看，血缘关系在个体看来不是别的，就是自己身体的延续。血缘关系的另一端，就是以另一种"形式"存在的借以表达同一个自我的不同个体。血缘作为个体直接地感觉到的联系纽带，那一端就是他最能肯定下来的他的身体的一部分，除此之外他不需要任何证明，他就可以把血缘关系联系起来的个体纳入他的"自身自然"的范围内。最初的群的稳定性就来自这种血缘上的同一性。

群体内部关系逐渐稳定下来并演变为今天这样复杂的社会结构，是由个体与自然的关系所决定的。现代系统论表明，一个系统与其外部的关系一旦确定，其系统内部也会相应地处于某种确定状态。当个体与自然界（比如由地理位置而形成的生活条件）之间处在不确定状态时，个体相互之间的关系也就是松散的、流动的和易变的。随着个体与自然界的对象关系日益确定下来，个体与个体之间的关系就会随之稳定下来，由这种稳定性产生的个体与个体之间的关系的总和就构成了社会。中国封建社会之所以延续几千年而牢不可破，其所依赖的稳定的土地关系是一个十分重要的原因。那个时候，土地是中国人唯一的生产资料，是其最大最基本的自然界，是其赖以生存的基本对象，是封建时代中国社会每一个个体的命脉所在，这一命脉在土地分封制度下被固化了。可见，个体与自然界这一对象之间建立的稳定的关系使得他的群体的社会关系变得稳定和不易消失了。

所以，在个体的现实中，每个个体都是站在由一个比较高级的自然力量所构成的群体之中展开了接受过程。自从有了群体，个体"进可以群为攻，退可以群为守"。对个体来说，"进攻"自然的力量并不是孤单的，他甚至可以集群体之智慧来帮助他实现这种"进攻"。另一方面，自从有了群，个体也不用担心脱离自然对象之后无处藏身。在这里，与整个自然界相比，作为个体的同类集合体的群体是个体的最好归宿。由于个体拥有较高级的反映特性，他从他自己身上就能够悟

第三章 接受

出他的同类的大致属性,换句话说,他熟悉自己,就是熟悉他们。熟悉等于不陌生,等于没有距离,等于亲近,等于完全接受。面对强大的自然界,他所熟悉的那个"他"如果能够与他站在一起作为他面向自然的共同的主体,他还有什么样的自然不能面对呢?

显然,把原始自然界与人化自然界放在个体面前时,他最初则没有上述感觉。现在,个体是站在这个具有能动性的、高级的自然实体所组成的群体之中,把自身的力量加于外界(自然界)之上,又把这种力的作用结果上升到这个高级的群体即社会之中,使它成为人类发展的共同财富。个体愈是深深地介入自然,他就愈是需要社会承认他来自对象世界的获得性;他愈是从社会那里获得支持,他就更能够深深地介入自然。于是,社会,由于它的出现使个体与自然界的关系变得愈来愈间接起来。个体直接通向自然界的初始目的现在变成了以社会为中介,即个体—社会—自然。社会在个体通向自然界的过程中的作用日益凸显出来。用化学学科的术语来形容,那就是,社会在人与自然的反应过程中充当了催化剂的角色。现在,针对这一反应过程,正催化剂可能会比逆催化剂更有利于加速人与自然的关系的变化和发展。

社会对个体的重要作用,日益表现在个体必须在社会中确立一个位置。他在社会中处于何种关系以及他在这种关系中的位置,是他下一步与自然界进行交互活动的重要前提。他背靠社会,面向广大自然界。为了更好地面向自然界,他必须建造更好的社会关系。这样一来,个体由于以一般的自然界为对象,现在不得不变成以自然界造就出来的高级的社会有机体为对象。社会关系的变迁,成为适应于个体改造自然界的必然取向。正是在这一点上,社会这一自然界中高级的实体围绕在个体的周围变成了他的现实,也正是在这个意义上,人才变成了马克思所强调的"一切社会关系的总和",这种总和的社会关系直接制约着人与自然界的关系。实际上,整个人类认识发展史也表明,从上古时期人们注重对宇宙天地的观察过渡到近现代对社会本身的重视,这种认识对象的演变显示出社会在人与自然的关系中的作用愈来愈重要了。不难理解,社会作为广义自然界中高度发达的系统,它一方面

接受与选择

处于一定的与之发生相互作用的自然环境之中，与这个环境经常地发生着物质、信息及能量的变换；另一方面，它又有着脱离它的环境的趋势。它自身的系统愈完善，它就愈是更远地离开它赖以存在的环境，同时它也就更贴近它的主体的生活，它也就对主体的生活产生更大的制约性。显然，就社会所表现出来的第一方面的性质看，社会是一种自然物——一种由自然界最优元素所组成的高级的自然物的总和。这就使得社会中所有的一切都有可能带上某种自然必然性；在另一方面，社会则企图摆脱这种原始自然方面的性质，它要集合每个个体身上已经形成的那种超自然性，以便更牢固地建立自己的系统中心，这就是社会系统中所有元素所遵从的系统重心——社会性。所以，从发展的趋势看，社会对个体的直接的制约关系，在不断地代替自然界对个体发生作用。愈是在这个时候，群的那种最初的血缘关系特性就愈是退到次要地位，而个体中最能代表人类发展标志的特性将日益普遍化为社会性，个体的接受特性将更加受制于这种趋势。

社会对个体的作用最直接地表现为其他个体与他所形成的对象关系的作用。对每一个个体来说，他的社会关系——其他个体与他的关系，是自然界最高产物——一种能动的自然——和他的关系。这种能动的自然正因为他是能动的，所以他也是优于人化自然和原始自然的。从个体最初选定原始自然这一对象开始，到后来上升为人化自然这一对象，再到现在转变为把能动的自然作为对象，个体的对象每变换一步，个体便向前发展一步。换句话说，个体宁愿在原始自然界面前反映自身的野蛮和愚昧，也不愿在由同类这种高级自然所组成的社会中丧失其文明的姿态。由于社会的出现，主宰着个体的自我更愿意抑制个体身上那些不为社会所认同的东西。如果没有社会接受个体，他与原始自然及人化自然相互作用之后的结果将存放在哪里呢？他向原始自然界炫耀他的财富又有什么意义呢？他的确需要一个同类甚至更高级的对象来认可他改变对象所获得的成功。显然，这样一来，他越来越离不开由同类所组成的群体社会了。为了不冒被社会抛弃的风险，个体更愿意遵守约定俗成的社会规范。

第三章 接受

归结起来，我们从个体对多级对象的不同态度可以发现：个体所面临的对象越高级，个体的对象性活动对个体自身的促进作用也就越大。鉴于这一点，个体总是去寻找这种能够促进自身发展的更高层次的对象，他接受的对象不同，他与对象作用的结果就迥然不同。

五　认知结构与接受行为

个体在与对象相互作用时，除了用身体感受对象外，更重要的是用意识识别和确认对象。

从意识是个体的反映特性看，孤立状态下的个体没有他所反映的对象，因而不可能产生意识。所以，与外界隔绝的个体在意识的内容上等于无，他空有意识得以藏身的窠臼，却没有鲜活的内容。因此，单从个体一方是不可能直接产生意识的。

从个体的对象看，对象本身也不是意识的天然发生地。当对象作为自在之物时，它与个体没有发生任何作用，因而不可能成为个体的意识的内容。在那些还没有与个体发生作用的对象世界中，原始自然本身是无意识的，它只是纯物质。当它作用于个体之后，它会以"真"即"实在"的形式形成个体的意识内容。人化自然携带了制造者的意识，它是一种现成的"知"，但却是物化的、僵在的，它需要一种比它更高级的意识形式来解构才能复活，如此才会转化为个体的意识。他人作为个体的对象性存在，在他与个体发生交互作用时，他是处在对象地位上的意识主体，在与个体的交往过程中，他人的意识内容因为被他人这种与我相同的形式携带而来，它也就可能直接地变成我的意识，也就可能在经过与我多次交往之后产生意识的变种。由此可见，对象世界给个体带来的或者是意识的质料，或者直接就是意识本身。个体与对象只要发生相互作用，对象就会对个体的感觉系统、知觉系统和神经中枢等进行刺激和叩问，就会在个体大脑中形成对对象关系的认知。

接受与选择

个体与对象之间的关系形成个体的认知结构。个体一经接受对象，即处于某种对象关系之中。在关系的两极，个体是指向的拥有者，是能动者，是沿着指向去考量对象的思考者，对象则是指向的对象，是个体将要解构的、将要体现世间与个体还有着差异性的另一个存在。由于个体与对象在本体的意义上存在差异——个体一经我所见，他就是一个具有眼、耳、鼻、舌、身等官能的高级动物，他拥有操作系统（手和脚），也拥有识别系统（眼、耳、鼻、舌、身），还拥有计算与设计系统（大脑），他的大脑结构在生物的意义上是发育完善的，具有思索、考问功能的高级的总和工具。而对象，即使从表象看，也是十分明显地包含着纷繁复杂性状的、与个体自身有着巨大差异的存在物。由于这些差异，个体与对象的结合成为可能。

个体在对象关系的展开中开始了认知对象和发现自身的过程。他每获得一个对象，就建立一种对象关系；他每建立一种对象关系，便获得一种认知。当原有的对象关系解体而被新的对象关系替代时，他的认知也发生一次更替。个体的对象关系刺激了个体的感觉系统和思维系统而演变为个体的认知，个体逐渐积累起来的对象关系的历史形成了个体的认知结构。个体已经形成的认知结构对其进一步接受新的对象具有预设、识别、筛选、拷问等作用。

过去的对象关系似乎沉淀为个体的潜意识而对个体的未来指向发生作用。美国人类学家海伦·费什在《人类的浪漫之旅》中写道："爱的地图是存在的。"人在儿童期便逐渐有了这种爱的地图。她转述道，莫尼认为，在5岁到8岁之间（甚至更早），由于家庭、朋友、经历以及机遇的不同，爱的地图已经开始形成。例如，当你还是一个孩子时，你已经习惯了家庭的吵闹或是宁静，习惯了母亲聆听、呵斥或是拍打的方式，适应了父亲说笑话、走路或者做手势的样子，你的朋友和亲戚中的一些人的性格的某些特征会对你很有吸引力，而另外一些性格特征会令你觉得很讨厌；这些在你的记忆中逐渐产生了一种模式，这种模式决定了什么样

第三章　接受

的东西你喜欢，什么样的东西你不喜欢甚至非常厌恶。

　　随着你逐渐长大，这幅地图在无意识之中逐渐形成，你的理想恋人的模样逐渐出现在你的脑海之中。到十几岁的时候，人的血液中开始流动着性的冲动，爱的地图也变得清晰起来。"理想恋人的面容、身材、种族以及肤色都变得非常确定，更不用说性格、仪态以及诸如此类的东西。"你在脑海中有一张完善的爱人的照片，有一个你觉得动情的场景，还有那些令你激动的谈话和举动。①

　　海伦·费什的这段描述，写实性地反映了个体在一点一点接受对象的过程中形成认知结构的图景，也指出了个体用已经形成的认知结构去主动地选择新对象的演变过程，她这里短短的两段文字，却是对本书基本观点的最具力量的确证。在现实当中，许多成年个体的求爱指向，就是按照这样的"地图"而按图索骥的。个体已经形成的认知结构集聚了个体以往的接受行为（生活实践）带给他的感觉、统觉及理念等，从而生成了个体的新本质，受这一本质所驱使，个体拥有了选择新对象的力量。我们在日常生活中依据血统对人的性格的分析，依据门当户对的原则对择偶经验的肯定等等，把个体认知的形成历史对个体接受行为的干预作用推到了一个无法否认的高度。认知的本质在于它是被个体自身实践所证明了的"真"或"理"。正因为如此，个体所获得的认知在他看来就是标准，就是尺度。他用自己的认知去解释世界，也用认知去匡正世界，他同时也拥有了一个他已经得到确证的世界，他把可接受的对象限制在认知的范围之内。

　　在《家庭暴力从童话开始》一文中，作者经过对相关领域的综合考察之后认为，婚姻中的暴力的相当一部分原因来源于情窦初开时的恋爱所形成的思维和行为方式，而恋爱中的这些思维和

---

① ［美］海伦·费什：《人类的浪漫之旅》，刘建伟等译，海天出版社1998年版，第33—34页。

接受与选择

行为方式又要追溯到童年时从童话中汲取的教育和观念。比如很多童话都灌输给女孩子这样的思想：只要有爱、同情、怜悯和忍耐就可以获得幸福，即使遇到了困难对方也会解救自己；女性是柔弱的，但依靠忍耐和同情，就会得到男人的解救和理解。这种思想意识解除了女性的防御性却增强了女性对男性的依赖和幻想。文章进一步提到，美国和瑞典的调查表明，童年和初恋时对爱情的认知会影响到一个人后来的家庭生活以及个人和家庭的幸福，因为如果在恋爱中遇到暴力不知道该如何办，而且认为这是爱情的正常表现，这种认知就会延续到婚姻中，导致个体成为婚姻中频频出现的暴力的受害者。①

对于在个体面前出现的上述状况，我同意该作者提倡的及早解决的建议。因为在较早的交往阶段，个体尚处在原始自然的上升阶段，其可塑性、可变性等特征比较明显。这时，不仅女性是弱小的，男性也不是强大的。社会规范远离他们，对他们而言社会中的许多关系还是一个虚无的存在（图3—1）。在个体相互之间第一次接触或者第一次

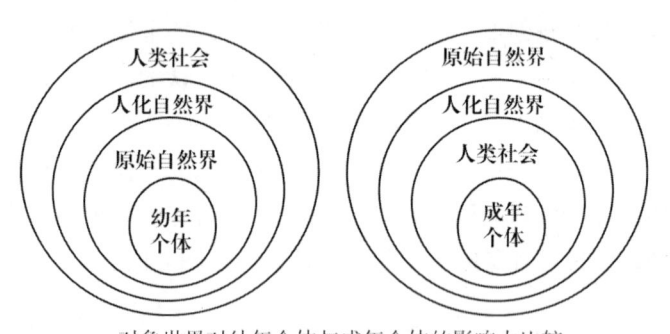

对象世界对幼年个体与成年个体的影响力比较

图3—1 对象在个体不同发展阶段的相关性

（左图：幼年个体的对象世界　　右图：成年个体的对象世界）

---

① 向阳：《家庭暴力从童话开始》，《百科知识》2007年9月上半月刊。

交往中，充满了未知数，双方都是在逐渐了解对方的过程中才调整自己的思想和行为的。因此，第一次就让对方知道"不"，是抑制其行为进一步发展的重要一环。

值得注意的是，个体意识形成之后，就有向个体本能转化的趋势。当感性认识上升为理性认识之后，理性认识则有转换为个体的"新本能"的倾向。换句话说，这种理性对对象的认识过程不再需要经过一个理性推理过程，而是化为类似于个体的感觉经验的直觉活动。据观察，当个体把某种属性（比如感性、理性、动物性、社会性及男女之性等）在自身积累得多了的时候，他就能够用这种积淀认识来"直观"重复出现的对象，并立即得出结论。这个时候，个体的这种感觉与他的手指接触到火陷时立刻收缩的感觉没有什么实质差别，虽然后者是先天就具有的，而前者则是后天才积累起来的。

站在这种变化的立场上看待个体的认识的获得过程，我们就会发现物质世界所呈现出来的难易程度就像一叠云梯。当我们上升到高处的时候，看低处的东西就一览无余，理解它们也会易如反掌；如果说理性认识是个体认知对象的高级认识，那么，当个体掌握了某种理性认识时，他再观照这种理性认识的对象就像人们辨认他非常熟悉的伙伴一样，只要看到伙伴的背影甚至背影的一角，他就会立即辨认出来。1+2=3对学龄前儿童来说必须费好大功夫才能转化成记忆的理性，而对具有初等数学基础的人们来说则成为直观性的"运算"，中国象棋的初学者第一步行棋也要思考半天，而高手的最初十几步棋则凭"感觉"就可以走下去。

因此，接受，与其说是身体的渐进，不如说是意识的渐长。从表面看，身体对对象有逐渐适应的性质：从陌生到熟悉，从痛苦到舒适，身体与对象的冲突在个体生理上展示出来，对象逐渐地使身体适应它，它逐渐地成为个体自身自然的一部分——身体的接受特性演变成个体经验的一部分；但是，在本质上，身体的每一步接受都有意识做后盾，是意识在把握着身体的接受历程，当意识同意了身体的接受行为时，接受才是真正可能的。

接受与选择

六　压抑与接受

　　压抑是自我为实现自身将个体与对象之间的联系予以阻断的结果，是对个体的对象性指向的隔离，是自我对我的收敛、约束和抑制。前面已经讨论过，自我一经产生，即欲将个体统一于自己之内，以保证自己通往对象的途径是畅通的。这就是说，在形成自我的对象中，有着与形成个体的对象所完全不同的对象。个体由小变大的历史表明，个体愈初始化，个体接受的对象也就愈少，个体的自我也愈是未成熟，个体所承受的来自自我方面的统一性也就愈弱，而个体也就愈是舒张，他与对象的关系也就愈直接，愈简单，愈具有同一性，他所受到的压抑也就愈少。在人的青幼年时期，有"初生牛犊不怕虎"的比喻，有"青春活力"的美誉，就是对个体在未形成完整自我之前的初始状态的形象描述。然而，随着个体不断地接受对象世界，个体也成长并壮大起来。个体愈是更多地接受对象，个体身上对象关系的积累也就愈多，个体就愈是成熟，个体身上的自我就愈是强大，个体也就愈是要通过自我才能与对象发生作用。在自我主宰个体的时候，个体虽然也是以原有的自身自然与对象发生作用，但它们是经自我析出的自身自然。自我把它们过滤一番，他不能认同的个体属性则被搁置起来，这些属性的载体与对象的联系被中断，其感觉是压抑的。

　　中国古代思想家孔子对个体的一生曾做过精辟的概括，他说，吾十有五而志于学，三十而立，四十而不惑，五十而知天命，六十而耳顺，到了七十才能"从心所欲，不逾矩"[1]。这无疑是对个体自我的发展史的形象写照。随着年龄增长，个体经历了众多的对象。在对象世界的簇拥之下，自我不断壮大，最后完全地把握

---

[1] 《论语·为政篇》。

第三章 接受

了个体——从心所欲，不逾矩。可以看出，个体愈是年长，个体自身自然被个体的自我把握的方面也愈多，个体也就愈是统一在自我所能容许的范围内。这时的个体，成为一个被自我修正之后的个体，自我在修正个体时，连同他自己一同被置于新的对象关系之中。

由此可见，压抑其实就是个体与自我的矛盾，是当个体指向与自我指向出现差异或冲突时，自我处于支配地位的表现。

从某种角度看，接受其实就是压抑，即使这种接受是被自我所认同的。接受的实质在于：自我是按照对象的原则来改变个体的。这里虽然也有自我的尺度，但这种尺度其实表明了自我与对象的一致性，而不是自我与个体的一致性。当对象到来时，自我从自身——即从他以前遇到的对象那里——寻找出某种合适的尺度充当对象进入个体的门槛，当对象跨越门槛时，无论个体是否愿意，自我都接纳了它。显然，接受就意味着个体处于被动的地位上，自我支配个体，自我与对象站在一起，而不是与个体站在一起。自我承认这对象，但同时自我也丧失了独立和自主，以至于到后来，迫于个体自身的需要，也迫于对象的原则，他被个体与对象的相互吸引所架空，这与自我的独立性是相矛盾的。他一方面压抑个体，另一方面又与个体二位一体，于是，他也被"压抑"所累。自我无法获得绝对自由，这句话反过来就是，"压抑"就是自我的生活中必不可少的一部分——如果接受对人生来说不可避免的话。

我们已经把自己推到了这样的角落：一方面，没有压抑，就不能构成全部的自我。纯粹的个体可以是舒张的，但有了自我的个体则是压抑的。另一方面，自我对个体的压抑，却又是在他认为的他所建立的现实的实在性的基础之上的。他坚持他自己，并不是在忽略个体本身，而恰恰是为个体的总和性原则所做的坚持。因为自我在反观个体的时候，由于他看到了个体生命的局限，他才对个体重新审视。他决定依照对象关系重新设定个体，如此一来，个体身上不符合新对象关系的方面就有被自我重新取舍的可能。但因为自我与个体在本体上又是一体的，不可分割的，因而，自我由于要接受对象而压抑了他的载体，他自己也由于个体失去的那些不能接受的对象关系而陷于压抑之中。在人生的大海上，自我与个体作为命运共同体，自我勇敢地站在潮头，指引着个体通往未来的航向。

在后边有关的章节里我们还将讨论，自我这样做是他把个体带入群体的唯一途径。那种没有自我统摄的、完全舒张开来的个体则仅仅是动物之个体，是自在之物。对由人所构成的群体来说，这样的个体在人类的意义上是非社会性存在物，因而是被社会所排斥的。那种面对对象世界拾级而上的个体必然是自我发展了的个体，他既保持个体的相对独立性，更看重对象世界对个体的决定力量。在这一点上，个体也只能被看作是茫茫沧海之一粟，除非个体掌握了庞大的对象世界。

七　满足是接受的宿敌

如果撇开自我对接受的有意识的干预不谈，接受的反动就是满足，后者是前者的对立。当个体处于虚空状态时，对象极易进入。这时的接受是自然而然的，比如"饥不择食，慌不择路"，再比如婴幼儿瞪大眼睛看天地时对一切都充满好奇和求知欲望的不间断地发问状态。但当个体与某一对象建立关系之后，个体的此方面即处于满足状态，此方面的第一轮对象关系即被终结，其他对象就置于被排斥的地位。

接受的结果是个体与对象的统一，而统一就是消除双方的差别，就是由"对象"变成"一体"，对象的属性转变成个体的同一性，就是对象关系的终止。图3—2展示了接受过程中反动的一面：接受既是对自我的肯定，也是对自我的否定。接受之后就是满足，满足之后接受活动即告终止。此时，要发起新的对象关系，只有依靠自我的反思了。

第三章 接受

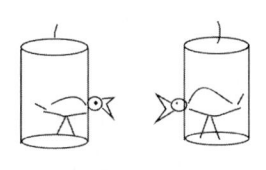

接受与满足

图 3—2　接受关系的演变

所以，满足是接受的宿敌，不满足则是接受的前提。在现实中，人们为了克服满足这个死敌，有意识地强化个体与对象之间的差别，从而增强对象对个体的刺激作用。例如，一个从未化过妆的女子是自然的、天真的，羞涩多于妩媚，淳朴多于雕饰，观赏者看得久了，似乎也没有什么新鲜感了；这个时候，女子化点淡妆，就马上引起了观赏者的注意，但过后不久，又被习以为常了；于是从淡妆改为浓妆艳抹，唯其如此，才能刺激人们的眼球，以博取人们对面容相貌的青睐。个体的感官由于某些对象的满足而不再接受，又由于新的对象的出现造成感官与新对象之间出现差异，有可能形成对象关系的两个存在物之间又迎来了虚空状态，下一个接受行为因之到来。

对接受起强化和诱导作用的往往是重复性的对象关系。个体相关感官的功能在这些关系的作用中被强化了，多次地、重复性地建立这种对象关系激活、强化并累积了感官对该对象的感知能力。这样一来，在众多的可以接受的对象中，感官优先识别它曾经体验并认同的对象，而排斥陌生的对象。这就是戏曲演员比常人更容易记住台词的原因，这就是染匠比一般人能识别更多种黑色的原因，再如围棋手识记棋谱、读书人记忆语词，都是同一道理。先进入个体的对象摇身一变成为"主人"，转而迎接后来的对象。个体的感官在对象关系的不断重复之下积淀了愈来愈多的关于这些关系的机制和理念，它们进而转化为个

接受与选择

体的"我"的一部分审视后来者，前对象关系的累积成为接受后对象关系的宿主，个体进而演变成识别此类对象的属性的专业化的接受主体。在这个意义上，我们可以把接受看成是个体已经形成的自我对新的对象物的肯定。心理学家们从心理体验实验中揭示了人的接受特性。他们认为，人是具有自己的主观世界的，情绪和情感是人的心理生活的一个重要方面，它是伴随着认知过程而产生的。当外界事物作用于人时，人对待事物就会持有一定的态度。根据是否符合主观的需要可能采取肯定的态度，也可能采取否定的态度。当他采取肯定的态度时，就会产生爱、满意、愉快、尊敬等内心体验；当他采取否定的态度时，就会产生憎恨、不满意、不愉快、痛苦、忧愁、愤怒、恐惧、羞耻和悔恨等内心体验。[①] 这里所说的个体的主观需要其实就是个体长期的、反复积累起来的对象关系所发出的指向。个体通过这些指向，表达了他与对象之间肯定、否定的关系，同时也反映了个体是接受还是排斥某一对象的根本态度。

八 对象的属性对接受的影响

接受既然是个体与对象之间的一种关系，那么，在对象一方有没有表现出改变接受关系的某种性质呢？回答是肯定的。当对象以自在方式存在时，它属于无差别的存在，它对个体不具有任何意义；但当它处在对象关系的一端时，它的性质、功能等会给对象关系带来重大影响。

第一，合目的性存在物。当自在存在作为个体的对象来到个体的面前时，其中有一部分属于天然的、与个体自身自然的指向相一致的、合乎个体目的的存在。在自然界中，有些对象天然地具有被直接接受的性质，比如原始自然界中有利于个体身心健康的青山绿水、和风丽

[①] 叶奕乾、祝蓓里主编：《心理学》（修订本），华东师范大学出版社1996年版，第190页。

日、甜美食物等；人化自然中代表人类先进生产力的生产工具：古代社会的石器、青铜器，近代社会的蒸汽机、动力机，现代社会的小轿车、电子计算机、宇宙飞船等；由"他人"组成的群体中有亲密朋友以及那些与个体有着亲缘关系的人们等等。合目的性的对象在个体构筑接受关系中减轻了个体通往对象世界的难度，在是否违背个体的意志方面，这些对象与个体密切地站在了一个阵营里。

第二，对立、冲突的存在。全面地看，也有一些存在物与个体的指向相背离。例如，在自然界的运动中有"地震"、"海啸"、"星球撞击"等等，在生产条件的语境中有所谓的"荒山野岭"、"落后的生产工具"、"竞争对手"等等，在历史的演进中有阶级的对立、统治与被统治的冲突以及"敌人"、"刽子手"、"暴力革命"等等，在意识的理念中有所谓"唯物主义与唯心主义"、"民主与专制"、"先进与落后"等等。从这些对象对个体接受行为的影响看，冲突性存在物彰显的是对象的某种自在性，它们不是去证明个体的自主性，而是证明个体的受动性。这些自在存在不仅无视个体的存在，我行我素，而且站在个体的对立面，是要与个体展开盲目斗争的抑制个体存在的存在。因此，冲突性存在物的自在性是容易引起个体紧张的自在存在。但因为冲突的自在存在是在一个既定的前提下——在个体无其他接受对象可选的前提下——来到个体的面前，个体就注定要与它建立关系。因而，尽管这一对象身上充满了冲突性，但个体还是宁愿承受这一冲突而不致让自己变为虚空。就这方面的影响看，冲突性的自在存在一是总是在个体无可选择的情形下出现，二是总是使个体处在高涨、压抑和行为变革的阶段，有如习惯了森林攀缘生活的腊玛古猿遭遇森林的毁灭而不得不直立行走的情形一样。

分析对象之间的差别对接受具有变革的意义。一般来说，不同性质的对象能使个体出现不同的反应，正如我们在前文中所述的原始自然、人化自然、能动自然等为个体所带来的不同对象关系一样。从这一方面看，研究对象的性质对于处理接受关系具有重要价值，对于个体建构新的对象关系更具有重大价值。从个体的存在方式看，个体总

接受与选择

是要与对象建立关系的，如此一来，冲突性的对象与合目的性的对象就给个体带来了不同程度的主体性。对有些人（比如对农业劳动者）来说，穷山恶水是冲突性的对象，但对另一些人（比如对探险者）来说，这一存在则是提升他的探险能力再好不过的对象；对处在收割季节的农民来说，下雨无异于是恶水，而对乘凉的人们，这种对象则是被渴望的。在这个意义上，冲突性的存在与合目的性的存在的区别可能更具有象征意义。无论如何，站在个体的需求指向观察世界，必然形成一个直接适应的对象与需要加工改造之后才适应的对象的差别。那些无须改造就可为个体所拥有的对象与个体自身自然具有天然的一致性，因而是被优先接受的对象。

推而广之，个体愿意接受具有相似性或重复性的对象。现代市场营销学的观点是，一般来说，顾客用惯了老产品往往不愿意换新的；现实生活中人们喜欢在传统的、过去的已形成的认识的基础上接受新生事物而排斥那种与过去的认知无干甚至相冲突的对象。相似的或重复的对象可以被近似地看成是对个体已经发生过作用的对象，因而对他而言是已经被"认知"了的对象。接受已经认知了的对象就是接受某种具有直接的同一性的对象，这与个体建立对象关系的初始目的是一致的。由于对象世界的无限性，又由于个体生命的有限性，个体与对象世界的矛盾在个体有限的生命时段无法彻底地克服——个体无法在短暂的几十年间把全部的自然界统一在自己周围，正因为如此，个体在接受对象的问题上更愿意寻找捷径。如果说每一种对象都是全新的，个体适应对象的能力就要比现在增加数倍才行。从这一点来看，个体的天性似乎是保守的，如有可能，他更愿意寄住在过去的对象关系之中。他首先必须维持自身，然后才能改变自身。

接受相似性或重复性的对象，其实质是重复个体的感受性。相似的或重复的对象之所以被接受，是因为类似的对象已经给个体积累了这种感觉。这种感觉是个体所认可的，个体通过自我把这些感觉整理出来，变成了下一个指向。

对象在本质上是整体的，但它显现给个体的只是它的侧面。换言之，对象显现给个体的是它的局部本质，是它的本质的层次性。随着对象关系的不断深入，对象逐渐地向个体展开自己。所以，每当对象与个体向前推进一个作用，它就向个体把自己显露一步。这是相对于个体的显现，这是针对个体的显现。对象的整体性被这个侧面反映得如何，与这一个体和对象的交互方式、作用深浅等有着密切关系，亦与这一个体的接受经验有关。就前者看，个体与对象交互作用的广度和深度直接地成为个体能否从整体上把握对象的前提；就后者看，个体愈是成熟，表明了他获得的对象关系愈多，他的认知结构愈完善，他愈是能够在更广泛和更深刻的意义上把握新的对象。

所以，对象在每个个体的接受中显现的程度，既受制于对象，更受制于个体本身。在这种制约下，这显现是不同的。当个体本身在自我完善的意义上更加成熟时，对象相对于他的显现就是整体的显现，就是完全为着个体的显现。

无论如何，就处在接受关系中的个体而言，无论显现是对象的全部还是对象的一个部分，这显现总是构成个体的现实。显现背后的东西不是针对个体的显现，对个体而言它是非显现。显然，个体生活在显现于他的对象之中。

第四章

对象关系

　　所有的对象关系都会在个体与对象之间形成相对稳定的关系状态。因此，凡是对象关系，最后都要形成一个关系凝结物，即使是那种一闪而过的关系也是如此。例如，陨石与地球相撞之后，它会在地球表面留下一个坑，同时陨石表面破损甚至陨石粉碎。这个时候，如果从地球一方寻找其关系，那就是坑的深浅、大小和性状等所反映出来的引力关系，引力关系直接就是两者之间的关系的内容。再比如，阳光与植物之间的关系被发现是由光对植物的光合作用来表现的，它们之间的关系的深浅在一定意义上可以通过植物泛出绿色的多少来表示。我们所要讨论的个体与对象的关系自然是以个体为视角的、从个体出发的对象视域。个体作为一个能动的自然物，他与对象的关系是连续的、递进的。由于对象是为着主体而存在的，所以对象本身并不被关心，主体所关心的是对象是怎样影响和作用于主体的。因此，在个体看来，他与对象的关系就是对象给他带来的变化和结果，就是他自身的变化。

　　本章通过对对象关系的还原，透视个体在对象的演进中所获得的一维的、直线式的、渐进性的变化。现象世界中各种关系的交织遮蔽了人们的视线，因此，这些还原只有建立在不同的假定之上才能触及对象关系的本质。在这些假定之内，对象关系回到了它们的本相。

第四章　对象关系

第一对象关系：感觉

假定Ⅰ：此时的个体是一个原始个体，他尚没有接受过任何对象。

个体从没有任何对象到开始接受第一个对象，对个体形成的最直接的反应就是他的感觉。在个体开始建立第一个对象关系之前，个体在对象关系的意义上等于零，个体就是纯粹的虚空状态，他等于无，他一无所有，他什么也不是。直到第一个对象到来之后，他才有了关于这对象的感觉。这感觉无论是痛感、快感，还是饥饿感和温饱感，都使他发觉有一个实体在他之外，同时他也发现他在这实体之外。是感觉验证了他与这实体的分离，也是感觉把他与这实体统一起来，在感觉之外，他和它处在两极。感觉在向个体报告着他与这对象的关系的深度。

当一个从未与其他任何对象发生作用的个体与原始自然结成关系时，该个体脱离原始自然的生命起点就开始了。他从一无所有的初始状态到被他所接触到的原始自然所占据，他的感觉成了他的对象关系的全部内容。感觉把个体与其他自然物区别开来，它开始体现个体在这一阶段的个别特性，通过视觉、味觉、嗅觉、听觉、触觉等，他发觉了自己是一个特殊的存在。感觉体现了这一关系，也记录了这一关系。当感觉记录了个体与对象的第一次关系之后，感觉占据并主宰了个体，个体变成了感觉主体。

感觉阶段的个体是一个充满自然性的主体。感觉作为第一对象关系，是完全受对象调整的关系。换句话说，感觉是不自主的。它不知道自己是什么，它只知道对象是什么，或者说对象是什么它就是什么。所以说，感觉几乎就是对象，是对象混沌状态的影子，是接触到的对象的那个侧面。显然，当侧面变幻时——当该对象的另一个侧面出现时，感觉也直接地发生了变换。感觉的盲然性就在于它在处理与对象的关系时总是点对点的，它不能辨认对象的整体，只能反映对象的侧面。

同时，因为感觉着的个体是唯一的，而面对他的对象则可能是多样的，因而个体的感觉就是易变的。相同的对象可能对个体产生相同的感觉，不同的对象，或者相同对象的不同的侧面则会改变个体原有的感觉。这一点，减弱了感觉对个体的影响力，降低了感觉在个体心目中的地位。感觉对认识的缺陷就在于它只反映事物的某一侧面、某一局部特性，却不能反映事物的全体特性。这样一来，感觉主体便经常地陷入片面的生活当中不能自拔。

在动物世界，在肌体的局限之下，动物们主要依靠感觉来判断它所面对的一切事物，比如与人类较为接近的具有灵性的狗类，它们观察主人的那种眼神，或是乞怜，或是愉悦，他们在感受主人的抚摸、梳理当中判断主人对它的关系的亲疏。在这里，动物通过感觉系统的一切活动，把它的欲望以及它与人的关系处理到了最佳状态。但是，因为感觉阶段的局限性，动物和人的交流总是停留在表面状态，或者说仅仅停留在动物层次的状态，这种原始自然层次上的交流，其简单性、低级性、易逝性是显见的。

感觉虽然有很多缺陷，但由于它是个体在初始阶段与对象建立关系的必经途径，又是个体在与对象建立关系时最先到达个体的对象关系凝结物，因而它就取得了第一对象关系的地位。第一对象关系在没有可替代的对象关系出现时，它就是主导个体的对象关系；而当个体拥有较稳定的高于感觉的对象关系时，个体就可能会重新选择。

当以原始自然为对象，而且个体本身又没有经过其他对象的作用时，两者的关系可以抽象地看成如图4—1所示的关系图式：

第四章 对象关系

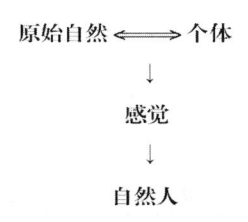

```
原始自然 ⟷ 个体
          ↓
         感觉
          ↓
        自然人
```

图 4—1　原始自然与个体关系图式

这个时候，原始自然是什么状态，它所塑造出来的个体的感觉就是什么状态。因此，以原始自然为对象的人就是自然人、原始人。以原始自然为对象，换句话说就是以自然界的初始状态为对象，就是以在自然史的意义上尚停留于宇宙的本然状态而未发生质变的自然为对象，就是不去追究原始自然的深层部分而以永远停留在原始自然表面的这种对象为对象，就是只能结成感觉关系的对象关系。显然，在感觉意义上的对象关系是不稳定的、易逝的。在感觉层次上的原始自然教给人的是原欲、本能，是无差别的自然的人性，它观念地表现为图腾崇拜、崇尚力量和同情弱者等。

感觉的优越之处在于，当它占据了个体的感官、寄宿在个体的感官之中时，它开始了把握个体、主宰个体的过程。拥有感觉的个体不再完全地为着个体自身自然的目的而存在。感觉让个体发现，他自身并不是一个孤立的存在，在他的自身自然之外，原来还有其他自然支持他的存在。于是，他的感觉开始引导他指向形成感觉的对象，它们是他目前发现的唯一的引起他的感官发生反应的自然，它们在感觉的阶段上给了他混沌状态的、虽然不十分清晰但却充满生命诱惑的未来。他需要与它不断地结合来印证感觉，于是，感觉引导着个体，开始主动地寻找适合感官的对象。

感觉主体的能动性就是他的模仿特性。个体无数次的感觉逐渐把他从混沌状态的自然界里分离出来。个体等待对象的到来演变为主动地迎接对象，寻求对象，模仿对象和制造对象。于是，在第一对象关系的长期作用之下，一部分原始自然被个体按照自己的意志所改变。他们开始临摹原始自然并做成简单的工具，当下一个个体开始面对自然界时，他就不是仅仅站在原始自然的水平上，他甚至可以避开原始自然界，而直接站在人化自然的庇护之下。

第二对象关系：知觉与表象

假定Ⅱ：此时个体仅仅接受过原始自然，除此之外他没有接受过任何对象。

表象是对象呈现给个体的最初状态，是个体在知觉的基础上形成的对对象的整体印象。就存在物而言，它有两种表现方式：其一是自在存在。这种状态不是表象，因为它与个体毫无联系，它并没有反映在个体之中，因而是非对象性存在物。其二是与个体的关系状态。它向个体呈现自己，给个体以某种印象，从而以个体得到的表象的形式建立了它与个体的初始关系。

知觉利用个体感官的自觉把有关对象的各种感觉集中在一起，形成感觉的集合。知觉来源于感觉，它是感觉叠加到一定阶段的产物。知觉发生的基本特征在于由"感"而"知"，有"感"有"知"，"感"多生"知"。例如，从未遇到过火焰的手指第一次接触到火焰时，它并不知道火焰是什么，火焰灼伤了它，它才有了对火焰的感觉，但这时，火焰已经离开手指，手指关于火焰的感觉也失去了存在的意义。当火焰第二次出现时，手指的前感觉被唤醒了，手指对火焰产生了自觉：它必须远离这火焰，才能避免被灼伤的危险。于是，手指将这种感觉告诉了它的全身并形成了关于火焰的知觉，这知觉指挥着个体（的手指）调整它下一次遇到火焰时的行动。所以，从第一次感觉到第二次重复这感觉，感官开始把"火焰会灼伤手指"这种感觉贯通给其他器官，其他器官帮助感官把感觉上升到个体全身。在全身器官的协助下，在该感官被重复作用下，感官开始有了自觉，感官因而获得了稳定的知觉。在知觉那里，各种感官似乎都长上了"眼睛"，它们开始辨别对象，开始互通有无，它们一起共同努力，使某个感官的重

第四章　对象关系

复性的感觉流遍全身，这种感觉被个体全身所知，它们比"感觉"更有"知"。可见，知觉是感官的自觉。在感官的自觉之下，对象与感官结合的结果被镶嵌在个体的器官里，对象关系被保存下来并变成了个体关于存在的表象。

在感觉阶段，感官由于其是单一性的、孤立的、非重复性的和独自出场的，因而其所获得的感觉就是易逝性的；而在知觉阶段，由于感官被重复作用，该感官又是在一个更大的感觉系统之中与感觉共存，感官有了前感觉的支撑，感官的感觉被身体通知其他感官并被保存下来。各种感官统一地记录了它们对这个对象的感觉。这种感觉已经不是一个器官与对象的作用，而是个体多个器官对对象的综合作用所获得的印象，因而是不易失去的。在这些感官的自觉之下，个体变成了知觉主体。

知觉主体的能动性就是他的综合特性。他的某个感官在多次感觉的同时也发动了其他的感官，感官之间开始联动，开始综合地辨认对象，通过综合，它们表象地把握了对象。

按照历史的演进次序，这里的知觉主体应该是由感觉主体自然而然地发展而来的，他是个体自身的演进和提升。需要说明的是，这种对原始自然界的感觉的自觉，亦即人类从感觉主体发展到知觉主体的过程，也许经历了漫长的摸索时期。因为以假定Ⅱ为前提条件的个体并不像今天的人们已经是学富五车、满腹经纶的个体，那时的个体唯有他的感觉可以咀嚼。面对浩瀚无际的原始自然，个体在漫漫长夜中独自摸索的感觉的自觉也许要经过数代人的努力才能完成。

从另一个角度，亦即从对象的角度看，人类后来之所以发展得越来越快，就是因为后人是站在前人创造出来的新的对象之上的缘故。前人创造出来的新的对象，对于后来者而言，它仍然是他们的先验的存在。当有了这些先验的存在之后，后人就拥有了把这些存在作为对象的可能性。与独自摸索出感觉的自觉相比，个体更愿意直接地享用前人已经"自觉"出来的成果。由于人对对象的能动地选择行为，人们超越了他的知性的、自然的、缓慢的发展阶段，他跨越式地把自己

接受与选择

放在了较高级的对象面前。在时间序列上，这个存在是前人已经物化在自然界之中的感觉的集合。我与那些被前人物化的自然交往，我获得了高于感觉的对象关系。

前人物化在原始自然中的感官力量的集合，表现为人化自然。

自然界作为个体的对象，就像摆放在个体面前的一本书籍，个体对它的了解程度与他到底在多大程度上打开了这本书有关。作为原始自然，这本"书"是没有被完全地打开的，它神秘莫测，让个体无从了解；它充满了偶然性，让个体不知所措。当个体与原始自然接触的时候，这种自然是混沌的、不显现的和非本质的，它刺激感官，并在个体的某个器官上留下一个尚不知名的印记，随之又消失了。因此，感觉记录了它又丢失了它。原始自然正因为它是"一本没有被完全打开的书"，它施予个体的影响是浅表层次的，是对一本"书"的局部的混沌感觉，个体仅仅知道其"只言片语"，个体与这本"书"的关系也就只是停留在片面的水平上，假如这本书是个体的唯一对象，此时的个体也就仅仅具有他从这本"书"里所感觉到的"只言片语"的水平。然而，人化自然这本"书"则有所不同。人化自然一经来到个体的面前，它就让个体解读它；或者说，人化自然出现的目的不是为了隐藏自己，而是为了展现自己，它带着制造它的个体的目的，向使用它的个体诉说着它的一切。与感觉相比，人化自然让个体更有"知"，因为这一点，它在程度上和范围上改变了个体与外界的关系。

人化自然的到来，让个体从多个角度开始感知自然界这本"书"。由于感知的范围和程度的变化，知觉的内容超越了以原始自然为对象的那个阶段的单个器官的感觉，知觉进而形成个体对对象的表象。

所以，从对象关系双方的相互作用看，当人化自然一经与个体相遇，个体就开始提升知觉了。个体在未与人化自然交往之前，他尚处在原始自然的状态，他仅仅是一种感觉状态下的个体。例如，在幼小的儿童那里，吃奶的感觉与接触玩具的感觉有所不同。前者只是到达儿童的舌苔、肠道及胃囊，通过这些器官，儿童感知到了奶汁的甜度，感知到他需要它们。撇开奶汁多次作用于儿童感官之后儿童有可能获

第四章　对象关系

得自觉的知觉不谈，就奶汁的原始性与人化自然的人为特性相比，玩具对于儿童，由于它本身携带着制造者的目的，它综合地向儿童发送各种感觉信息，儿童的感官需要联动才能够把握玩具。儿童在这个过程中被启发，他被感官的联动所决定，他综合地感觉这个玩具，他对这玩具产生了知觉。相对于奶汁这种原始自然的单一性指向，玩具更具有综合性的指向。因此，任何玩具都高于奶汁对儿童的感觉。

人化自然与原始自然不同的地方，还在于它自己把自己从混沌状态的自然中分离出来。它展现给个体的是一个独立的整体，因而让个体发生知觉，形成表象。它之所以在个体看来是一个整体，一方面是因为个体接受它时必须发动自身多个器官来识别它，另一方面是因为它本身就是一个独立的人造物，它浑然一体，不可分割，如果分割它就无法认识它，只有整体地拿来，它才是它。由于它的发生是来源于另一个个体，它携带了另一个个体的目的，个体感知它时就像是感知另一个同类，就是解读另一个同类，他从此对象身上学习到了另一个同类的认知，尽管他的学习只是表象性的。

对个体来说，人化自然每出现一次，个体的知觉就增长一次。因此，一个原始自然给予个体的只能是原始性的感觉的积累，而一个人化自然给予个体的却是蕴藏在对象本身的制造者的知性。

人化自然的基本特性是其工具性。以人化自然为对象，个体所结成的关系使个体走向工具所要求的方向（图4—2）：

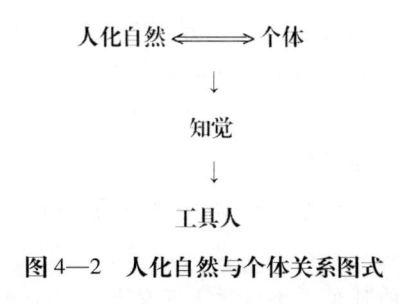

人化自然 ⟷ 个体
↓
知觉
↓
工具人

图4—2　人化自然与个体关系图式

人化自然最初是为着人类的劳动而存在的自然。在人化自然中，

接受与选择

占主要地位的部分是劳动工具。与劳动工具为伍，劳动者表面看起来是劳动工具的主宰，其实却是整个劳动系统中的一个工具性元素。受劳动工具的指向（这一指向来源于制造他的个体的指向）所决定，劳动者不得不随着劳动工具所包含着的知性为转移。就此看来，以人化自然为对象，塑造出来的个体就是机械性的、工具性的人。与人化自然发生交互作用，劳动者仅仅具有知性就可以了。源于人化自然带来的知觉，个体的行为观念地表现为科学主义、适者生存与强者道德等。

个体与人化自然的交互作用，使个体的知觉不断地加深。一方面看是人化自然在不断地对人的肌体发生作用，另一方面看则是个体的知性在增长，是人把握人化自然的主体性在增长，个体接受对象时被动的知觉逐渐地转向向外延伸的能动的知觉。

例如，在耕作土地的劳动中，初次使用铁锨、镢头等手工工具的劳动者会立即发觉这些工具比用手直接刨地要方便得多、自由得多；但是不久，他就发现了这些工具的不足和局限，如果他再拥有了使用链式拖拉机、联合收割机等机械化工具的知觉，他的新知觉就会覆盖旧知觉，并有可能产生改造旧知觉的冲动。

人化自然的到来，进一步教会了个体对待自然的态度。个体在与人化自然的不断交互作用中，超越了原始自然对个体的诅咒，使个体向自由状态迈出了第一步。个体不断地对感官在人化自然面前的自由程度进行比较，他的知觉能动性不断上升，他进而会选择更加适合自身主体形态的对象关系。（图4—3）

这说明，人化自然在与个体相遇的初期是个体被动接受的对象，而在与个体相互作用到一定阶段之后，它则会变成个体选择的对象。人化自然让个体开始发现自由，并让个体开始尝试享有自由的滋味，这一自然对个体的诱导作用明显地超越了原始自然在个体心目中的地位，个体进入了依赖人化自然的新时代。

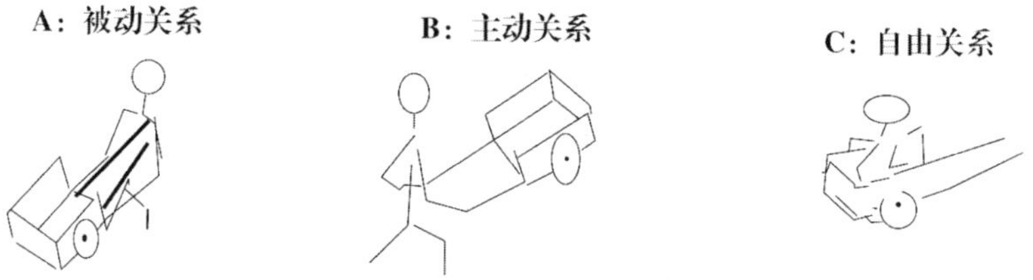

第四章 对象关系

A：被动关系　　B：主动关系　　C：自由关系

人与对象的关系状态

图4—3　不同知觉关系下的主体形态

必须指出，人化自然在释放个体的自由方面大大地超越了原始自然。人化自然已经不是简单地像原始自然一样站在个体的对立面对个体进行塑造，而是坚决地与个体站在一起，毫无疑义地助长了个体的主动性。人化自然所携带的知性，既是为着解放个体自身自然的局限性而存在的，又是为着个体进一步把握外在的原始自然界的无限性而存在的。因此，人化自然一开始就是为着个体的存在，而不是与个体相冲突、相背离的存在。人化自然让个体与原始自然的关系向着有利于个体的一端转移，由于它所携带的知性与个体相统一，个体不仅依赖它发现了原始自然界的表象，而且还依赖人化自然的工具性增强了他自身自然的能动性。

个体在与人化自然的交互作用中产生知觉，这种知觉的累积转化为个体的知性，知性让个体在原始自然面前平添了许多自由。如果说原始自然是站在个体的对立面对个体的否定，那么，人化自然不仅反过来肯定个体，而且还在实践上支持个体。个体与人化自然建立关系，使得个体在回过头来再与原始自然界结成关系时成为一个具有知觉能动性的人，同时使得个体在他人那里也拥有了展开"对话"的本钱。他一方面已经处在主动地改造原始自然的状态上，另一方面，他的知性不断增长，他将要把这些知性用理念记录下来，他与另一个个体通过约定俗成的语言工具交换他们彼此关于对象关系的各种规定性。这样一来，他与第三对象关系的距离就只有一步之遥。

第三对象关系：意识与语言

假定Ⅲ：此时的个体仅仅接受过原始自然与人化自然，他从这二者中间走来。

当自然界的阶段性历史发展到这一步时，是比原始自然及人化自然更高级的自然——人的诞生。在这里，出现了两个时空状态下的不同的"人"，一个是制造人化自然的人，另一个则是以这一人化自然为对象的人。这是否是一个矛盾的存在呢？

从时空状态看，一些人是存在于人化自然之前的，比如制造者，另一些人则存在于人化自然之后，比如将要与这些人化自然建立对象关系的人们。后一类人恰恰是我们的研究对象。这里的问题是，研究后一种人的对象关系所得出的结论是否包含了前一种人？回答是肯定的。在形式逻辑上，的确存在着两种时空条件上的人的差异，但从辩证逻辑看，无论是制造对象者还是使用对象者，他们都是处在对象关系运动、变化过程之中的历史的"人"，只不过前者在制造该人化自然之前，他或可能只是原始自然界的产物，或可能是其他人化自然的产物，他这个时候的人性就先于他将要制造的人化自然而存在。当我们谈到以人化自然为对象的人时，是假定在对象世界中已经存在了"人化自然"这一实体的。我们所要讨论的是，当这一高于原始自然界的实体作为人的对象时，它是如何给人带来高于原始自然界这一对象的结果的。所以，尽管在此人之前的对象世界中，"人化自然"这一对象其实已经包含了"人"的存在，但为了研究的方便，我们假定这个制造"人化自然"的人是不出场的，这里站出来与个体结成对象的只是"人化自然"本身，它高于"原始自然界"，却低于"人"，是处在这二者中间阶段的对象。我们在这里所关心的是，在自然界当中，对后来者而言，的确有大量的人化自然影响了与它相结合的人，这个不争的事实，是研究广义自然界中不同阶段的实体作为人的对象时不能绕

第四章　对象关系

开的话题。

因此，本书在此处所指的"人"就是指那些在原始自然界和人化自然之后成长起来的"人"，此人不仅与原始自然界建立了对象关系，也与人化自然界建立了对象关系，他因为拥有了前两种对象关系的历史，他便高于前两种对象，他就是我们将要讨论的第三对象关系的对象。

第三对象关系中个体的对象就是个体以外的"他人"。当我们提及他人时，他人实际上是先我而存在的。他人产生之后，对我而言，一个与原始自然和人化自然的程度截然不同的对象诞生了。他先于我而存在，他将要影响到我。在我与他相遇之前，他是他的原始自然与人化自然的聚合物，因而他与我是不同的，有差别的；但同时，他又与我相似，在我的类意识中他是我的同类，因为这一点，他也许比原始自然和人化自然更能够与我为伍。

如前所述，他人是能动的自然。他人在完成了感觉到知觉的变迁之后，他的大脑中已经积累了对他的原始自然和人化自然的意识。他如果不遇到我，他的意识可能永远珍藏于他的脑际之中。庆幸的是，他和我相遇了。我们开始用一些动作描绘我们对原始自然的感觉，用一些音节交流我们对人化自然的知觉。在我们之间，语言产生了，适合于大脑记忆的符号记录了我们之间的交往关系。我们由于对方的存在，大脑中所记录的一切有了交互的对象。语言以及意识——我们之间的交往媒介——成为我们相互结成对象关系的凝结物，我们于是发展成为意识主体。

意识主体的能动性就是他的反主体性。他人在个体面前是一个有着反客为主倾向的另一个个体，是一个不能不引起该个体收敛自己、抑制其自然性、反思其行为的对象。他人的能动性给个体以受动性，这种受动性与来自原始自然方面的受动性截然不同，原始自然只给个体受动，而不与个体对话——它也无法对话，个体在无奈中只有征服自然才会有出路；他人却是个体的同类，他们之间的多种对话路径是他们能够走到一起的重要原因。

接受与选择

"他人"是懂我者。原始自然是不能懂我的对象。原始自然只给个体感觉,它塑造个体感觉的个别属性;人化自然是我懂它而它不懂我。在机器人那里,人们正在寻找它与人相似的地方,当机器人稍微出现一点点能与人沟通的能力时,人们就会感到惊讶。也就是说,人们对于人化自然的"懂我"属性的期盼,胜过了对自己的理解力的期盼。人化自然给个体知觉,它使个体浑身发动起来,个体也从整体上发觉了它比原始自然所具有的一点点"灵性"。他人却不同。只有他人是完全的"懂我者"。懂之义在于相互呼应和相互回应,在于相互沟通,在于理解,在于语言交流。由于语言等沟通手段的产生,个体之间才得以相互交流,达成共识。在与他人的对象关系下,个体处在互动、呼应、反馈、携手共进的运动当中,其结果是双向的、共生的、一同展开的。

个体之间这些属性的展开,是因为他们共同拥有了一种极为特殊的工具——语言——的缘故。语言的产生,使个体比其他自然更加具有了能动的一面。由语言所显现的人的能动性,至少有这么几个方面:其一,语言使对象的范围限定在高级对象之间。语言是个体与个体之间对话的工具,而不是个体与石头、土壤、树木等之间的对话工具。所以,语言直接就是能动性的显现,它的存在,体现了广义自然界(即宇宙)实体间一种高级的关系形态,是自然界进行高级运动的一种程式。毫无疑问,语言的出现,使世界上两个最高级的自然物联结起来,统一起来。其二,语言反映的是个体已经建构的对象关系的意义。语言信息所携带的是某种对象关系的含义,是用情态、音节、语词等符号对对象关系的复述、描写和观照。诸如"我正在看书"、"您请坐"、"他来了"等口头语言,再如个体向对方发出的惊讶的眼神、哭诉的声音、沉默的表情等体态语言。它们的意义就在于要把对象关系变成个体间可以接受的符号传达给对方,从而大大增强个体把握对象关系的能力。由此可见,语言是表达个体的能动性所能达到的"度"

第四章 对象关系

的境界，是个体间主体性发挥程度的见证。从这个意义上看，语言并不是内隐的，而是显露的。语言本身就显露着个体之间交际的程度，反映着个体之间对象关系的状态和深度。其三，语言具有超时空特性和与思维的同一性。语言一经产生，它便使个体对所有对象关系的把握上升到一个意识层次，从而让个体把握对象的能力超越了时空限制。当个体指向"河流"时，他无须把听者或他自己引导到河流旁边，而是运用"河流"这一概念就可以描述他的指向，就可以在意识层次上设定他们之间的关系。不仅如此，语言的产生，让个体每时每刻可以不受限制地自视和省察他自身成为可能。可以看出，语言的出现，使得个体成为世间真正地能够打开心灵之窗的唯一的动物，从此之后，他就可以自由地进入意识世界里观照自身了。

所以，个体以"他人"为对象，似乎更是两个具有意识能动性的个体之间关于意识内容的碰撞与交流，是建立在语言符号基础上的两个实体之间的交互性及其对双方的支配性的增长。面对他人，个体开始思考：世界上怎么会有与我一样的那个"他"？"他"来自哪里，去向何方？他的内心世界由什么构成？他能否与我相处？他对我有什么期盼？这些疑问的解决，在人类那里或是形成了双方的共识，或是形成了双方的冲突，它们都在个体的语言形式上结晶出某种概念、判断或推理，从而规定着个体之间的关系。比如家庭观念、劳动自由、国家理想等等。值得一提的是，自人类产生之初就存在而至今仍然延续其影响力的决定人与人之间的基本关系的一种方式，就是对血缘关系的认同。由于血缘关系的传递是亲身经历、亲眼所见，个体与他的亲属之间不再有上述问题的困扰，他所要面对的就是按照血族的祖训如何相处的问题。他通过对家庭伦理、宗族规章的学习，获得了对亲缘关系范围内的个体的认识，也形成了他与他人之间的行为规范。

以上可见，以他人这种能动自然为对象的人是以语言符号为载体、以意识活动为形式、以处理人际关系的规范为内容的伦理道德主体。这一对象关系的实质是社会规范在个体间的相互作用。其关系图式如图4—4所示：

接受与选择

能动自然 ⟵⟶ 个体
↓
意识
↓
道德人

图 4—4　能动自然与个体关系图式

　　个体在与他人的交往之中，他的对象关系不断地丰富，他的语言符号不断地发达，他的大脑得以运动的元素不断积累，他用语言符号把握对象的能力不断提升，他日益获得了把握对象的理性。由语言符号形成的概念、判断和推理累积在他的大脑之中，便成了他的意识。

　　语言是个体与个体之间对象关系的载体，意识是个体与个体之间对象关系的内容；语言这个载体，承载着意识这个内容在个体之间来回穿梭，表达着一个个体向另一个个体的指向，不断地编织着个体之间的对象关系，建构着个体相互间的主体性。

　　从形式上看，语言符号以语词、命题、论证等形式表现个体投向另一个体的行为特征；但从内容上看，这种行为不是别的，即不是像个体面对原始自然和人化自然时所表现出来的行为那样，而是为着另一个个体所设定的、适合另一个个体所能够接受的行为方式，即在更多时候表现为意识形式。它们承载着个体对原始自然、人化自然以及能动自然等等对象所形成的某种概念、判断和推理，向另一个体表达其特有的指向。这个时候，语言是条件，是个体双方结成对象关系的重要前提。当个体在与另一个体进行交往而产生新的语言时，语言又是结果，是个体对象关系的凝结。古代社会的象形文字最早证明了语言的这一意义。语言在承载个体相互关系方面显现为个体把握另一个个体并与之发生交互作用的关系式，显现为个体之间相互关系的某种规定性。如果没有语言，个体之间的交往可能会推后很长的时间才发生。

第四章　对象关系

梅洛—庞蒂认为,"语言是存在最有价值的见证"[①] 这个判断同样适用于我们目前所描述的对象关系。语言形成观念,语词包含事实,词汇的极限往往限制了人类想要表达的对象的无限性。新的语言表达了新的观念,新观念的产生预示了新的对象关系已经获得新生。

    语言学家叶蜚声、徐通锵在多年以前就揭示了语言的类似的意义,他们指出,说话的目的是表达思想,进行交际;说话时所用的语言是表达思想、进行交际的工具。语言是一种社会现象,和人类社会有紧密的联系。所谓"社会",通俗地说,就是"部落"、"部族"、"民族"等社会单位。所以每一个社会都必须有自己的语言,或者说,语言是组成社会的一个不可缺少的因素。人与人之间的联系得靠语言来维持,有了语言,生活在社会中的人才能共同生产、共同生活、共同斗争,协调在同自然力的斗争中、在生产物质资料的斗争中的共同行动。没有语言,人与人之间的联系就会中断,社会就会解体。他们进一步指出,语言对于社会全体成员来说是统一的,共同的,它是全民的交际工具。社会分为不同的阶级、阶层、行业和其他各种集团,语言对于他们是一视同仁的。在阶级社会里,不同阶级的人说出来的话,就其内容来说是可以有阶级性的,但说话时使用的语言却是各阶级共同的,不论王公贵族,还是奴隶百姓,都得遵守社会的语言习惯,谁都不能垄断。不管阶级、集团之间的斗争多么尖锐,斗争的双方都得使用互相懂得的语言。可见语言是全民的,没有阶级性。另外,语言在人们的使用中可以有不同的变异,但其中所用的词和规则大家是一样的。比方说,相声是人们喜闻乐见的一种艺术形式,它的语言表达不同于其他的文艺作品,也不同于我们平常的说话,更不同于科学论文的语言,它通俗、生动、含蓄、夸张,但其中所用的每一个词、每一条规则又都是我们平常说话的时候经常运

---

 ①　[法]梅洛—庞蒂:《可见的和不可见的》,参见张汝伦《西方现代哲学十五讲》,北京大学出版社 2003 年版,第 343 页。

用的，所以人们一听就懂，不会因语言表达上的差异而影响相互的交际和理解。语言正是在各种变异中表现出自己的全民的性质。①

叶、徐二人在这里对语言与人类社会的特有关系做了深刻分析，对我们理解语言在对象关系中的重要作用是一个极好的佐证。

个体从第一梯次的对象变换到第二梯次的对象，再从第二梯次的对象变换到第三梯次的对象，个体自身的主体形态发生了革命性变化。第一对象关系凝结成个体的感觉，个体继而表现为一个感觉主体；第二对象关系凝结成个体的知觉，个体继而表现为知觉主体；第三对象关系凝结成个体的意识，个体继而上升为意识主体。个体从感觉、知觉到意识的飞跃，来源于对象关系的递进的、螺旋式的上升，在其看似受制于对象的历史性转变中，却不可避免地孕育着个体的主动性。从对象本身看，从低级的原始自然到人化自然再到能动自然，是自然界相对于个体的不同自然力的三次突变；从对象与个体的关系的演变看，对象的属性却经历了从他在的、非我的原始自然，到为我存在的人化自然，再到能够自为地把握自身的能动自然。当它们作为个体的对象而存在时，它们给予个体的是不同的影响力，是在个体的对象性的历史和逻辑发展中逐渐趋近于个体本身的作用力，是从点到面、从面到体、从简单到复杂、从感官反映特性到意识能动性的转变。在与这些对象所建立的关系中，在与这些对象的运动中，个体必然地成长起来并走向成熟。

第四对象关系：反思

假定Ⅵ：此时的个体从他与原始自然、人化自然以及他人等对象关系中走来，他就是前面几种对象关系直线发展的结果。在这里，既

---

① 叶蜚声、徐通锵：《语言学纲要》，北京大学出版社1981年版，第9页。

第四章　对象关系

没有多余的对象出现，也没有缺少某个对象环节。来到这里的个体已经获得了原始自然、人化自然以及他人等对象关系，除此之外，他唯一剩下的就是他本身，在此，他要以他本身作为他的最后的对象。其关系图式如图4—5所示：

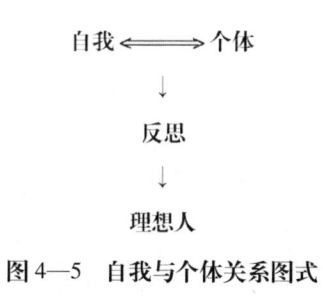

自我 ⟺ 个体
↓
反思
↓
理想人

图4—5　自我与个体关系图式

自我与承载自身的个体之间的关系是反思关系。自我通过对照各种前对象关系反思自身，发现自身，改善自身，从而使自身形成一个前所未有的、综合了一切对象关系的、指向未来的新指向，以便把自身重新放置到对象世界之中去。显然，以自身为对象的人是理想的人，这一对象关系的本质表现为：自省的、观念运动的、理想化的思维指向。此时，个体变成了理想主体。

理想主体的能动性就是反思自身。个体在对象关系的运动过程中确立了理想的"我"的尺度和目标，他要用这个尺度和目标度量自身，进而找到完善自身的方向。

"理想"是人类发展的崇高动力。理想是希望的灯塔，是生命为自身设定的在未来可以展开活动的时空状态，是个体获得新生的理性目标的力量之源。这个阶段，个体用来反思的本钱就是他所经历过的与原始自然、人化自然以及那些他的同类的对象性活动（的经验和体会），它们携带着从对象那里获取的强大的作用力，盘踞在个体的身体之中，凝聚成个体的自我。当自我以他所依托的这个个体为对象时，一方面，他用他从对象那里获得的"获得性"管束个体，制约个体，试图让个体不断地适应对象的要求。另一方面，他又从个体的反应状态观照自身，发现自身，他最擅长的是，他比个体能够更高瞻远瞩地观察对象，比个体更知道对象需要什么；他同时又比对象更了解个体，他距离个体最近，他比对象更知道个体需要什么。他在对象的需要与个体的需要的比较中懂得了他自己应该处于何种状态。

反思的最低层次就是对历史对象的再认识，是对他已经接受而来的对象关系的直接的观照；反思的较高层次就是对关于历史对象的认识的再认识，是对储藏于个体脑际之间的对象关系的意识的批判；反思的次高层次就是对其他个体的认识的厘清，是对当前状况下类意识的批判；反思的最高层次也是最难的层次，就是对反思的反思，是自我在整体上对自身的批判。

个体背负着自我，使自我发现他拥有通向未来的重大责任。他通过上述反思，他要使个体连同他自身不断地走向完善，他开始发出完善自身的一系列指向。这些指向——就是他的理想——他要将他所得来的这个理想的指向运用于他自身，以此来解决他有生以来积聚在一起的重大矛盾。他靠这个最后的指向解决他所遭遇的一切局限性，以完成自我的转向。

人的对象性的历史在今天看来是错综复杂、纵横交错的。正因为这样，人们要看清对象对个体的作用就充满了太多的困难。这不仅因为在时间上全部的对象并不是同时产生，而且因为在空间上对象界也不是将对象均匀地分配给了每一个个体。这里所抽象出来的，是在个体的视角之下，在时间的一维坐标之中，自然界作为个体的对象世界在自然性方面的差别的等级性：原始自然是体现纯自然性的低级的自然，人化自然是人的合目的性的自然，他人是包含了理性的能动自然等等，由于这些差别，对象世界拾级而上的特性就清晰可见了。（图4—6）

对人类历史第一人而言，他的对象除了原始自然界之外，还能有什么呢？但是，原始自然界在他的作用之下有些方面被改变了。于是，对历史第二人来说，在他面前不仅原始自然是一种存在，前人改造过的人化自然又是一种新的存在；以此类推，在历史第三人面前不仅呈现

第四章　对象关系

人类的对象性的历史阶梯

人类历史第一人：站在原始自然对象之上，感觉的拥有者，在偶然的统觉下发明了原始工具

人类历史第二人：站在原始自然和前者的人化自然之上，知觉和表象的拥有者

人类历史第三人：站在原始自然、人化自然和群之上，意识和道德的拥有者

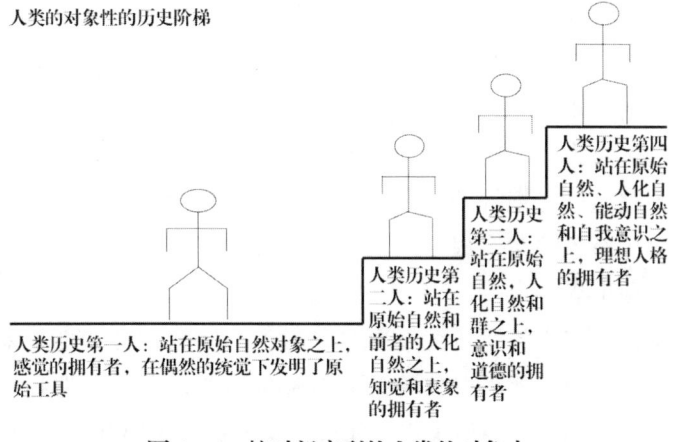

人类历史第四人：站在原始自然、人化自然、能动自然和自我意识之上，理想人格的拥有者

图4—6　按时间序列的人类的对象史

着原始自然与人化自然，甚至还有他的另一个同类。显然，就人总是生活在存在之中而言，后来者总是无法回避前者的存在。

在今天，任何人一出生就同时遇到各种对象，他甚至被有意识地把各种不同阶段的对象嫁接在一起。例如现代人已经不再像原始人那样依靠感觉的漫长的自觉来认识自然界了，他们在中学的教科书中用数百个课时的时间就已经深刻地认识了世界地理和世界历史，也通过物理学、生物学以及心理学等知识认识到了对象世界的种种道理。现代人一经成熟，他就在他的意识当中掌握了诸多对象关系，他的选择特性由于这些意识到的存在而增大了。显然，对今天的人们而言，对象世界已经超越其简单地从低到高一步一步地递进演化的阶段，它们可以在瞬间同时出现在个体面前，这一点，也加强了反思阶段在个体心目中的至高无上的地位。

当个体实现了自我的转向之后，自我就真正地与个体站在了一起，自我开始从他所认可的个体出发选择对象。这时，对象关系就从单纯的接受关系转向接受与选择并存的关系。接受，意味着单向的对象关系得以确立，意味着对象按照自己的方式塑造个体的历史开始了。个体放弃了作为主体的属性，而把自己降低到了从属于对象物的地位。选择，意味着双向的对象关系的确立，意味着个体一方面由接受对象

接受与选择

而获得自身的本质力量，另一方面则在反思这些对象的前提下运用这种本质力量开始按照自己的方式重新设定对象关系的历史。个体在对象关系的两极来回把握，他既明了对象本身的运动规律和属性，又明了自身的本质力量和属性，他在对象关系上游刃有余，正像庖丁解牛那样，他按照已经把握的原则完成解构对象的运动。在接受和选择两种方式下，对象关系完成了两极的对立和统一，从而造就出新的个体和新的对象世界。

当个体被特定的对象关系决定之后，个体的选择特性也就基本确定了。换句话说，如果对象关系处在感觉阶段，个体的选择特性也就受感觉主体的模仿特性所决定；如果对象关系处在知觉（表象）阶段，个体的选择特性就受知觉主体的综合特性所决定；如果对象关系处在意识阶段，个体的选择特性就呈现为意识主体的反主体性。概言之，是对象关系规定了个体的选择特性，个体的选择特性又反映了他所拥有的对象关系的水平。在一种对象关系下，个体会做出一种选择行为，而在另一种对象关系下，个体可能会做出完全不同的选择。电影《牧马人》中的女主角从逃难的境地来到男主人公许灵均面前时，她选择男性伴侣的标准只是"找个吃饭的地方"，而当她找到这样一个对象并且得到满足之后，她是绝不会再用这个标准去分析婚姻生活以及爱情的真谛的。中国古人的所谓"此一时也，彼一时也"、"好汉不吃眼前亏"、"初生牛犊不怕虎"等等认知，都是对不同的对象关系下个体选择特性的形象的描述。

与前对象关系所不同的是，当对象关系进入反思阶段时，对象关系的质变上升到了最高层次。如果说一、二、三梯次间对象关系的演进是直线式的，那么，第四对象关系则是迂回的、婉转的、反复停留于原地的、最后达到螺旋式上升的阶段。正因为反思是在理性层次上对前对象关系的研判、检讨、评估和纠偏，其本身就是理性的增进，是意识对自身的解析。通过这一解析，意识对自身更加确证，从而把握对象关系的决心和能力日益上升，意识能动性随之扩大了。所以，反思阶段是个体对象关系有可能实现质变和飞跃的阶段，是不同于以

第四章 对象关系

前各阶段的、个体纯粹地酝酿能动性的阶段，是对象关系可能要发生革命性变革的前奏。当反思形成了对对象关系进行改造的指向时，个体的革命性活动就要开始了，个体产生出强大的理性的"冲动"，他要冲破已经形成的对象关系的束缚，他要按照他已经作出的对未来的理想状态的"谋划"，他要向外展开自己，他进入了选择阶段。

选择的真正含义在于，由于个体在对象的意义上经历了从低级自然到高级自然的转变，他的自我之中便拥有了丰富的对象世界，这个时候，他既可以选择低级的对象，也可以选择高级的对象；既可以选择物质的对象，也可以选择精神的对象；既可以选择过去的对象，也可以选择未来的对象。相对于个体这个有限的生命体，他所要给予他的对象世界是那样的丰富多彩，自我在选择领域真正达到了自由自在的境地。

也就是说，具有选择特性的个体是把握了对象世界的丰富属性的个体，是自我已经获得充分发展的个体，因而也是在处理对象关系方面比较成熟的个体。成熟，意味着该个体的感知里面储存了多个可供选择的指向，意味着个体从自我里面可发出的能动性越来越多。换言之，个体的感知积累到什么程度，个体选择的能动性也就成熟到什么程度。个体的成熟意味着个体开始重新审视他的接受行为，他开始不满足于在接受状态下建立对象关系，他需要体现自我的能动性。成熟的个体已经意识到对象关系对他的生命的重大意义，他希望依靠他对对象的取舍来安排适合于个体成长的对象关系。在这种情形下，个体开始减少接受关系形成的对象物，进而扩大选择关系获得的对象物。在接受与选择之间，个体选择了选择关系。

关于对象关系的把握，如果从对生活现实的期盼看，人们总是希望能够清晰地把握影响对象关系的主导一方，但在现实中这往往是困难的。因为对象关系正因为是对象关系，处在对象关系的两极的双方，其力量才可能是均衡的。在这一对象关系的运动之中，才会出现一会儿对象处在主导方面，一会儿个体处在主导方面等等不确定性。也正因为这一困难，我们才需要掌握好分析对象关系的方法论。巴涅特在

接受与选择

介绍相对论中的引力中心理论时阐述了一个非常重要的观点,他说:"月球和一般人想象的相反,并不是绕地球而转,而是地球和月球互绕运动——或者更确切地说,它们绕着一个共同的引力中心而转。"① 如果据此来说明对象关系的话,那么,对象之间的运动,也不是哪一个围绕哪一个的问题,而是两者共同围绕一个中心——它们的关系的凝结物——而运动的问题。在对象性的历史当中,感觉、知觉、意识及其反思等都是对象关系的凝结物,它们正是它们的对象关系下一步发生转向的直接原因。

---

① [美]巴涅特:《相对论入门》,仲子译,生活·读书·新知三联书店1989年版,第32页。

第五章

选　择

　　选择就是自我统摄下的个体对外界输出自我的过程。

　　选择是接受之上的个体属性，而不是接受之后的个体属性。"之后"表明接受与选择是对列的、并行的、互相交替的，"之上"则反映的是选择来源于接受又高于接受，选择和接受在时空实践上是混沌不清的、无法把两者直接剥离的行动。选择到的对象也需要接受，但它首先是"被选择到"的，是与个体的自我的目的性相一致的、向着自我主宰的方向运动的对象关系。所以，选择和接受并不是对等的、等量的两极，也许在一个个体身上他一生都在接受，但就是在他50岁的那一天他做出了一项重大的突破他已经习惯的生活方式的决定，而这一选择行为，成为他一生中的亮点，成为成就他的人生价值的辉煌一瞬——他的这一举动表明，他终于可以自己主宰自己的人生了！

　　拥有了自我之后，个体的存在中就包含了明确的或者说是稳固下来的指向。这些指向来源于对象，但它却为个体所拥有，它因而站在个体的立场之上，在个体与对象的关系中显现了个体向外展开的本质力量。由于这种力量的存在，它们把个体与对象真正地分离开来。它们证明了个体已经不是混沌世界的一部分，而是有着清晰及独立边界和自主倾向的存在物。这些指向，汇聚成个体的选择属性。

　　此时，对象关系的建立仍然充满着偶然性。这是因为，最终对个体发生作用的对象是在个体之外的存在物。这种对象在它还没有与个

接受与选择

体建立固定的关系之前只是一个纯粹的外部性存在。这种外部性漂浮不定，直到自我把它们纳入对象关系之中时，面对个体的漂浮不定的外部性才被自我实质性地把握了，在自我的一端，对象被稳定在壮大了的个体之内。这对象是随着个体的选择进入与个体的关系状态之中的，因而，它每存在一天，就支撑着个体的这种选择属性。它的存在本身，由于受自我选择指向的青睐，它就合并到自我之内并支持了自我，这就是证明个体的这种选择属性的根据。

选择就是发自自我的主动行为，就是自我与个体站在一起对对象发出的主动的态度。在这里，"主动的行为"、"主动的态度"为什么是衡量某种行为是否是"选择"行为的标志呢？这是因为，所谓"主动"，就是"我动"，就是"我"对"对象"的分析、权衡和驾驭，是在"我"之内发出的"处置对象的决定"的行动。由于个体来源于接受对象的历史，个体被动地承受着这"屈辱"的历史，个体唯有颠倒这一历史，才能消除许久以来一直埋藏于心底的受制于对象的压抑关系——个体通过选择重新把他与世界的关系颠倒过来，他因此而觉醒，因此而成熟，因此而不再有"屈辱"的卑微感，他通过自我在这里实现了自身向外舒张的自由。

自我作为对象关系在个体之内的聚集，他是一个不断地增长起来的量的集合。从时空的意义上看，他集聚接受而来的对象关系之后，也就把更多的力量集聚在自身之内，当这种力量集聚到胜过个体外部的力量时，个体就不仅仅是简单地接受对象，这个时候，他就要发出对他的接受过的历史的"呐喊"了。

一 从自我发出的能动性

与其他自然物相比，个体是能动的自然。显然，如果个体没有经历与低级对象的分离，个体便是与对象浑然一体的，个体就是归属于对象世界的某种属性的自然存在物，他与其他自然物就没有什么两样。

第五章 选择

就此看来，个体之所以不同于其他自然物，或者说他之所以具有能动性，首先是因为个体拥有"自我"这一超自然的属性。

对象世界是物质的，但当它们与个体结成某种关系凝聚在个体之内时，它们却呈现为某种精神属性，比如感觉、知觉、意识等等。换言之，对象建构了个体的精神，对象刺激（激活）了个体的精神，对象使一个个体空洞的躯壳变得有了生命的张力，它使个体成为一个力量的聚合物，一个不同于其他自然物也不同于其他个体的"自我"。所以，"自我"就是个体的精神属性。附着在个体之上的"自我"，引导个体脱离了自然的物质世界，他在个体之内，向个体诉说着他由外部世界所得来的诸种关系：感觉的"我"表现为感觉主体向个体诉说着某种感觉，并且开始支配个体自觉地模仿这种感觉；知觉的"我"向个体诉说着他综合而来的知觉特性，意识的"我"在他所形成的理念的帮助下超越了个体肉体的局限性，依靠意识超时空的总和特性发出了超出个体（身体）指向的指向。在这里，作为体现个体选择特性的自我的能动性，除了感觉、知觉阶段偶有低级能动性的显现外，意识作为个体的自我存在的最高方式，展现了一个全新的主体形态——理念世界，本章所指的选择属性主要指意识主体的这一特性。

如前所述，接受使个体的自我得以产生。自我在诞生之后，他就与对象物——那些曾经使他成为自我的对象——分离了。这个时候，自我不仅依赖个体的肉体，而且把握了个体的肉体，他进入了自立自为状态。

自我的自立就是个体对自身的整体地自觉。个体个别感官的自觉形成了个体的知觉，这知觉可以把握个体的局部感官，却无法调动整体。个体这时由感官的自觉所形成的我们前文称之为感觉主体以及知觉主体的自我是偶显的、孤立的、不确定的我，是发自感官本身妄图自立但却没有接续力量的我，在他还没有进入个体的全身时这种力量就消退了，他除了直接地表达感官的指向之外没有其他内容，因而他不足以作为自我的典型代表来研究。

典型的自我是个体对自身整体的自觉阶段的"我"，是拥有了意识的个体。个体对自身的整体地自觉使个体超越了个别的感官，并最终超越了个体本身，他成了超自然的能动的个体。在自我指导下，个体变得主动起来。在意识产生之后的阶段里，当对象关系进驻个体之后，这些对象关系就会被意识统摄在自己的麾下，它们不再是散居在个体之外的、漂浮不定的、不确定的关系，而是内化在个体这个有机体中，通过意识的力量而凝聚起来，变成一个被个体所认可的、领导个体的理念世界。对个体来说，这是一个强大的、高度统一在个体精神世界的对象关系的聚合物。这个时候，不仅没有哪一种实体能与其相比，而且那些以单个感官为纽带出现的对象关系也不能与其相比，这个对个体来说独有的意识或理念，成为个体身上迄今为止至高无上的新的"统治者"。

　　至此看来，散居于个体之外的世界是漂浮不定的，它们自在地、散漫地游离于宇宙之中，相互之间均无法统摄对方；而当这些世界与个体发生关联并变成个体的理念世界的一部分时，它们便显现了理性的力量。个体从幼年走向成年的实质，其实就是不断地把各种对象关系凝聚于自己之内，使自己日益成为一个既代表各种对象关系的总和指向又扎根于个体脑际之中的凝聚起来的理念世界的胚体。所以，对于处在对象关系中的个体来说，一方面看是年龄在增长，另一方面看则是自我在日益壮大，到后来，自我变成了完全地超自然的东西，完全地把握了个体本身。

　　自我壮大之后，他和个体相依为命。他发展个体，就是发展自身，他保护个体，就是保护自身。他不时地遭到来自个体对他的警示：我还能承载你所获得的多少对象呢？当个体叩问附着在他身上的自我时，自我也会反思自身：我获得这些对象的目的是为了什么呢？也许……我必须把他们移除出去……

　　自我的壮大，使得他与个体之间的矛盾日益加剧起来。因为个体只代表他自己那个范围内的存在，而自我不仅代表个体，而且更代表对象世界对个体的一切指向，自我与个体之间的矛盾就是显而易见的。正是自我的这种与对象世界的不解之缘调动了自我的能动性。第一，

第五章　选择

自我经常地受到新对象的刺激。只要有新的对象产生，自我就必须以一个态度来回应它。第二，自我获得新对象之后加剧了自身的矛盾。由于自我观照到对象世界的深刻性与广延性，他一旦接受新的对象，他就把从这对象中获得的感觉、知觉、理念等强加于他的个体，他与个体的矛盾便加剧起来。第三，自我由于前二者而转向反思自身，他据此而不得不调动他的一切潜能解决上述矛盾。在这些作用力之下，自我变得能动起来。

于是，自我站在自己的总和特性之上，运用他已经总和出来的（理念的）原则，开始进一步审视外界。他要按照自己总和出来的指向塑造个体，他用那些已经成为历史的对象关系的视角寻找新的对象，选择新的对象。为了迎接新的对象的到来，他需要把那些已经成为历史的对象关系转移到个体的外面，以减轻个体的负担，并形成新的虚空。于是，他的选择开始了。

1. 选择就是对同一指向的不同对象做出抉择，它体现了对象世界的多样性与个体能动性之间的关系

从个体发展来看，个体在某一阶段、某一方向上的指向总是同一的。比如饥饿，饥饿本身不是别的，它就是饥饿，就是肌体的肠胃对新陈代谢的要求，就是肌体的虚空所反映出来的对象的未在状态。所以，肌体由于虚空而需要充实，它需要指向食物，这是它的同一性。但是，就饥饿所指向的对象看来，对象世界充满了或然性。对象既多样，又无限。人们用于满足饥饿的对象物，可以是面食，也可以是肉食，还可以是蔬菜和汤品，或者还有很多我们迄今没有发现的可以充当食物的物品。显然，这么多的或然性摆在个体面前，选择就显得十分必要了。

个体选择不同的食物对象，就是选择不同的或然性，就是把或然性变成必然性。由于这里存在着一个更大的，也是最根本的前提，即对象不同，作用于个体的结果自然也不相同，选择无疑成为个体向外展开的基本方式，从选择看对象世界时，对象世界的多样性也就成为

接受与选择

个体自身多样性的理由。我们在导言中提到的食肉动物与食草动物的区别，可以类似地看成个体处在低级阶段时在感觉的支配下所表现出来的对对象多样性的回应。

在多样性中进行选择，个体自身所处的阶段性决定了选择结果的层级性。对个体来说，在感觉阶段选择对象所发出的指向，与在意识阶段选择对象时所发出的指向有重大的不同。比如，面对同一个情感对象，从感觉出发可能获得"一见钟情"的结果，而当从理性出发时，对方的经济、文化、社会关系背景，对方的性格、学识、技能，对方是否与自己"门当户对"等等，都会成为选择的指向，个体与对象的关系也会因此而发生改变。

在这个意义上，个体自身发展的多样性的未来，既取决于对象世界的丰富的多样性，也取决于个体自身的成长的阶段性。选择，总是让个体必须思考一个根本问题，即他将要"从何处出发"的问题。在对象世界：从纵向看，在原始自然、人化自然、他人以及虚拟对象中，个体可以按照自我的意志，与其中的任何一方进行结合；从横向看，在对象所展现的每一阶段上，个体皆可以取舍其中某个对象的某个阶段而与之结合。在个体自身：他有感觉的我、知觉的我、意识的我、反思的我等等，他要以什么样的"我"作为下一个指向，这是对选择的选择。

2. 选择就是自我在对象关系中置于主动的地位，是个体的"自我"在对象关系中的在场状态

所谓"主动"，就是由"自我"而不是由对象设定"动作"，是自我对外在世界做出取舍的态度或意志。自我承载了由对象带给他的感性或理性，进一步驱使个体向外展开自己。

同样地，让我们再回到前文对个体阶段性特征的分析。自我的主动性分为低级阶段与高级阶段。低级阶段的主动性就是基于感觉的主动性。感觉由于其在本质上是对象与个体的单个感官之间所形成的关系，当感觉向外展开时，它就是以个别感官的狭隘性为指向的，基于

第五章 选择

此，这时的自我的选择性也就具有狭隘性。比如胃指向食物，当胃囊出现虚空时，它就是单纯地指向食物，而不会顾及食物之外的其他对象。所以，当感觉阶段的自我发出主动性时，这个自我虽然可以在众多的食物对象中选择较好的对象作为胃准备与之结合的对象，但他不会跳出单个感官的感觉去选择对象。高级阶段的主动性则是超越个体个别感官自然属性的主动性，即意识的主动性。由于意识是对感官的总和，意识就超越了单个感官。意识全方位地、分析地、更合理地反映了个体与对象的关系，它就被个体所推崇，它也就把个体引向了对象关系的更深处。所以，意识阶段的主动性就不再根据个体的单个感官的本能出发，而是经过自我对个体的整体析出之后所产生的主动行为。这个时候，即使是来自个体个别感官的指向，也因为意识的总和作用而被自我作为个体整体的指向向外展开。比如，在一种为着革命的理想目标而奋斗的意识的指向支配下，个体的原始生命特征所具有的单个感官的指向被强大的理念力量所统摄，单个感官所代表的那种狭隘的"我"便被置于次要地位，这就是匈牙利诗人裴多菲在诗中所表达的情境："生命诚可贵，爱情价更高。若为自由故，二者皆可抛。"为了崇高的自由，个体选择了放弃生命和爱情。自我在张扬此对象的同时，对彼对象采取了压抑的态度，他彻底地将个体放置在一个他认为合适的对象关系之中。

由此看来，选择就是将对象关系运动的制动性移居到个体一方的过程，是个体的自我意志对对象关系的裁定、取舍和引用过程，是个体按照自我的尺度作出的对对象的抉择。因此，选择其实不是选择对象，而是选择对象关系的凝结物。感觉基础上的选择看似是选择不同的感觉对象，其实是在选择不同的感觉，同样，个体按照意识的足迹选择对象，其实是在张扬他已经形成的某种理念。概言之，选择的实质就是自我对自我的选择，是自我的外化。这样一来，选择往往是实践的，并且是审慎的，一旦发出就要对个体负责的。所以，作为表现人的能动性特质的选择一般地属于成熟的自我的"专利"，不成熟的自我在选择领域中是没有地位的。在这个意义上，个体的第一选择就是

接受与选择

自我对自身的选择：自我选择自我。自我携带了反思自身的武器，这武器就是自我意识。它剖析自我的每一步指向。自我把目光从对象移向个体，他也就开始观照自身。自我知道，他必须有一个完善的自身，才能展开对对象的选择。所以，在自我开始向外界走出下一步时，他已经对自我作出了肯定。反过来看，如果他否定自我，他就不会向外展开。

自我起初并不是完整的。他残缺不全，甚至支离破碎，充满着历史质料堆积的特性。他的完整性由每一个历史阶段总和而成，在一些心理学教科书中被称为"自我实现"的那个境界，等同于此。任何个体都不可能一生下来就拥有一个巨大的自我。个体在源源不断的与之建立关系的对象的基础上形成了一层又一层的自我。从个体自身看，自我就是对象在个体身上生根发芽和开花结果，从对象看，自我就是对象对个体的显现，对象显露给个体的存在将要凝结成个体的自我，所以，世界向我们所打开的对象的历史是我们的自我发展的前提。

在对象关系建立之初，对应着的双方实际上是游移不定的。由于对应物游移不定，对象关系的主导力量也可能出现在切近个体的一方，也可能出现在对象那一端。究竟居于何处，这是双方力量对比的结果。而自我就是对象关系被个体一方所掌握时个体所表现出来的自为状态。在时序上，个体虽然是由对象塑造而成，但对象一旦进驻个体之中，就与它的母体相分离甚至相对立，它同时也就转化成个体的一部分。它占据个体，成就个体，最终演变为个体的自我。当个体在获得对象的同时也获得自我之时，个体对对象的关系便凝结成一个精神实体，这实体既然来自对象的作用，他也就把自身的命运与对象进一步关联起来。所以，只要个体拥有了第一个自我，他就会拥有无限个自我，他把握对象关系就不再是什么难事。在一个人的一生中，他是否建立了靠近自身而不是靠近对象一方的对象关系，是个体在此方面的自我是否成熟的标志。

从个体漫长的生命历程看，他的每个历史阶段的自我是最终自我的某个侧面，个体最终自我则是每个阶段性自我积累的结果。从对象关系的扩展到自我的壮大，个体提升了他的初始目的——他最初只依赖对象满足他自身自然的需要，他存活于对象关系，但最终却改善对象关系，他在对象关系中实现自我的升华。简单地说，个体的一生都在进行着完善自我的过程，而选择，恰恰表达了个体的这一主体性活动。

二 个体存在的本质

个体存在在对象关系之中，对象关系就是个体的存在方式。

个体接受而来的对象关系经过自我的整理而向外发出选择的指向，从而完成个体从自发状态向自为状态的转变。这个阶段，自我就是个体体现自身存在的真正本质，是个体以超自然的方式建立自身与自然界的关系的真正的开端。

个体在其已有的对象关系中聚集（凝聚）自我，因而也在新建的对象关系中彰显自我。个体发现，自我的生命就在对象之中，自我就是对象进驻在个体之中的结果。因此，自我必须从对象那里获得自己。正因为如此，原有的对象就是让个体保持原有自我的对象，新生的对象就是产生新我的对象。为使个体的自我不断地在群体中处于主动地位，个体总是必然地、接连不断地产生变换对象的动机。个体无论是以血缘关系结成群体，还是以劳动关系结成群体，其目的都是为了保证他与对象的关系。

个体总是与他的对象一同存在，就像樱桃必须与水果一同存在一样。樱桃的意义来自于它被归于"水果"这个更大的集合之中，如果脱离"水果"，樱桃的意义就会发生根本改变；同样，个体的意义也来自于他与对象世界的结合，如果没有了对象，个体存在的意义也就立刻消失了。对象是支撑个体并让他发现自身和发展自身的前提，个体一旦失去对象，也就失去了自我；他的对象如果保持不变，自我则也相对地维持在一个水平上。自我在成长过程中清楚地熟知这一定律，因而他不断地推动个体变换其身外的自然。个体从身外的对象的变换

接受与选择

中获得自己并发展自己，成为自我主要的存在方式。

直观地看，个体之间的差异性是极其明显的，迄今为止的人类历史也揭示了这一特征。但是，针对这种差异性，还没有人愿意从个体成长的历史长河中，即从那些对个体充满生命召唤的对象世界中加以系统地考察。今天，我们希望建立这样一种认识上的逻辑：人是对象性存在物，人与人之间的差异自然也就由人的对象之间的差异所致。由于每个个体所面对的对象是有差异的，每个个体所面对的对象的差异性也就形成了个体之间的差异性，每个个体所面对的对象的同一性又形成个体之间的共识。个体由于差异性而产生选择的必要，个体由于同一性而产生选择的可能。

个体之间的差异性来自个体的对象之间的差异性。由于每个个体所掌握的对象关系不同，个体之间的差异十分明显。但因为每个个体背后的对象起初并不为我所知，所以，当个体来到我的面前时，我对他产生了诧异的感觉、知觉以及意识。由于他既与我相同又是那么的与众不同，他便成了我审视的对象。我接下来的问题是，我与那个个体的差别是什么？这差别是怎么造成的呢？这差别是合理的吗？我需要参照那个个体重新确立自我的指向吗？

迄今为止，许多个体并未意识到他自己与他人的差别是由于他们过去的对象关系的不同所造成的，直到今天我们揭示出这种存在的本质之前，人们并未对这一点有足够的重视。现在，这个根本的关系把个体引向了认识自身的崭新的方向：从对象去认识自我，离开对象的我的一切都是空洞——仿佛世界被颠倒了！但这种颠倒是合理的。在这一观察方法之下，个体会看到，他与其他个体的差别在他的身体之外。儿童与成年人是这样，不同种族的人之间是这样，个体的意识之间的差别也是这样。

但是，仅仅指出这种差别的来源是不够的。因为人们会进一步追问：既然个体之间有差别，而且这差别来自于他们的外部，那么，谁的外部存在将成为影响整个个体世界的现实呢？换句话说，如果我是你所说的其中之一的那个个体，我该以谁为标准，向谁去学习呢？哪个"他（她）"是正确的呢？我应该放弃我的对象而转向他（她）的对象世界吗？要解决这些疑问，就必须进一步分析个体的选择特性。

三 选择是自我意识的增长

在意识开始发生作用的阶段，以意识为内容的自我是高于知觉的自我，更是高于感觉的自我。这时的自我是个体对自身拥有的对象关系的整体自觉，是个体关于对象的概念化阶段。

这里的自我既等同于意识又区别于意识。从一种意义看，自我就是个体对对象的觉醒状态，就是个体区别于其他个体的独立意志，就是意识统摄个体之后个体的总和指向，就是个体内在的目的性对个体的引导力量；从另一种意义看，自我的范围超出了意识的内容。意识只是自我的一种属性，或者说是自我的一部分——当然是最重要的部分。自我则除了意识之外，还有个体的其他被统摄了的部分——自我是个体的对象性意识以及内在的目的性与个体身体的统一体。

自我意识作为自我的主要内容，它主导自我的方向，协调自我与个体的关系，更重要的是它不断地观察对象，审视个体，并且反观自我，指导自我。因此，它是自我的核心，是自我中的我。

就意识是我中的我而言，意识是个体的最深处。个体与对象接触的界面更多的是个体的感觉世界。这些感觉总和地集中在个体的身体之内，就像广袤的自然界被摄像机剪取了其中一个画面一样，这个特定的画面有自己的边界，有自己的主题。它就是它——由于摄像机的作用，它再也不能与自然界其他部分混同起来，也不能与其他的图像混同起来，它把自然界这一界限内的境界提升到一个特殊的层次。对象世界的各种物质因素作用于个体——这显然是一个特定的对象世界——使得个体由于用感觉容纳了这一对象世界而改变了这个个体，个体的这些感觉在其神经组合处发生聚合反应，这种反应，大概类似于传统教科书中所说的"意识是人脑对客观世界的反映"，这种反映的

接受与选择

结果，形成了个体的意识。

严格地讲，孤立的、封闭起来的个体不可能产生思想，他甚至连感觉都没有。意识既然是个体对对象的感觉的上升，是个体对对象关系的总和，它就超越了单个感官的感觉，它也就有可能成为感觉的统摄者。它把各种感觉器官带回来的对象进行比较，并根据感觉的体验给感觉以答复，从而发动感觉，指挥器官，再指向新的对象。

我们已经注意到，与意识链接起来的感觉开始被纳入意识的自觉行动。与未曾带有意识的感觉相比，意识化了的感觉变成了指向明确甚至具有持久性的个体属性；而那些没有经过意识发动的感觉则是偶遇的、本能的和盲目的。例如，在个体的情感体验中，那种没有经过个体的意识加工分析的情感往往仅仅发自于个体感觉的本能特性，而经过意识过滤之后的情感，也就是得到了意识对这种感觉体验的回复，这样的情感更是建立在个体理性认识基础之上的一种对待对象的态度。这种态度一旦确立，更具有转变为个体的自我意志的特性。

当感觉被意识统摄之后，意识的指向在个体的身体之内形成了个体意志的核心内容，意识与个体结合为一个有机的整体。每当这个时候，只要意识开始活动，它就能够支配个体的整个行动。意识的内容形成个体的自我的基本内容，这意识就是关于个体的自我的意识。

自我意识从它能够指挥个体感官的那一刻起，它的三个方面的自觉性也随之产生了：第一，它发觉它自己虽然是虚拟的，但它所依存的载体是实在的。它所指挥的感官是它传达意志的一个客观的实在。第二，它发觉它高于全身其他任何感官，它超越了所有感官的片面性。如此一来，在处理与外界的关系时，它建立在对全身的自觉之上。第三，它优先掌握个体的外部世界，每当外部世界要作用于个体时必先要经过它。它既处在个体与外部世界的关系的最深处，又处在这一关系的最高处，它因而知道该向哪里发动个体，个体在它的指挥之下，开始了选择对象的过程。

正因为上述自觉性，意识便成为个体发出选择行为的主动性的源泉。依赖这种主动性，个体具有了能动性。其一，意识总和个体的感觉，又高于感觉，它因而能够使个体冲破感觉器官的阈限，能够站在个体感觉器官所不及的层面，把个体发送到更有利于自身对象关系的世界之中。其二，意识见证了对象的差异性的实质。对象世界的差异性对个体的感觉而言是"盲人摸象"，是偶得的，而在意识面前，它们则充分地、全面地予以暴露。它们纷纷跳将出来，希望获得意识的青睐。意识总和它们，为个体的选择提供识别对象的利器。意识的产生，提升了个体的能动性和选择特性。

四 对象的差异性

　　对象的差异性是构成对象关系差异性的重要基础。不同对象之间存在着差异；同一对象，当它已经面对个体、对个体正在发生现实作用时是一回事，当它尚未面对个体、尚处在潜在阶段时又是另一回事。同一对象处在不同时空状态下所显示出来的属性与个体相结合时，对个体便具有不同的作用。这些差异，一方面取决于此对象是在此时此地还是在彼时彼地与个体发生作用，另一方面取决于同一对象在与个体发生相互作用的过程中向个体呈现了什么样的深度和广度。换句话说，即使是在同一对象身上，个体也可以有无穷无尽的追求。因为严格讲来，即使表面看起来是同一对象，但也存在显露程度不同等状况，当显露程度不同时，它对个体的作用就会有所不同。

　　对象的差异性既增加了人们进行选择的难度，也增强了人们进行选择的慎重的态度。因为对象之间存在差异性，与不同对象结成的对象关系也会有优劣之分，在无数次的经验之后，个体选择对象的态度就会更加审慎起来。四大文明古国在河流面前，农业耕作者在高山和平地面前，居民在乡村社区和城镇社区面前，都会有不同的态度出现。人们在这里更愿意选择有利于自身自然发展的对象作为其生活中的对象关系而保持下去。人们选择原始自然对象时是这样，选择同类个体作为对象时更是这样。

接受与选择

异性关系是个体之间的一个基本关系。对中国人而言，异性之间的关系历来是敏感的话题，是道德观念介入最深的对象关系。以异性之间的婚姻为例，婚姻关系是中国人一生中的重大关系。中国人看重婚姻关系，不仅是因为婚姻对象中存在着极大的差别，也是因为它有可能变成主宰个人一生命运的社会关系。所以，中国人称婚姻为"大事"，不少人为此而"大操大办"，以示其隆重与必要。一个比较统一的认识是把婚姻当成"喜事"，这似乎含有祈求的意义。"喜"在汉语词典中的解释是快乐、高兴，"喜事"乃是值得庆贺的事。在这里，婚姻关系并不是一种完整意义上的法律关系，而更像是一种两性文化的宗教仪式，是历经长期的痛苦、压抑的对象关系之后迎来的将要改变个体命运的一丝曙光，因而是令人快乐的时光。以快乐为价值目标的首选，出于两个出发点：一是快乐主义地把人生简单化、非理性化，过一天算一天，使深层次的目标缺失了；二是把对象看成了自己实施快乐的工具，对象的价值建立在自己快乐的价值之上。显然，快乐是短暂的、感性的、易失的，快乐过后是什么呢？人生是否还有"不以物喜，不以己悲"的境界呢？快乐原则把婚姻关系放在了较低级的层次上，阻滞了人们站在人类理想的高度苦心经营家庭婚姻关系的信念和追求。因此，有一些人对婚姻关系的重视仅仅体现在举行婚礼的那一天里，婚姻关系一旦确立，女性一方则"嫁鸡随鸡"，男性一方则"三十而立"去了。我相信有许多人在婚前并没有通读过《婚姻法》，甚至在婚后学习者也不敢说很多。所以，对于婚姻双方的权利、义务等条款并没有铭记在心，更不敢说能否真正理解和运用这些法典。婚姻这种庄严的对象关系在这里变成了感性的、激情的甚至是盲目的关系。

由于中国社会人与人之间交往关系的封闭性，人们建立婚姻关系时可选择的范围就是有限的，难度和高兴的程度就是显而易见的。这里的婚姻关系显然只是注重了性的结合，而被忽略的恰恰是对方作为道德主体及权利义务主体的角色定位，这无疑将崇高的婚姻关系降格为一种低级的人与人之间的对象关系。

对象的差异性还进一步决定了个体对待对象的态度。以对象本身的属性为例，感性的对象和理性的对象对个体的作用有较大的不同。个体对待感性的对象时大概运用满足对象感性的手段就足够了。正像人们在对待宠物和对待人类方面的差别一样，一个简单的原则是：如果你是感性的，别人就会向你发出更多的自然力量，相反，如果你有思想，对方在发出行动之前就要认真地考虑如何才能获得你的思想的认同。正因为对象之间存在较大的差异，也因为这些差异对个体的影响是如此的不同，个体的选择才必须是在有意识的状态下进行。无意识状态下虽然也可以选择某些对象，但就个体本身而言，他实质是被选择。他放弃自我的崇高目的，任由他的感觉支配，因而实质是听凭对象的安排，他把对象关系当成了一种"逆来顺受"的关系，因此，这种选择其实等于接受。

五　联系与选择

联系表现为个体对外开放的程度，个体处在联系当中就是处在开放的对象关系当中。

个体的开放或封闭并不是就个体单方面而言的。这是因为，个体作为活的有机体，他实质上是不可能实现自身的封闭的。因此，一般而言，封闭实际上是个体的对象关系的封闭：能够影响个体发生质变的对象被中断在个体之外，个体只是处在原有的对象关系的量的重复的水平上。当个体所赖以建立的对象关系处在某种相对稳定的状态时，个体与对象之间的物质变换也是相对稳定的，个体得以吸收的物质、能量、信息也处在相对稳定的状态，个体自身自然的变化以及意识内容的变化也就处在相对稳定的水平上。稳定等于个体向外寻求对象的张力沉寂下来，等于和外界不再发生更多的交流，等于新对象关系的

接受与选择

终止，这便是封闭状态的本质。

对个体而言，封闭状态下的对象关系是单纯的接受关系。个体接受了某一原有对象所提供的物质、能量和信息，变换之后又将结果返回给对象世界。由于对象关系的稳定性，个体的发展也就在原有的对象关系上重复进行。如此一来，重复地接受同一对象使得个体处在一个更加封闭的状态之中。封闭使个体的自我走向孤寂，使个体变成被动的受体，我们便很难看到选择的影子。

从个体的一生看，封闭当然是相对的、暂时的，开放才是经常的、绝对的。个体从封闭走向开放，是对象关系的必然。对象关系本身孕育着开放的萌芽。个体一旦建立了某种对象关系，个体与对象之间的交互作用也就随之展开了。两者交互作用的结果，或者在个体一方自我被壮大了，或者在对象一方物质被消解了。其结果必然是，对象关系的平衡被打破，个体的封闭状态因而迎来开放的曙光。

开放就是个体与对象建立联系的过程。联系的实质在于为个体指向的实现在对象世界中找到了可能性。个体要发出指向，必须有指向的对象接纳它，其前提是被指物是存在的（即存在于个体所能触及的范围之内）。联系使指向物变成了为着个体的存在。当诸多存在物呈现在个体面前的时候，有些是个体所需要的，有些则是个体所排斥的，符合个体指向的存在成了个体进一步联系的对象。个体首先必须与存在物建立联系，然后才能实施选择，具有选择特性的个体必然是处在各种各样联系之中的个体。

由于对象是按照自身的发展规律运动的，所以，它不符合个体指向的状况就是大量存在的。正因为这样，个体在选择时就可能只是选择了对象的局部，而对象往往也只向个体显现了它的某个阶段或者某个侧面之后，就消失了。显然，联系给个体的提醒是：第一，对象并不是有意地成为个体的对象的；第二，对象给予个体的只是它与个体的关系状态。

1. 个体属性决定联系的广度

从个体的指向看，个体属性可分为单一型与复合型两种类型。单一性质的个体是指那些与对象仅具有一维联系的个体。他们的人生仅仅指向个别的方向，其指向具有单向性和重复性。单一型表明了个体与外界关系的一维性和狭隘性，因而也表明了个体与外界联系的局限性。此时的个体处于有限的对象关系中，他只靠这种对象关系维持自身，也就无选择可言。

复合型个体是指在横向上指向多个对象、在纵向上向同一对象的纵深发展的个体。由于对象关系的多样性，此个体在多重对象关系中被塑造而成。已经被这种对象关系塑造出来的个体，其指向是多维的，具有开放属性。

复合型个体与外界有着多重联系。以幼年个体和成年个体在经历对象关系的多少方面的差异看，成年个体是已经拥有多重对象关系的个体，因而可以看成是复合型个体，他们把握的对象关系比起幼年的个体要多得多，其选择的能动性自然也就大多了。同样，把一个多才多艺的人与没有才艺的人相比较，前者的指向性是多于那些没有才艺的人们的指向的，因而，前者与外界的联系就是多重的，他由于这些联系所获得的选择特性也就具有多样性。（图5—1）

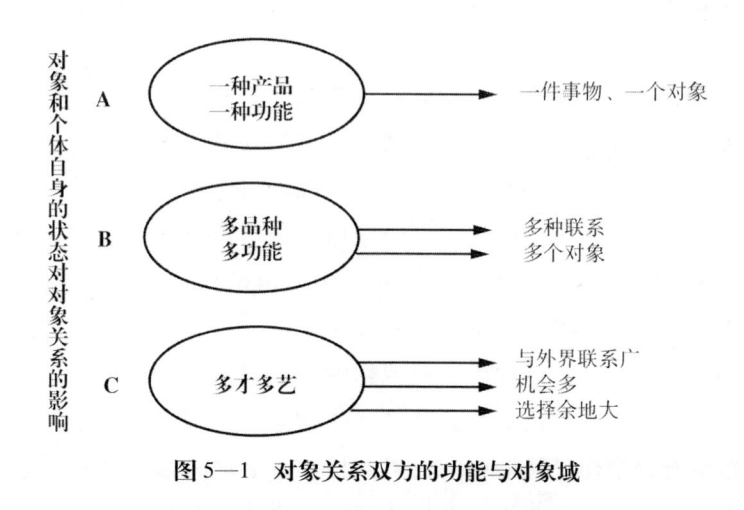

图5—1 对象关系双方的功能与对象域

图中A：假定个体只具有单一属性，他只能生产一种产品或者发

接受与选择

挥一种功能,那么,他的指向亦表现为单一性,这时结成单一对象关系的可能性较大;图中 B:个体能够实现多个产品或者发挥多种功能,他亦有多个指向,他的选择具有多样性;图中 C:个体是真正的多才多艺者,个体能力指向多个方面,他拥有多个选择倾向,选择特性强。

当个体仅有一种能力(功能指向或价值指向)或者单一属性时,个体可能会凸显此方面的指向。就他向外展开的选择特性而言,他已经累积在体内的能力是他发挥主体能动性的现实基础。很明显,建立在单一属性基础上的选择特性十分有限,我们可以把这种指向外界的联系近似地看成是一维性的、单调的,其选择特性近似地等于无。在现实生活中,许多人靠获得知识来增强他与外界的联系。他每获得一种知识,便对这一领域的对象世界产生一种新的认知,他同时也就直接或间接地与这些知识的内容发生了关系:这知识所涉及的内容被他认知,它将要成为他的新的意识、新的指向。认知知识内容所涉及的对象,个体可以进一步考虑他是否需要选择这些对象。由于知识对这些对象的解构,个体掌握了选择的主动性。

由此可见,个体自身已经形成的属性中其实潜藏着个体与对象的某些关系的胚芽,它的优劣或者增强或者削弱着个体进一步选择对象的指向的深度和广度。既然个体自身属性来自于个体的对象关系的历史,那么,在个体成长过程中已经遭遇过的对象就是形成个体属性的直接原因,它们理所当然是个体下一步发出选择指向的宿主。比如,在后天的成长环境当中,婴幼儿如果被当成"男孩"或是"女孩"来培养的历史越长久,这种历史对他们的性取向以及性格的形成就会越稳定和越牢固,这些孩童今后的选择指向就会凸显这些特征。从更广泛的范围看,个体已经形成的自然属性和社会属性是个体选择新对象的重要指向。由于个体生活在群体中这一事实,当个体发觉自己的自然属性和社会属性在某些方面与其他个体相比较有缺失时,他就会把选择的指向指向他缺失的方向。

2. 对象差异决定联系的深度

对个体而言，当我们谈到对象时，一般是指已经建立了对象关系的现实对象，因为这样的对象对个体才是有意义的。在对象关系之外，存在物的差异是不显现的、与个体毫不相干的，当然也是毫无意义的。已经嵌入个体的对象关系形成了个体的属性，并向个体显现了对象的差异性。这些对象关系一方面帮助个体观照自身的特征，另一方面也帮助个体发现对象之间的差异性。个体越是在对象关系之中，就越能感受到和观照到对象的某种属性。没有对象的个体和没有个体的对象一样都是自在之物，都是不能显现差别的。

因此，但凡出现在我们视角中的个体，即是从对象关系中走来的个体，即是带着对象关系的一切属性的个体；但凡出现在我们视角中的对象，它如果要变得清晰起来，它就必然是参与了与个体的交互过程的，就是以对象关系反映自身的对象。就此而言，只有在个体面前，对象的差异性才日渐清晰，这种差异性也才具有了意义。当个体与对象相互作用时，对象的差异性也就向纵深发展。换言之，个体关于对象关系的实践，不断地显现着对象世界的新属性，对象随着个体的进一步认知而使其差异性逐渐地明晰起来。正是在相互作用的过程中，个体自身的属性逐渐被固化，对象的差异性逐渐被呈现出来。这一相互作用的过程越深刻，对象的差异性就越明显，它就越是强化了与个体的联系，从而把个体的选择指向引向更加深入的领域。

明确对象的差异性是针对个体指向而产生这个事实，其意义在于让个体更好地把握对象关系，增强选择对象的主动性和准确性。在自然环境方面，干旱的沙漠与青山绿水都是原始自然，但它们一个是抑制个体自身自然生长的，一个是促进个体自身自然成长的。这种完全相反的作用力向个体真实地显现了原始自然之间的差异性，它们给予居住者的是不同的生活感受，这是两种完全不同的人与原始自然的关系，是个体自身自然的自由程度（或者说是受制于原始自然的程度）

接受与选择

的体现。在农业生产方面，贫瘠的土地与肥沃的土地对农民的经济收益带来巨大的反差，它们在一定程度上影响到农业劳动者的生产力水平，也影响到这些劳动者所在的生产关系的再生产过程。在人化自然方面，牛车与小轿车提供了大相径庭的运行速度，后者大大降低了个体对自身自然的依赖程度。在他人那里，野蛮行为与文明行为让个体很明确地作出是疏远它们还是亲近它们的判断，这些差别也使得群体间发生了不可避免的分化。当不同对象和对象的不同侧面呈现在个体面前时，它们向个体展现出来的是对象针对个体指向的差别。对象呈现出来的差别越多，它与个体的联系程度也就越深，个体进一步选择这些对象的可能性也就越大。（图5—1中A、B）

六 血缘关系、经济关系对选择的影响

迄今为止，在人类社会中深刻而持久地影响个体生活的最重要的对象关系莫过于血缘关系与经济关系。从人与人的关系在对象关系中的地位来看，它们比人与原始自然、人化自然等对象结成的关系更为高级，它们因而在人的自我中占有更为重要的位置，对个体也更加具有制约性。这些关系，通过将个体置于一些群体属性（比如宗族的、伦理的、产权的等等特殊关系）之中而改变个体的意识和行为。在这里，个体对于这些关系的态度往往有两种：对于沉迷于现实社会（即持有入世态度）的人们来说，这些关系不仅不能回避，而且它们就是决定个体"社会生命"的对象关系，是进一步决定个体选择特性的现实关系；但对于跳出现实社会（即持有万世皆空、清心寡欲态度）的人们来说，这些关系的影响则是有限的。

1. 血缘关系中的"我"

由血缘关系塑造出来的"我"乃是我的一种。这是几万年以来自然力量对人类历史的真实记录，是那个时代强大的自然对象的力量对

第五章 选择

人的决定作用的显现。血缘关系是个体的对象关系中人与人之间最原始的关系。在血缘关系聚集的对象世界中，"自我"延伸到了血缘所及的每一个角落。在这里，自己的血缘所到之处，就是自己的生命（的一部分）所到之处，就是自己作为一个特定个体所能够衍生出来的自然力的普遍化、普及化和普世化。由于血源上的同一性，个体便沿着这血源建立起一个"缘"的群体，释放血源的初始个体便因此得到了一个庞大的"血缘关系共同体"的主宰者一样的个体地位，他因此把他的"自我"也扩大到了这个看起来的确很真实的血缘关系的边界之内。

当血缘关系转化为个体对人与人的关系的某种意识之后，个体便沿着血缘关系开始了选择历程。血缘关系是个体之间建立在自身自然性之上的最稳定的对象关系。由于稳定性，它一方面扩大了个体的对象世界，比如，凡是血缘所及的对象，处在血缘关系中的个体都可以自由地选择；但另一方面它同时也限制了个体的对象世界，因为这种关系是自然性的延伸，由于自然性的局限性，血缘关系再广大也会有一个界限，它总是在到达血缘的尽头时就停止了。所以，以血缘关系为基础建立起来的对象关系不能够在血缘关系之外为个体提供更多的、更开放的可供选择的对象世界，这一点，把血缘关系最终局限于人类历史的某一个阶段之内。同时，血缘关系正因为它是个体的自然属性和自然关系的延伸，它的选择特性其实只对血缘的施主有利。也就是说，血缘关系之下的政治是伦理政治，是以年龄、长幼来分配给个体选择特性的政治，处在血缘关系顶端的个体往往是选择特性最活跃的个体，其他个体则是受限制的，甚至是没有选择特性的被选择的个体。所以，这种关系实质上对处于血缘关系当中的大多数个体的成长具有局限性和制约性。

在功利社会中，血缘关系有被强权者加以利用的情况。鉴于血缘关系的自然基础，构成血缘关系的门槛就比较低。换言之，血缘关系构成对象时一般不需要意识的参与，更不会用到反思的手段，它唯一的纽带就是血缘，就是以血脉来源及先后次序很直观地建立起对象的

接受与选择

广度和深度的对象关系。因此，由血缘关系延伸出来的人的对象世界就变得十分简单、特别清晰和容易选择，父母、子女、小舅子、姑嫂之类，甚至经过歃血盟誓的朋友也等同此列。这些称谓本身已经表明了血缘关系的远近，因而也隐含了这些对象对"我"的重要程度。正因为如此，血缘关系就很容易被强权者所利用。有些时候，"歃血盟誓"这种准血缘关系会胜过直接的、真正的血缘关系，因为它是成熟的个体有意识地结成的以血缘关系为基础的社会关系，它捆绑了其他目的，与自然形成的血缘关系相比，这种准血缘关系更具有功利性。

2. 经济关系中的"我"

构成经济关系主体的条件是简单的：只要个体是一个产权主体（不论其拥有财产权还是人身权），个体就具备了进入经济关系的可能性，而且构建经济关系要比构建血缘关系容易无数倍。在经济活动所能涉及的范围内，个体以其产权主体地位与其他个体结成了对象关系，个体的"我"的大小就表现在他能够把握的经济联系的范围和程度上。

在经济关系中，"我"壮大的可能性大大超越了血缘关系的局限性，个体的经济联系延伸到哪里，个体的"我"就表现在哪里。这样一来，"我"的壮大的途径演变成我的经济力量的实在性。此时，"我"的大小表现为我的经济联系的广泛性和深刻性，"我"作为经济实体的代表者反映的是我在社会中的产权地位。如果说血缘关系是个体依靠先天因素获得的对象关系（每一个血缘关系下的个体都是先有血缘的传递然后才有该个体的血缘关系），那么，经济关系则是依靠后天因素所获得的对象关系（每一个经济人通过参与经济活动的运行而确定自己在经济领域中的地位）。在这个意义上，个体围绕经济关系选择对象，就是依赖后天获得的能力选择对象，就是靠倚重经济秩序而轻视血缘规则来选择对象。在新组成的经济关系中，原有的"父母关系"、"子女关系"、"兄弟关系"等等血缘关系的主导地位可能会被拥有经济地位的个体所取代，这种结果被以血缘关系所决定的个体看来是一种人伦上的亵渎，是道德上的背叛。在他们看来，这似乎是不可饶恕

第五章 选择

的;而在经济人看来,不以经济地位衡量人的社会地位的伦理才是不道德的。不同的对象关系主体之间在道德上的冲突也由此而起。

人们选择经济关系下的种种对象,乃是因为经济关系所提供的对象世界远比血缘关系的对象世界丰富。由于人是对象性存在物,对象的贫瘠与富裕所表达的是完全不同的两种人性,追求对象的丰富性就是个体存在的重要缘由。经济关系把个体抛向一个通过发掘自身自然和社会关系来获得更多对象的领域,从而在实践的意义上解放了个体自身的自然,为个体带来了一个拥有无限可能的对象世界的未来。就此看来,与任何对象关系相比较,经济关系似乎是不可战胜的。

经济关系对个体的另一个重要的意义是它对个体之间的平等性的彰显,它让每一个个体真正实现了作为产权主体的能动地位。在经济关系中,每一个产权主体都有可能做经济活动的发动者,因为如果不让每一个产权主体都有机会发动经济活动,经济关系就可能形成一边倒的局面,最终整个社会的经济关系就不能维持下去。如果一个社会确立了不平等的经济制度,个体选择进入此类经济关系的主动性就会大打折扣。

在现实社会中,经济关系与血缘关系这两类对象关系往往以对立的两极表现出来:用经济关系取代血缘关系被认为是"认钱不认人"的行为,用血缘关系抵制经济关系被认为是"封建的、传统的、落后的"行为。事实上,这两个对象世界的对立恰恰是社会与自然的对立,是重视对象的社会属性还是重视对象的自然属性的问题的对立。经济关系以经济力量在社会中的不断延伸为主导,血缘关系以血统的自然传递为主导,前者不断地分化出个体之间的社会分工,后者则终结于血缘这一自然力所能到达的最大边界。

显而易见,在经济关系下个体被置于某种社会分工之内,他依靠社会分工的角色选择对象;在血缘关系下个体被置于某种既定的群体之内,受此制约,个体的选择则相当有限。

个体由于身处对象世界的层层包围之中,对象世界向个体显露的多寡、大小及深浅等对个体的作用就会不尽相同。血缘关系和经济关

接受与选择

系虽然都为个体提供了"他人"这样高级的对象，但由于血缘关系建立在自然属性和自然分工之上，这种对象世界给个体的作用也就限于血统、家族等自然力量的大小和多寡，而由于经济关系建立在社会属性和社会分工之上，它给予个体的就是源源不断的社会力量的延伸。就两种关系比较而言，个体选择了哪种关系，他也就把自己置身于这种关系下的分工体系之内，个体进一步的选择指向就基本上被确定下来。

七　英雄人物的导向

在"他人"这一对象中，英雄人物是一个不可忽视的特殊群体。

从历史现象看，英雄人物是曾经做过很多突出的事迹因而被群体拥戴的个体。在个体之间，英雄人物应该被看成是意识和意志比较突出的个体，他的能动性超越了一般个体的能动性。英雄人物一定是在某个领域比其他个体接受过更多的对象，他才做出了与一般个体所不同的选择，我们至今还没有见识过哪一位刚刚出生的婴儿就是英雄人物这样的奇迹。

英雄们往往把更多的个体看成他们的对象，他们为这些个体带来他们想要而不能得到的对象关系，因而被当成超出一般个体的特殊人类。英雄人物的能动性，就是他比其他个体接受更多对象之后所获得的自我的选择特性。英雄人物不仅以他自己的对象为对象，他还以大众的、群体的甚至全人类的对象为对象，他在走向英雄的道路上，代表了更多的同类的指向。由此可见，英雄人物在伦理观的角度具有"完人"、"善人"等为普罗大众服务和奉献的人格意义。克尔凯郭尔——黑格尔的一个主要批判者——后来证明，个人存在的意义奉献给普遍和一般。他指出："在伦理上，每个人的任务是去完成一个完全的人。"① 伦理观涉及的正是个体与普遍的关系,"伦理是普遍的,作为普遍性它运用到每个人身上"②。伦理生活最重要的特点就是实现其普遍性,用这一点说明英雄人物似乎是最恰当的。英雄人物的自我中包含了更多的普遍的我。

由此可见,英雄人物其实不是天才,他们来自于他们面对的更广泛的对象关系,来自于他们作为行动主体时在多大程度上包含了普遍的我。

经验告诉我们,英雄人物对于后人的选择指向具有十分强大的引导作用。由于英雄人物的存在,个体面前树起了一个伟大的"他人"。他是英雄,是一个成功者,这样的事实让以他为对象的个体不再怀疑,不再思考类似的对象关系的真实性。英雄们成为个体当然的楷模和导师,个体的选择特性受到英雄人物的对象关系的重大影响,个体未来对对象关系的指向被英雄人物过去的指向所替代,个体有放弃自主的倾向。

值得注意的是,英雄人物是他的时代的产物,因而对今天的个体而言他是过去的对象的历史,他所体现的是过去的对象世界的特殊性。在英雄人物身上,值得记取的不是他们当年所面对的那些强大的对象世界,而是他们的自我中包含了多少普遍的我。任何后来的个体在英雄人物面前可以学习的恰恰就是这种近乎大我的境界。个体从英雄人物那里掌握了丰富的自我内容,因而增强了自身选择对象的能动性。

八　迁徙是被动的选择

历史大迁徙是人类发展过程中具有重要转折作用的大型选择性活动,是群体对对象的选择。在迁徙中,群中的每一个个体参与、服从

---

① 翁绍军:《人的存在——存在主义之父克尔凯郭尔述评》,文化艺术出版社1989年版,第134页。

② [丹]克尔凯郭尔:《恐惧与颤栗》,一谌等译,华夏出版社1999年版,第48页。

接受与选择

群的需要开始了与自然对象的关系的重建过程。

迁徙就是以变更个体与原始自然的位置关系为标志的个体的位移过程。个体摒弃原有对象，选择新的对象世界，他的原始的自然对象整体地改变了，他的人化自然以及群的关系也有随之发生改变的可能。

在个体的对象关系中，有些关系是个体处于主导地位和作为主体角色而存在的，有些则是个体处在从属地位和受制于对象的作用而存在的。当个体发觉面对既定的对象他无法解构它们，也无法整体地改变它们时，个体就希望跳出原有的对象关系，重新选择能够自主的对象世界。但是，如果个体对他的视域内的所有对象都无能为力时，个体往往就会把自己的人生看成宿命。

迁徙，从表面上看是能动地选择，比如在形式上是个体选择了自己运动；但从根本上看，迁徙的前提是个体现存的对象已经不能被个体所选择，因而他实质上是被动地、以自己运动来调整对象关系、解决对象性矛盾的最后举动。在这里，虽然迁徙的诱因是多种多样的，但迁徙的初始指向总是被动的。从诱因看，可能的情形是，由于外界某个新对象刺激了个体，使个体的指向转向了新的栖息地，但个体被新对象吸引的根本原因，却还在于原有居住地已经不能继续作为他的指向的对象而存在，他只好无奈地离它而去。显然，这种来自外部的诱因对解除原有对象关系可以起到一定的助推作用。

另一些迁徙者的动因可能更直接一些：如果他们和原有对象的关系本身发生冲突，而且不能再维持下去，他们就不得不做出迁徙的举动，被迫地放弃原有的对象而迁往他地谋求新的对象。这是一种更直接、更明显、更易识别的迁徙活动。当然，就迁徙的结果而言，无论是表面看来主动的迁徙还是被动的迁徙，它们对个体的对象关系的改变具有同等重要的意义：迁徙是个体为了获得新生而被动地、无奈地行使最后选择权的"撒手锏"。

迁徙由于是个体在自然界中把自己从此地移向彼地，它总是带有个体思考之后再行动的痕迹。即使是被迫的迁徙活动，在迁往何处的问题上也必须由个体做出抉择。在这里，总是个体在先而迁徙在后，先有个体而后有迁徙，所以迁徙活动总是要通过个体而起作用。这说明做出迁徙的选择与个体意识的改变有着密切的关系。我们知道，个体的身体机能是有限的，但个体的意识机能则是广延的。换句话说，个体的良好的意识反映特性所提供的是个体可以超越身体局限与外界物质建立对象关系的能动条件。依赖这一条件，个体走出原有对象关系的阴影的可能性变成了现实。

迁徙一旦成功，其意义不仅在于个体对象关系的变换，更重要的是，它还为个体形成新的指向提供了重要的感觉基础。当个体在迁徙中选定了新对象，新对象不仅使个体原有的各种指向得以张扬，而且使个体针对新对象的新的指向呼之欲出。所以，迁徙从正面的意义上就是把个体从濒临危机的境地中解救出来，把个体原本已经泯灭的指向重新确立起来，并赋予其新的生命活力。成功的迁徙往往印证了这一点。即使是失败的迁徙，总比在原地"等死"的行为更加悲壮，更加彰显个体的能动性。人类历史上的几次大迁徙的成功足以证明：个体往往在迁徙中可以找到新生活的希望，个体应该把迁徙作为满足其新指向的重要途径。中国民间有句俗话叫作"树挪死，人挪活"，这显然是对个体迁徙行为的赞赏。由于迁徙，个体的困境被解除了，他从原有的对象关系中解放出来，从此获得了新的对象关系的契机。

迄今为止，与个体的迁徙愿望比较一致的对象关系是市场经济关系。这种关系形成了多个对象关系的中心，个体如果在西部的市场关系中不能使其发挥能动性，东南沿海较发达的市场关系也许正是他所需要的。市场导向使个体中最先萌发的指向迅速地变成了所有个体的普遍指向，个体宁愿在广泛的市场关系中寻找自己认同的指向，迁徙正是顺应了个体的这个选择。

迁徙对个体如此重要，但还没有人对此进行系统地总结和概括。为此，建议有识之士就"迁徙学"建立专门学科，通过对迁徙过程中各种要素的研究、对迁徙史的研究及对地缘关系等的研究，发现并阐释人类迁徙运动的规律性、个体在迁徙活动中的选择性以及迁徙对人类发展的广泛意义。

接受与选择

九　商品运动提供了选择的多样性

与迁徙具有同等的革命性作用的对象运动是现代商品生产和商业流通活动，它的核心内容是商品交换活动所带来的个体对象关系的变换。以货币为媒介的商品的运动对个体而言既是对象的位移，更是对象的展开。

每一个商品都是以人化自然为内容的使用价值与价值的凝结。这里的商品在个体面前不仅代表了它是一种特殊的具有自然属性的对象，而且代表了它是它的持有者（另一个个体）的所有物。因此，个体面对一件商品时，实际上是面对两个层次的对象物——他既和某种人化自然相结合，又和生产这件商品的生产关系那一端的人相结合。通过与一种对象物的相互作用，个体同时获得了两种对象关系。个体如果变换了他与商品的关系，他也就不仅变换了他自身自然的感觉特性，而且也变换了他在社会关系中的主体地位。

商品这一对象的变换与上一节的迁徙相比较，其难度虽小，但影响巨大。商品在个体面前的变换并不亚于人类迁徙活动对个体带来的影响——商品带来的革命性的影响力在于，它总是让个体处在连续不断的、高涨的"自我"壮大的过程之中。它不断地与个体自身自然发生交互作用而使得个体的肉体处在一个不断膨胀的张力之中，而且使得个体通过拥有该商品而不断地把自身置于社会群体中的主体地位之上。他虽然并未主动地发生位移，但琳琅满目的商品世界被它的所有者主动地推介到个体面前，让个体拥有了与迁徙一样的位移的效果。不仅如此，与迁徙相比，商品世界在个体面前不断变换的频次也是迁徙活动无法比拟的。这一点，强化了商品经济社会对个体对象关系的解放所带来的巨大作用。

个体与商品建立对象关系，就是与一种人化自然以及这种人化自然背后的那个个体建立关系。通过我掌握的某种知识，这种人化自然

第五章 选择

被我解构了，它转而成为为着我而存在的自然物，它与我形成的对象关系也支撑了我的这一感觉或知觉。我由于拥有了这一人化自然而增长了自身的能动属性。与此同时，我与这一商品背后的所有者建立的对象关系，尚不能算作一种固定的对象关系。因为建立这一关系的直接目的就是为了促进商品的运动，当商品运动完成之后，我与这一商品背后的所有者之间的关系也就消解了。但是，这一关系的实质意义，是我与这个所有者之间发生了直接的社会关系的交流，通过这件商品的交换活动，我的"我"与他的"我"碰撞了，融合了，无论是他的"我"征服了我的"我"，还是我的"我"征服了他的"我"，这里都正在孕育着一个总和的"新我"。

商品运动对个体的直接意义就在于它让个体不断地抛弃旧的对象，忘却旧的对象，他必须"喜新厌旧"，不断地选择新的对象。商品运动与其他对象的运动相比，它理所当然地增强了个体不断追求"新我"的信心，各种对象在与个体的相互作用中不断地壮大了个体的自我，他消费商品中所体现出来的主体能动性就像使他着了魔一样，他越是不断地与新的商品相结合，他就越是沉浸在新的能动性的喜悦当中。在这里，"新"和"旧"被区分得那么清楚，"现代"、"时尚"、"先进"、"富裕"等等这些名词总是代表着潮流和未来，如果你不"喜新厌旧"，你就不能跟上时代步伐。这一点，也成为商品经济普遍的道德观念之一。新商品源源不断地到来表明了一个事实：人的对象世界是无限的，人的未来也是无限的，只要在商品世界中遨游，人的自我的壮大就具有无限性。在商品的海洋里，"自我"就要沸腾了。

毫无疑问，在越来越多的商品面前，个体选择自己未来的机会增大了。这种选择类似于人类在较早时期从森林地带迁徙到肥水充盈的河流两岸的情形，但它比那个时期的选择更加多样、更加充实。个体从一种商品对象关系中离开，又介入了另一种商品对象关系，在不断变换、不断更替的商品对象中，个体的对象关系也不断地展开，个体也因此而发展和壮大起来。商品经济带来的人的对象的流动性与自然经济带来的相对静止的对象相比，前者无疑使个体增加了接受与选择

接受与选择

的机会。

十　科技与文化携带了新指向

科学技术是个体认识对象和解剖对象的专门工具，因而也是个体选择对象时重要的意识内容。

如果说迁徙是个体通过横向位置的移动而改变对象关系的话，那么，科学技术则是通过个体纵向深入对象的程度而改变对象关系的。通过科学技术手段扩展个体的认识或者改变对象世界的性质从而改变对象关系，是现代个体建构对象关系的重要方式之一。

对个体而言，他与对象的关系有一个深化的过程。个体为了使对象关系能够更加附和自我，个体必须介入对象的深处。科学和技术恰恰为个体提供了对象深处的属性。

如果没有科学技术，个体总是在对象的表面徘徊，总是在感觉和知觉层面上把握对象。科学技术不仅深化了个体对对象的认识，而且扩大了个体的对象世界。几万年前，人类活动的范围仅限于部落到达的地方，而今天，大到整个地球、整个宇宙，小到物质微粒、生物基因，都正在科学技术的指导下被人类全面地认知。科学技术帮助个体把对象世界层层剥开，在更大的范围和更深的层次上为人类提供了选择对象的可能性。

文化是个体基本的存在方式。个体所经历过的对象关系以个体的行为方式表现出来就是个体的文化现象，一个人的国别、民族，一个人的理想、信念，一个人的肤色、语言，一个人的行为、打扮，等等，既是自然关系和社会关系在他身上的凝结，又是他期望向外展开文化之旅的出发点。简单地说，文化就是个体对象关系的外化，就是个体获得的"自我"向外展开的结果。文化在人类群体中的意义在于，它是个体专属的向外界——至少向同类展示其所获得的对象关系的广度和深度的标识，除了用语言文化向外直抒他的获得性之外，他还用其

第五章 选择

他符号向外默示他的这一属性。

个体以什么样的方式存在，他就以什么样的文化展现自己。个体的每一种生产方式和生活方式都包含了文化的意义，文化对个体的意义就像呼吸对他的生命的意义一样是须臾不可分离的。个体通过文化这一形式使他已经拥有的对象关系在群体中获得了合理性和价值性。在这里，他建立对象关系是一回事，他要把这一对象关系呈现给其他个体又是另一回事。由于其他个体在他看来是有可能作为"反主体"而存在的个体，他呈现给其他个体时便尽可能地使这些对象关系对其他个体更具有合理的、价值的意义，以便从其他个体那里获得对他的对象关系的嘉许。因此，文化是个体对自身所历经的对象关系的合目的性的再现，是个体以"高雅"的方式对自我的显现。他排除了对象关系中杂芜的成分，只把那些精华拿来呈现给其他个体，只与同类一起分享这些精华所带来的快感。可见，文化在这里对个体具有证明他在同类当中的崇高价值的意义。个体选择"文化"这一高雅的形式而把自身归于更高的"类"当中，以示其区别于其他"低等"的物种，这就是日常生活中人们用"这个人没有文化"等最简单的定语贬低另一些人的原因所在。文化的"高雅"意义就在于，它让个体间的交流上升到了显现"自我"并拥有了"对等"、"对话"资格的地位之上。个体需要通过文化进行彼此间沟通的桥梁和纽带，文化因此成为其彰显个性的工具和媒介，成为"人以群分"的分水岭。一个人的什么方面最容易被他人所注意呢？就是这个人的文化特征。无论是一个人的政治主张、经济行为、思想观念或者最普通的生活习惯，只要是对自己的文化传统稍加改变，他人就会立即注意到你。人们为了引起注意——或者说为了显现他所获得的新的"自我"，往往通过改变其行为文化、观念文化来显现他与其他个体的冲突，如裸体游行、文身、接受新观念等，借以达到刺激甚至改变其他个体的目的。

狭义的文化更多地表现为过去的个体遗留下来的他们与对象之间进行相互作用的知识总汇。对新的个体进行文化教育，就是教给个体如何面对对象的思路、方法及真理，就是把以前的个体面对对象的经

接受与选择

验传授给新个体,就是让新个体直接地、近距离地从意识层面把握对象关系。

这就是说,个体在茫然状态下展开建立对象关系的活动,当然不如借鉴、吸收前人已经获得的知识来得快些。这种知识使个体的未知的对象变成了已经被意识到了的、被潜在地掌握了的对象,因而增强了个体在对象关系中的主体性。

文化教育就是传承对象关系的活动。文化教育者用以提供的知识,就是关于过去的个体所涉及的对象关系及其对这些关系的解构。这些已经知识化的对象关系能否占据个体的大脑,则与该个体现实的对象关系有关。换句话说,该知识对对象关系的描述是否符合个体已经身处其境的现实对象关系的真实性,是知识教育能否取得效果的前提。正因为知识教育需要接受教育的个体用已经积累在他自身的对象关系的实践检验目前这一知识的真伪性,很多教育都从还没有接受过多少对象关系的幼儿时期就开始了。在教育对象尚没有对象关系的积累时,教育最容易有效地进行。

无论如何,文化教育的两面性是不可否认的。在教育者的传播下,真实的知识可能会提高个体的意识,使个体把握现实对象成为真正可能;虚假的知识可能把个体推向一个远离现实的境界,使个体在现实到来时无所适从。在这里,教育者或者成为个体改造对象的重要"帮手",或者有可能是把个体推向深渊的一个"帮凶"。这说明,选择知识以及选择教育者是一件十分慎重的事情。

在形式上,教育者是理所当然的教育主体。文化教育中不可忽视的方面就是教育主体的作用。教育者言传身教,教育者传导着选择对象的范式。如果说个体的存在表现为自我与身体二重组合的话,教育者则撇开了我的身体,他直接是一种纯粹地影响和改造我的精神即我的"自我"的"他人"。教育者直接地指向个体的自我,直接地塑造我的自我,因而他对于个体来说至高无上。他不仅像其他能动的自然一样,是自然界中影响个体的最高级的自然,而且这种高级自然采取了社会认可和受教育对象默许的形式,他被个体自愿地选择出来,理

第五章 选择

所当然地接受他的改造。他运用既定的权威例如"教师"这一看似合法的身份改变他的对象——学生，他的重大的责任受到了挑战。

在现实社会中，传播知识的个体往往以特定的身份出现在受教育者面前。传播者的先入为主的身份使其在对象关系中自然而然地成为其他个体的主体。在这一身份的庇护下，他们对知识的取舍、他们对受教育者的态度、他们的社会责任感和良知等都会受到他们的理性和品格的制约。

文化教育的本质也许可以概括为：用我们已经掌握了的关于我们的对象及对象关系的知识，教给新的个体以应付对象的方式方法。它以一种意识改变另一种意识，以意识之间的碰撞、磨合、渗透及变革为目的，是一种意识覆盖以至消除另一种意识的、令个体可能产生痛苦的过程。由于任何两个个体所面临的对象均有不同，从不同对象中得来的意识之间就具有差异性或冲突性，文化教育活动的受体也就具有一定的排斥性。在现实社会中，人们为了减弱受体的排斥心理，一是让教育活动主要在长幼之间进行。年长者（或者先得知识者）一般居于教育者地位，年幼者知识匮乏，像个白板，因而是被教育者。二是通过功利等方式加以诱导。比如古代有"学而优则仕"，今天有"知识就是财富"等教育目标的召唤，使得教育活动能够正常地开展下去。

显而易见，文化教育在增强个体的选择特性方面具有工具的意义。教育者把前人与对象世界进行斗争的经验概念化、理论化，并把它们传授给个体。个体在还没有介入所指对象之前就已经获得了关于对象的意识。个体是准备进入这些对象，还是另选对象？他们所获得的知识已经给他们做出了回答。

文化教育通过改变个体的意识空间来改变个体的选择指向。人类通过文化教育增大了个体的意识空间，从而找到了教给个体选择对象的方式方法的捷径。人类的文化成果通过教育者传递给接受教育的个体的意识当中，塑造了新的个体，为他们关于未来的指向提供了透视器和显微镜。

接受与选择

十一　选择的原则与限制

个体的对象性的历史教给个体的选择行为往往以下面的原则为转移。

1. 趋同性

个体很容易接受与自己已经认同的对象具有相似性的存在物。面对这种存在，个体几乎会不假思索地接受它。个体愈熟悉对象，也就愈感觉到对象与自身达成统一的愉悦，也就愈亲近这些对象。陌生的对象是个体还未掌握其内在本质的对象，因而是个体的对立面，个体产生畏惧它、疏远它甚至排斥它的态度就是不足为奇的。显然，面对新的对象，个体往往指向他已经熟悉的对象，他愿意选择他已经接受过的对象。与这些对象为伍，他自身减少了许多冲突性。个体的选择特性具有趋同性。

2. 求易性

个体的选择指向有先易后难的倾向。在个体看来，对象与我的关系不外是复杂对象及简单对象与我的关系。如果简单对象可以满足自我的指向，个体更愿意选择这种对象。这是因为，个体指向对象的目的并不是实现对象，而是为了实现自我。只要是能够实现自我的对象，在二者功能相同的情况下，个体宁愿挑选易于得到的对象。显然，个体的选择具有求易性。

求易性从另一个侧面看则是人类的惰性。虽然说在对立中的统一才是真正的发展，在同一中的统一更趋近于相对静止，但个体为什么总是要处在发展之中呢？在许多时候，人类的"自我"大概是太累了，他不再需要"战斗"，而是希望在长途跋涉之后获得一点宁静与休息吧。当个体在同类中不再有竞争的困扰时，个体更愿意沉浸在这份宁

第五章 选择

静之中。他希望与对象达成和谐与一致，而不是让自身陷于紧张和对立。

3. 从优性

最优对象只是一种相对的存在。观察显示，个体宁愿在他力所能及的对象世界中选择最优对象作为第一对象。例如，当电影院里的座位全部成空时，看电影者就会以所有座位为视域并希望选择一个最佳位置（比如可能是那些较居中、较适合欣赏节目的角度和位置）；而当电影院仅剩下侧面几个座位时，他仍然希望在剩余的几个空位中选择最佳位置。再例如，如果电视节目有20个频道可供选择，人们就会从20个频道中挑选出最好的频道观赏节目，而如果17个频道都没有节目了，人们也希望从仅剩下的三个频道中选择最好的，即使他选择出的这三个频道中的最优频道在原来20个频道中是他不屑于观看的、非常靠后的频道，他也会乐此不疲地选择它。这就是说，个体选择特性受制于对象的范围：如果对象是有限的，个体的选择就是抑制的；如果对象是无限的，个体的选择就是充分的。但即使在有限的范围内，他仍然选择其中最优的对象。

除以上原则外，个体在选择中还受到身体本身的限制。

身体是既定的对象关系的产物，也是个体设定下一个对象关系的既定前提。尽管个体进行选择的能动性主要来源于个体的自我意识，但个体的身体却是这意识的载体，意识飞翔的翅膀被牢牢地拴在个体的身体之上。

个体的身体从开始由猿向人演变的时候起就希冀摆脱自身的局限性。但是，身体作为一个严密而有机的肉体组织，它自身的统一性同时预定了它一经产生就难以改变的特性。比如，它有四肢、五官，但却很难在一两代人的生长期内长出翅膀。几千年来，他的身体方面的变异远远不及他的思想的变化。他不能改变自身自然的种种特性，也就经常被自身自然所困扰，他唯有在自身自然力所能及的范围内活动。在人类后来的历史中，人们开辟了通过制造工具弥补人类自身自然先

接受与选择

天不足的途径。这一历史的开启,虽然革命性地改变了个体选择对象的历史,但人类生活仍然建立在个体的身体的基础之上的事实并没有根本改变。

就此而言,个体的身体在一定程度上制约了个体的选择特性。比如,一个身体强壮的人与一个体弱多病的人在确立以体能为指向的对象时就是有区别的;一个20岁的青年与一个80岁的老人在选择奋斗目标时也会迥然不同。当然,身体对个体选择属性的制约也仅限于与身体体能相关的对象领域。而体现人的更高层次的选择特性的,则是自我不顾身体阈限而做出的种种抉择,这一点,提升了个体的主体性。

同时,个体在选择中更受到社会交往媒介的限制。

首先是交往工具。就在2004年初,全世界许多人通过电视等媒体目睹了"勇气"号与"机遇"号两辆火星车登上火星的壮举。至此,火星近距离地成为地球人的观察对象。人们借助上述工具,把一个在仅仅靠自身自然条件的年代里只能在神话故事中才可能有的对象性存在变成了现实的存在。有了交往工具,个体自身自然的局限性就显得微不足道了。个体在更广泛的范围内选择对象也就成为可能。这从另一个侧面说明了交往工具对选择具有重大影响。

纵观人类发展的历史,一代又一代个体自身自然的变化是微乎其微的(现代人除了比古人长寿、身材略高之外,我们看不出还有什么更大的不同)。那么,现代人比古人的能力的强大表现在什么地方呢?它当然表现在现代人比古人掌握了更多的劳动工具的方面。现代人拥有先进的劳动工具,就是拥有了解放自身自然的法宝,就是站在历史上无数个个体的肩膀上发动他自身的自然,他还有不再强大的理由吗?

其次是商品货币。与自然经济条件下的人的交往给个体所带来的限制相比,商品经济条件则增强了个体交往的可能性。电影《刘三姐》中有句台词叫作"银钱无腿走千家",就是对商品货币的交往职能的恰当描写。从形式上看,商品运动是对象的运动,而且是主要围绕着个体的对象的运动。所以,无论个体是否愿意,商品总是(主动地和频繁地)跳跃到个体的面前,带有"强迫"个体选择的意味。

第五章 选择

但是，商品货币关系同时带来了一个对个体的选择性而言是反向作用的影响，这就是，它从另一个角度把个体与对象世界分割开来。在这种关系下，人们设定自己的对象受到了其拥有的商品货币数量的限制。在商品经济社会中，对象世界被分割到不同的个体手中，其他个体欲以此为对象时，必须假以货币等媒介才可以实现。在这里，为了以其他物品为对象，个体首先必须以货币为对象。个体只有与货币相统一，他才能与其他物品相统一。货币成了个体通往其他对象物的通行证，也造成了他通往其他对象物的局限性。由于货币掌握在不同的个体手中，当个体以货币为对象时，他就不得不以其他个体为对象。他只有与其他个体进行劳动的互换，他才能获得更多的对象。因此，人与自然的关系被自然的不同的持有者形成的所有制关系分割了。

罗素认为，私有财产制度带来了女性的从属状态，通常还创造出一个奴隶阶级，一方面是把社会的目的强加给个人，而另一方面，个人已经获得了一种把自己的一生视为一个整体的习惯，于是越来越多地为着自己的未来而牺牲自己的目前。① 由于个体在幼年阶段把握对象时充满着的难度，当社会财富集中地表现为货币时，个体总是到了成年阶段才具有了获得它的能力。现代社会义务教育的优越性在于它加速并保护了个体从幼年阶段向成年阶段的转变，因而在一定程度上杜绝了个体在幼年阶段就必须做出身体牺牲的可能性。义务教育的阶段越长，个体就越接近他的成熟状态，那种来自罗素的"牺牲"的成分就有被进一步减少的可能。

此外，个体在选择中还受到其观察视角的限制。

当个体是一个选择主体时，他首先是一个观察主体。在观察的意义上，个体的视角决定了其取舍对象的广度和深度。在本意上，视角

---

① ［英］罗素：《西方哲学史》上卷，何兆武等译，商务印书馆1963年版，第39页。

接受与选择

正因为它只是一个"角",它总是朝向某个方向而忽视了另外的方向。视角来源于对个体身体感官的形象化描述,只要是从感官出发去观察事物,就必然有一个视角。比如眼睛只是长在脑的前部,它自然无法看到脑后的东西;再比如当眼睛正视前方的时候,前方的障碍物遮挡它的视线而使其无法到达障碍物的后面;还比如不只是眼睛这个单一器官——而是整个身体——当它处在世界的一个角落的时候,他凭借他的身体想看到世界另外一个角落似乎是困难的。如此看来,以单纯的身体作为观察对象的施主时总会遇到视角方面的限制。比较完善的视角是建构在意识之上的对对象世界的观察,比起身体的感官,意识所形成的"视角"对世界的本质的把握更加深刻,意识也能够"观察"到对象世界更多的侧面。由于意识的这个特性,个体的选择视域就有扩大的可能。面对庞大的自然界,个体的选择总是也只能是从某个侧面开始,先从一个侧面再到更多的侧面,然后才能逐渐地走向全面。选择,在任何时候都是对可"观察"到的对象的抉择。

人类的历史之所以出现诸多的遗憾,恐怕与人类的这一先天的视角缺陷有着密切的关联。随着年龄的增长和见识的增多,个体的视角也日益全面和深入,选择也就更加接近人类总体的视角所涉及的范围。

中国古人有云:"不积跬步,无以至千里;不积小流,无以成江海。"这足以说明,个体要想到达一个境界,必须拥有丰富的时空阅历。对象世界的扩大,让个体的"时空阅历"及以此为基础的主体能动性也进一步扩大了,与个体曾经接触过的对象通过演变成为个体的感觉、知觉及意识等等主体特性,建构了个体的对象视域。个体之间的差异性不在于彻底消除这种视角上的片面性,而在于谁能够尽快地缩短从片面的视角向全面的视角的转变过程,谁就是选择中的优胜者。

第六章

指向的属性

在接受与选择对象的过程中，个体的指向也由虚空走向充实，指向成为个体属性发生变化的标志。

指向是个体联结对象的目的性。在形式上，指向表现为个体的本能、欲望、意识等等属性企望脱离个体的张力，因而是个体内在的本质力量凝结而成的运动方向；在内容上，指向则是统摄个体与对象双方的一个关系代词，它就是个体与对象形成的交互性在个体一方的表现。任何指向都包含着个体面向对象时个体主动性的规定性，它表明的是个体的存在意向，它通过个体所指涉的对象，把个体的本质外化出来。故此，个体始终是一个时刻抱有指向的高级动物。个体的存在显现为个体指向的存在。没有指向的个体是内敛的、收缩的，对于其他存在而言，他是非存在。

一　指向的来源

1. 原始指向

每个个体都拥有原始的指向，正像每个个体都携带了自身自然一样。原始指向在个体出自娘胎之时就存储在个体的肌体里面。一旦个体诞生，这些指向便向外展开。

接受与选择

原始指向是一种先验的指向。原始指向是母体孕育个体的肉体时镶嵌在肉体里面的力的聚合，这些力量因为它们在肉体诞生之前从未向外展开过，所以它们没有经过任何对象塑造和检验，它们纯粹是先验的存在。显然，先验的指向可以是舒张的，但它并不一定是确实的。先验的指向正因为它先于经验，它没有经验，所以它就未能获得实在性的证明，它就不能自主，它就有可能被进驻而来的对象所主导。所以，尽管先验的指向具有无可挑剔的纯洁性，但也具有脆弱性，它是那样的可贵，但也是那样的易逝，在纷繁复杂的对象世界之中，它注定不能自己决定自己的命运。

原始指向是一种盲目的指向。由于原始指向未曾经过任何对象的检验，也未曾被任何对象所激活，当原始指向向外展开时，它不知道应该指向何方。它可能为肉体的需要所驱使，但这肉体由于也未曾获得过任何对象，它因而不知道与何种对象相结合才是它的归宿，于是，它们就同时充满了盲目性。它们在内容上什么也没有，它们只有空洞的向外伸展的嗷嗷待哺的呐喊声飘荡在空中，它们将要被即将到来的对象世界所充实，以便确立清晰的方向。

原始指向是一种物化的指向。正因为它是镶嵌在肉体里面的，所以它就是肉体的某种属性，而且是肉体的某种物理属性。它也许有一点点向个体发散出来的精神导向，但它更重要的是与肉体一同生长，不可割裂。这个时候，如果抑制指向，就是抑制肉体，如果祛除指向，就是祛除肉体。正因为如此，人们在对待婴儿时总是顺应着他们的需要而为他们提供对象。强制性地改变这种指向有可能使婴儿向畸形的方向发展。

个体从母体中脱胎出来之后，他的原始指向可能会保持一个时期，但最后会因它所遇到的对象世界的不同而发生转向。从现存的个体看，处在后天实践中的个体的指向表现为两个大类：一类是源于自然属性的指向，另一类是源于社会属性的指向。

2. 自然指向

个体发自肉体的需要经过个体的心理或行为映射在某种对象之上，

第六章　指向的属性

乃是个体的自然指向。单方面看，自然指向是直接的、简单的、通透的指向。比如肉体，它的需求很明显地表现为肉体在能量消耗之后所形成的虚空需要填充物来满足，它直接地指向那个填充物。它发源于它自身，表达的是肉体自身的力的方向，它是个体身上原始的、未曾增加任何其他目的指向，因而是排斥那种试图消除原始自然的成长性的意志的指向。从另一方面看，即从对象对个体的作用看，自然指向在先天的方面来自于形成个体的对象的质的规定性。在个体的肉体生成上，那些生成肉体的质料的生物化学特性，奠定了肉体里面力的基础，它们是肉体指向的始作俑者。正因为如此，肉体的指向总是指向它的同一体：肝脏指向了具有肝的成分的给养物，心脏指向了它所能容纳的新的对象，如果相反的话，肉体就会出现排斥反应。

自然指向的初始状态等同于原始指向。除此之外，这里的自然指向还包括个体后来遇到的自然对象作用于个体之后个体所发出的指向自然的方向。

应该承认，自然指向是低级的指向，是带有动物性成分的指向，它是人类由动物向人转化过程中必然经历的初级阶段。纯粹原始的自然指向是不确定的、没有独立性和方向感的指向，它自己也不知道自己的未来是什么。比如胃囊，它只感受到饥饿—温饱这种周而复始的过程，"温饱"就是它的终结，就是它的全部存在，在"温饱"之外，它没有任何未来。相反，当它在个体发生贫困的状态下与另一个同类分享那微薄的食物时，即使它自己由于有限的食物而没有达到温饱的程度，它——"胃囊"也被赋予了新的含义：这个胃囊绝对不同于猪和狗的胃囊，因为它不是埋头只为自己这种本能的需求而存在，它是为了另一个同类而存在，它忍受没有获得温饱的煎熬，与它的主人一起完成了一次崇高目的的旅行，它已经不是原来的原始的那个"自己"了，它超越了它自己，它开始摆脱其纯粹的、原始的自然性，它的未来变得明晰起来。因此，低级的自然指向需要在个体的成长中发生转变，只有转变为个体的社会关系所认可的指向，它才能够被确定下来并表现为个体持久的向外伸展的方向。

接受与选择

3. 社会指向

个体面向社会的指向是个体与他人交往之后获得的指向。个体从接触到第一个其他个体开始，他人就对个体的成长过程起作用了。比如，当个体第一次发现这世界上竟然有一个与自己长得很像的同类动物时，他除了好奇之外，类意识也开始萌动，他产生了趋向于这个同类的某种冲动。再比如，当某人第一次用他已经形成的对男孩子的标准向一个幼年阶段的男性个体说：男子汉应该是坚强的，哭不是男孩子应该表现出来的行为；男孩子应该是强壮的，能吃苦耐劳的，能干力气活儿的，柔弱不是男孩子的品质等等。此人的这些评价，直接面对了这个男孩子的现实存在，男孩无论是否同意这一观点，他都无法回避这一存在本身。面对他人抛来的关于"男孩子"的价值取向，这个男孩或者接受他人施与他的指向，或者产生相反的指向。因为有了他人的到来，个体的指向便有了确定的方向。正是在与个体所接触到的每一个他人的交往中，个体的各种社会指向才树立起来，明晰起来，增强起来。所以，个体的社会指向就是他人对个体的要求和期盼，是他人的指向在该个体身上的投射和烙印，他人的主体意识通过该个体表达出来，他人的选择特性在该个体身上得以体现。

依此看来，形成个体社会指向的重要的社会力量至少有三股：一是与该个体建立了各种对象关系的其他个体，包括父母、兄弟姐妹、朋友、同事以及其他建立在劳动关系之上的社会成员等；二是已经形成的社会规范，如法律、道德、宗教、习俗以及其他社会制度等；三是现有的知识体系，包括哲学社会科学、神话传说等对个体意识形态的影响。

后天的社会环境对个体将要产生的指向具有重要的诱导作用，但社会的道德律往往在低级层次上支持了个体的自然指向。例如，一个处在自然生长阶段的人做自然的、原始的、动物性的事情，会被认为是合理的，如果他做了社会性的事情，就会被赞赏性地

第六章　指向的属性

认为是早熟的、脱离了幼稚性的表现。比如小学生，主要是长身体和学知识的阶段，他在家里或者在外面表现自己的自然性，是人们可以理解、容忍甚至给予支持的。但是，一个成年人，假定18岁以上被视为已经成年，这个时候，他还是一味地表现其自然性的一面，却对社会常识、社会知识、社会责任熟视无睹，那么他就可能被人轻视，甚至被成年社会所排斥。这就是对象世界给予个体不同的指向的态度。

另一方面，一个人在成年后仍然不得不以延续自身的自然属性为其指向。这种情形来源于人的自然性被社会化的趋势。比如女性，在成年后仍然被社会要求保持其青春、美丽等魅力，这说明个体的自然指向是实践性的。在孤立状态下，个体的自然成长阶段是渐进的，但在进入社会之后，个体的社会化过程就会随着个体对象世界的不同而变化，原来自然的、渐进的、秩序性的成长过程有被分化的趋势。

二　指向的表达

以上是我们在抽象的意义上对个体指向的来源所作的描述。实际上，对个体而言，他在同一时空内所接受到的来自对象的指向是多种多样的力量交织在一起的。多重的、多角度的、多领域的、来自对象的多种对象性力量同时聚集在个体身上，个体最后反射出来的指向是他经过自我取舍之后的指向。面对众多的牵引力量，他过滤、筛选它们，在力量对比中权衡它们，最终将他选定的一种指向表达出来。

个体能够从投射到他身上的多重力量中取舍出一种指向作为他将要对外发出的指向。从物质层次看，是因为我们所称之为个体的这个物，他来到我们面前时已经是一个具备了感觉器官和大脑的思维机能的个体。他提供的条件就是使来自对象的那么多的对象性力量同时聚集到他的神经中枢这个平台之上，从而使这些力量有了相互碰撞的可

接受与选择

能性，经过碰撞，总有一种力量会胜出。从关系层次看，个体受各种对象关系的制约，这些关系可能来自原欲的、经济利益的、虚荣心理的或者空无理念的等等方面，个体在众多的指向中选定比较符合某种外部关系所要求的指向，并引导这种指向迸发为下一个选择行动的活力之源。

就指向与选择的关系来看，先有指向而后有选择，这个次序应该是没有疑问的。过去的对象关系塑造（或者激活）了个体的指向，个体在指向的引导下展开了选择过程。选择行为发出时，他已经由某种指向所支配。因此，指向是内在的，选择是外向的；指向是对象力量的积蓄，选择是对象力量的外化；指向是无声的行动，选择是指向的呐喊。

由于对象天生就是与个体相分离的，指向在表达过程中被抑制的情形就是大量存在的。当个体携带着被前对象关系塑造而成的指向展开选择时，被指对象是否存在以及被指对象的性质、特征等是确立该指向在新的对象关系中的地位的重要前提。当指向遇到不存在的对象时，指向便有退化的趋势。比如，孩童阶段的一个重要的指向是渴望父爱和母爱，而在没有父母的孩子身上，这种指向会受到强烈的抑制。再比如人类离开森林之后不再需要攀缘造成尾骨功能的退化，以及运动员身上与运动项目相关的器官功能的发达与进化等，都说明了对象对个体指向的产生与否具有强大的影响力量。

指向产生于个体的对象关系，也再现于对象关系。也就是说，指向的生命力存在于它所指向的对象关系之中，对象关系终止时指向也无从表达。同样道理，指向的深化也依赖于对象关系的持续发展。当个体与其对象在一起的时候，个体通过他与对象之间的交互作用深化了它们之间的对象关系，同时也丰富和深化了个体的指向的内容。显然，这个时候的指向被自我总和在一起，它来源于对象关系，又高于对象关系。沿着这个新的指向，个体的选择将会高于之前的对象关系。以个体自身自然的发展为例，个体在与其他个体形成对象关系的过程中，把自身与他人相比较，在比较中发现了自己身体的强壮、面容的漂亮等等，个体在下一步选择对象关系时的出发点就可能指向这个方向。

历史地看，个体的指向具有随着年龄的变化而变化的特征。例如，幼年时期的个体因为处在成长阶段，学习性指向可能是各种指向的核心；青年时期要考虑成家立业，择偶、择业的指向成为主流；壮年时期养育子女、赡养父母、奉献社会等责任凸显，各种奋斗指向成为主导；晚年时期进入了养老阶段，反思人生、回归对象世界、走向虚无的境界的指向日益强烈。个体的年龄特征表明，个体指向的深层意义就是个体在有限的时段里经历过的对象的历史的多寡。随着年代的增加，个体遭遇对象的数量也在增加，这一过程在大多数个体那里表现为与他们的年龄是同步增长的，因而当个体年龄不同时，我们看到他们的指向也全然不同。当然也有例外的情形，比如有些个体年龄大了但心态很年轻，稚气尚存；有些个体年龄很轻但心态却很苍老，这种指向与年龄的反差与这些个体在不同年龄段获取的对象数量的多少不无关系。

三　性指向

性指向是成年男女的普遍指向，是成年人向他人表明自己是一个完整个体的生理和心理倾向。换言之，性指向是个体作为一个成年人向他人的宣示，是个体走向成熟的标志之一。一个未成年的个体在性意识上是混沌的，或者说无论未成年人是男是女，其性指向因为没有达到成熟的状态，因而在性指向上是中性的，或者说是不具备性指向的个体。成熟的性指向发生在成年个体之间，它在生理上表现为个体肌体的幼稚阶段结束之后整个生命处在亢奋活跃时期开始求取对象的状态，在心理上表现为个体的羞耻意识、私密心态和对于他人的防范意识出现之后自我开始独立的整个阶段。

把性指向纯粹理解为性交指向是狭隘的。这里的性指向不仅仅指向异性，性指向是针对任何他人而言的，是个体走向成熟的标志。对他人来说，性指向的产生表明你变成了一个独立的个体，一个开始能够把自己与别人区别开来的个体，一个需要以别人的身体来审视自己身体是否成熟、是否完整的个体。性指向表现的是你和别人的区别，你就是你，你不是别人。在性指向的引导下，当你观察别人时，你一定夹带了与他的自身自然进行比较的潜在目的，你在比较中肯定或者否定自己，并把自己引向更加完善的方向。

以幼年阶段的儿童为例，此阶段的个体仅仅具有一个指向，这就是他（她）对父母（或者对社会）在生存方面的依赖性。当他开始走向成年时，他的生存的依赖性开始减弱，而独立性开始增强，他需要向社会证明自己的成熟性。因此，他（她）努力表现自己的性指向，希望他（她）的家庭以及社会尊重其已经进入独立和自立阶段这一事实。

可见，个体的性指向需要他（她）所在的群体予以接纳和支持。如果没有"他人"可以与之交往，个体就不能证明自己的独立性和成熟性，个体的性心理可能遭到压抑，成熟过程就会延缓进行。虽然性的选择起初是个体基于自然属性成熟之后的选择，但是，由于性指向直接地涉及人与人之间的社会关系，这种指向的自然属性便会受到来自社会关系方面诸多因素的制约，基于这一点，符合社会关系要求的性指向往往能够被个体选择并保存下来。

男女之间的性指向除了上述意义之外，还有其生理上的特殊性。以性交、抚慰、倾慕对方为指向的性行为，是双方通过自身自然之间的交互作用而对自身骚动着的感觉的平复和回归，是个体与异性之间的肉体器官的能动性的印证，在一定程度上反映了个体生命在瞬间上的永恒性和实在性。当这些感觉上升到个体意识层面时，个体精神领域便产生了无限的张力。

性指向中有一种根深蒂固的指向是"处女情结"，这一点在女性那里与男性那里同等重要。如果说异性相互之间的指向是对自身自然的指向的反证，那么，个体希望这个证明者是纯粹的、唯一的对象，是

第六章　指向的属性

从宇宙本原那里来到我的面前的对象。个体希望在对象身上探寻自身自然的密码，就这点看，怀有处女情结这一指向的实质，是个体希望探寻原始自然的本原性的情结使然。

自然界与人类自身相比，自然界更具有永恒性，原始自然界代表的就是永恒性。就此而言，人自身自然的初始性也具有永恒的性质，与这一性质相结合，就是与永恒在一起。在这一点上，"处女情结"表达了个体对生命的永恒的理解。

在以异性为对象的性指向中，还有一种较为特殊的指向，就是"独身主义"。独身主义者在性指向上，似乎有着强烈的意识能动性。如果说婚姻中的现实主义者对异性的理解是感觉主义的，那么，独身主义者则是超越感觉层面的理性个体。这里有两点也许是突出的，一是对独身主义者而言，其他异性个体在他（她）看来可能不足以作为他（她）的指向的对象，因而在独身的个体身上性指向可能被淡化。二是独身主义者的性指向直接地指向他（她）自身。对他（她）而言，对象与他（她）的指向具有较大的差距，或者说眼前的对象还不足以成为他（他）的性指向的对象，他们尚不及他自身更完善，他（她）因此便把这种对象性关系集结于自己本身。这种在现实社会关系中原本由两个以上个体所承担的对象关系在他（她）那里统一在一个个体身上。

随着个体与他人的对象关系的深化，性指向则越来越受其他社会关系特别是经济关系的制约。在历史上，男尊女卑这种社会地位的形成与耕作农业的生产方式给予男女双方的不同指向有密切的关系。"旧石器时代的几百万年中，男女平等比此后的任何时代都做得好，其主要原因就在于当时的女性对于团体获得食物的贡献不说大于男性，至少是同等的。"[①] 斯塔夫里阿诺斯进一步指出，据一项对仍然存在的 90 个食物采集部落所进行的研究，人类

[①] ［美］斯塔夫里阿诺斯：《全球通史：从史前史到 21 世纪》上册，董书慧等译，北京大学出版社 2005 年版，第 8 页。

接受与选择

学家们发现在这些部落中，男人负责狩猎动物、提供肉食，而女人则负责采集营地周围能够发现的一切可供食用的东西：植物块茎、浆果、坚果、水果、蔬菜、昆虫、蜥蜴、蛇类、啮齿类动物、贝类等等，妇女的这些劳动指向同样是为了满足部落中"吃"的需要，这一点显然提升了她们与男性在经济地位上的平等性。[1] 相反，在农业社会以耕地作为主要劳动方式的活动中，女性的地位逐渐衰微。男子负责耕种，就是负责完成与人们的第一位的生存指向"吃"有关的事务，女性负责织布，就是负责完成与人们的第二位的生存指向"穿"有关的事务。在这里，妇女从田地劳动中退了出来，转而从事一种与首要的生存条件相去较远的劳动——织。由于这种劳动的结果与那个时代的首要的生存指向的相关性较远的缘故，女性的地位也就随之下降了。"穿"虽然更带有美学的意义，但在生活水平低下的时代里，先保障生命的存在似乎显得更加重要。

上述分析在更广泛的意义上给了我们一个重要的发现：当一个人的自身自然进入个体的社会指向之后，个体的性指向便越来越模糊了，而社会指向越来越清晰，衡量个体的社会地位不是看他的性指向是如何的，而是看他的社会指向比如说经济活动的指向是如何的。如果说性指向仅仅表明了个体之间的平等性，那么，社会指向则把个体引向等级化的方向。

站在个体的角度看，对象世界被他区分成不同的层次。他用来区分对象的标准之一，就是根据对象对他的自身自然的重要程度而把它们区分为远近亲疏的关系，比如，吃—穿—用—行的次序就反映了这种生活的逻辑，在维持生存的时代，吃为上；在以吃为上的时代，获得物质资料的能力为上；在以身体的体力为手段获得物质资料的时代，男性为上。

---

[1] [美]斯塔夫里阿诺斯：《全球通史：从史前史到21世纪》上册，董书慧等译，北京大学出版社2005年版，第8页。

第六章　指向的属性

四　劳动指向

　　劳动是个体获得对象以建立对象关系的基本手段。自劳动产生以来，虽然它对个体具有强迫的性质，但同时它也发挥着解放个体的作用。如果没有劳动，个体依赖纯自然界"赐予"的成分就会更大，他受制于自然界的作用也就更大，从而他饿死、冻死的可能性也就更大。就此而言，劳动实质上是个体挣脱自然界束缚的一种自由举动。在某种意义上，劳动的个体与不劳动的个体相比，前者的主动性和自由程度要比后者大很多倍。

　　劳动指向是大多数个体向社会纵深处延伸的指向。这是因为，如果从实践的角度考察个体的对象关系，决定个体一切对象关系的根本关系其实就是劳动关系。劳动关系潜藏在所有的人与自然以及人与人的关系的最深处，支配着其他一切关系的运动和发展，它自然地支配着接受与选择关系的运动和发展。

　　劳动指向直接指向原始自然，指向个体的第一存在。它把原始自然界以及人的自身自然作为它的直接对象，就此而言，它抓住的是个体最根本的关系，是其他一切关系的发端之处。

　　劳动指向指向自然界时，它十分明确地希望个体在劳动中居于主动地位。所以，高山、平原、江河、湖海等等自然界，都在劳动关系中被个体作为改造的对象，劳动者从中获取了他的劳动成果，他便实现了主体目标，他因而被置于对象关系的主导地位。

　　劳动指向也指向他人。第一，他希望他人成为他通向自然界的"战友"而不是"绊脚石"。个体在劳动关系中指向他人，就是希望与他人的关系服从于他的劳动的目的性。第二，他希望他的劳动成果能够获得他人的认可，使这一成果上升为群的普遍成果。所以，劳动指向在它指向自然界时，他同时充满了对他人即"群"的依赖性。受"群"所影响，劳动指向具有了群所具有的种种属性。

接受与选择

当然，劳动指向在根本上是指向个体本身的，它以满足个体自身自然需要为转移，向外展开时永远不会脱离这一始点。因此，劳动指向所要解决的其实是个体的根本问题，是个体能否存在、如何存在的问题。在个体心目中，劳动指向具有压倒其他一切指向的意义。照此看来，劳动指向在某种程度上也左右了个体的自我的导向。自我作为一个比个体更能够"识大体、顾大局"的决策者，他更愿意首先解决个体的劳动指向，然后再给其他指向以机会。

五　意识的指向

个体的意识是具有方向感的意识，它一经产生就携带着明确的指向。

意识的指向镶嵌在意识的内容之中。通过个体的眼、耳、鼻、舌、身等感觉系统，对象关系被输送到个体的脑神经中枢。诸多对象关系的信息同时涌入大脑并集合起来，大脑需要经过计算排列才可以解决所有对象关系同时涌入大脑的矛盾。经过大脑机能的运用，对象关系被大脑一一识别、筛选和排序，并以某种概念、判断和推理的结果储存在大脑之中。

大脑中的这种结果理念地反映了各种对象关系。它们与原有的实体对象相分离而与个体相结合，它们相对独立地成为在个体原来的"有"之上叠加起来的一个"新有"，当它与个体相统一时它也把对象给予它的指向输送给了个体。因此，意识携带了对象的指向移居到个体的大脑之中，作为思维可以统摄的信息质料，与个体的神经系统相结合。它指挥个体，变成为个体的现实的指向。

意识指向作为个体精神世界的一部分，它是一种超自然的指向。意识通过大脑机能指挥了个体的神经系统，意识的指向外化为个体的精神的指向，它时刻受到它所得到的对象关系的指向的撞击。因为它的超自然性，意识指向总是在它向外展开时能够驾驭来自对象世界的

第六章 指向的属性

那些指向。它们之间的碰撞，既焕发了意识能动性，推动了个体精神世界的运动，也把个体置于对象关系的主体地位之上。

总体上看，意识与其他指向相比具有总和性。前文已经讨论过，源于个体自身自然的指向是单向的、简单的、赤裸裸的指向，比如眼睛指向可视物体，鼻子指向物体的气味，耳朵指向声波等等，每一个感官都无法总和其他感官的指向。而意识——来自大脑的机能所获得的意识却可以析出进入它里面的所有对象关系的指向，它总和这些指向，并根据自我的需要进一步向外展开。

就此而言，个体的意识是个体所获得的各种对象关系的指向的总代表者，它指向总和，指向统一，指向个体作为一个有机整体时自我所要进行的自在自为的循环。显然，意识总和个体所有的指向使得它成为个体最值得信任的指向表达者。

第七章

社会关系的困境及其消解

当个体以他人为对象时，个体便进入了一个由高级的能动自然所组成的群体关系之中。从对象的不同性质对个体产生的作用看，他人对个体而言是自然界中除"我"之外的最高产物，他做我的对象时便是自然界最高产物与我结成了对象关系，因而是个体所有对象关系中最高级的对象关系。

这一对象关系在传统的意义上被称为社会关系。就人是自然界高度发展的产物而言，社会关系就是广义自然界中具有能动性的高级自然之间的关系，是个体以同类为对象所建立的充满了意识能动性等内容的对象关系。因此，社会关系便居于人的对象关系中的最高层次，它处理的是个体从原始自然界和人化自然界携带而来的成果的合理性问题，以及个体之间由此产生的意识能动性的作用范围和界限问题，诸如家庭内部所指涉的权利与义务、劳动过程中的分工与协作、人与人之间的道德规范、国家对个体的法律约束、政党之间的政治活动等等。

一 困境的产生

综上所述，社会关系是两个（或多个）高级的能动自然之间的关

第七章　社会关系的困境及其消解

系，鉴于这种关系对个体的终极作用，它很快地进入个体指向队列的头排，成为个体选择对象时的第一指向。个体的社会关系的一端——另一个个体，由于他是从他的前对象关系发展而来的、在他目前的对象世界中存有的最高级的对象，因而，我与之交往，就是与最高级的对象交往，这种交往的结果是我的对象关系中的最优结果。

由于这种倾向性，个体的选择就出现了跳跃性——他往往希望跳过与原始自然及人化自然的对象关系，直接地与他人建立对象关系。按照个体的对象关系的历史演进次序，个体的发展源于对象从低级到高级的转换，是逐级而上的对象关系的历史堆积，对象的演变过程成就了个体的历史。换句话说，当对象停滞时，对象关系也是停滞的，个体也就是停留在当前状态的。任何一个个体的自然的历史过程是其随着对象关系的演进而增长的过程。

正因为如此，任何个体之间都存在着差别，这种差别来源于他们之间对象关系的历史的差别。如此一来，当两个个体相遇时，如果一方没有经历过前对象（比如原始自然或人化自然）的接受过程，他与另一个体之间的对象性的历史就不是"门当户对"的，他们的对象积淀在个体身上的"自我"之间就存在较大的差距，其间出现相互依附的现象就是可能的。只有两个同时经历了相当水平的对象关系的个体才有可能是对等的，才可以相互并进和共同发展，那种在前对象缺位状态下形成的个体之间的关系，在实践上必有一方个体从对方身上不能找到与之对应的前对象关系的影子，因而这种关系对一方可能是发展，但对另一方则只有抑制，从而使这种对象关系在总体上缺少进一步发展的机制。这就是在人类社会关系演变中所遇到的困境。

个体的对象关系正因为它是对象关系，对象——对象的性质以及水平——是形成个体的对象关系的性质和水平的重要前提。在社会关系中，由于那个作为个体的对象的另一个个体在纯粹的意义上来自于原始自然和人化自然，你不知道他以前的原始自然和人化自然，也就不知道他的过去，当他来到你的面前时，他作为对象的属性也就是一个

接受与选择

未知数,你指向他的选择特性与他指向你的选择特性就存在不相一致的方面。因此,与最高级的能动自然建立对象关系就只是个体的一种潜在的指向。要使潜在的指向转化为现实的指向,个体必须经历一个复杂的渐变过程。即他自身首先必须完成与原始自然的关系的转换,使他自身的原始自然充实起来,不致因为处在虚空状态而使原始的指向出现迷茫、慌乱甚至野蛮的特征;其次他必须完成与人化自然的关系的转换,他发觉人化自然,体验人化自然,运用人化自然,在与人化自然的变换过程中,他掌握了人类凝结在人化自然中的已经被人的实践所证实的前卫的知性,掌握了通向自然的最好的工具,掌握了人类最优秀的文明成果。通过这个转化,他已经是脱离了低级的自然状态的个体,是综合了原始自然和人化自然的高级的能动的自然物。只有在这个时候,他才能真正地与其他个体建立人与人之间的对象关系,即社会关系。如果不能经历这些转化,个体之间就会出现巨大的差异:一方是还不成熟的没有经历过感觉的我及知觉的我的体验、没有调动过感官能动性的自然物,另一方是已经成熟的、具备了意识能动性的高级自然,两者之间的交往结果就必然出现一方是未发展起来的人,另一方则是已经发展成熟了的人,结果是一方成了另一方的附属物。个体的发展要么出现人性的变异,要么停滞下来。

这就是说,在渐进的、拾级而上的对象关系的展开过程中,个体本身的人性的成长才是可能的、正常的;而在超越对象发展阶段的对象关系所得到的社会交往中,个体之间的关系有可能是扭曲的、非人的。然而,在个体所能体会到的"个体面临的对象越高级,其对个体的作用也就越大"的原则的驱使下,许多个体在选择对象时是"直奔主题"的——他们希望撇开低级对象,直接与那些高级的能动自然建立关系。由于个体自身并未在前对象关系上发展起来并获得积累,他与这一能动自然建立的关系,就把对象关系的水平拉回低级的层次。这样一来,这一对象关系——社会关系——的发展就是缓慢的。

第七章　社会关系的困境及其消解

二　对象关系的梯次特征

个体作为能动的自然，他起初面对很多对象，他的对象关系就是一个综合而复杂的体系。但是，当众多的对象关系面对个体的时候，对象其实是由低级到高级排列成序列的，或者说至少是被个体有选择地排列成了由低到高的先后次序的。比如，个体在幼年阶段以学习为主（身体的成长和行为的模仿、经验的积累和知识的学习等）；成年阶段以劳动创造为主（成年人存在的价值在于创造，在于承担更多的社会责任，因而他指向创造和贡献等价值目标）；老年阶段以休养生息为主（老年人整天无所事事或者游山玩水也不会遭到道德的责难）。再比如，幼年阶段以发展自身自然为主，自然视角主导了个体的行动（中学生观察异性的主要标准就是"帅"与"漂亮"，粉丝们为了维护偶像的地位把法院对他们偶像的判决视若废纸）；成年阶段以发展社会属性为主，家庭关系、伦理道德关系、劳动关系主导了个体这个阶段的行动等。这说明，在个体一生的对象关系中，不同年龄段的对象关系之间具有梯次性，个体对对象的选择也具有梯度推进的特征。

1. 个体对象关系的梯次特征受制于个体本身的渐变性

首先，因为个体是一个自然物，自然物的本性就是沿着自然必然性的直线前进。个体作为自然物，他的成长规律是由低级到高级、由简单到复杂的渐变过程，后一发展阶段在级次上总是高于前一发展阶段。从古到今人类的发展过程是这样，从小到大单个人的发展过程也是这样。所以，即使是突变，也是在渐变的基础上积累起来的。由于个体自身的这种成长特性，个体在接受对象时只能是一个从简单到复杂、从个别到多样、从低级到高级的渐进过程。

其次，个体虽是一个能动的自然物，但能动性的成长却是渐变而来的。能动性虽然是超出自然造物的本性的属性，但这种能动性仍然

接受与选择

是建立在自然物之上的某种功能，它只是自然物在增长过程中所具有的反自然的倾向。因此，要在一个个体身上产生反自身的属性，不是短期内就能够实现的，而是个体的自身自然在长期的对象关系运动中把握对象的能力逐渐提升的结果。个体接触对象的历史越长，他对对象的了解也就越多，他相对于这个对象的能动性就越强，他对自然界的反作用也就越大；同样，他接触对象的历史越短，他的能动性也就越小，个体也就越是受制于自然必然性的支配。尤其是在个体成长的初期阶段，由于他的对象关系的历史短浅的特性，他自身需要通过渐变才能完成的特征就非常明显。在有些阶段，如果不能等待他的身体在某个方面的成熟，他就几乎无法接受某一方面的对象物。

最后，还因为个体是一个群居的高级自然物。群体组织的存在让个体感受到了他与其他动物有很大的不同，个体在类的意义上具有依附于群、归属于群、从群中再向外展开对象关系的先天本性。个体作为灵长类最高等的群类，他们有独特的感觉器官，有发达的大脑，有文明的社会行为规范，并形成了高度的文化自觉。所有这些使群自身拥有了内在的统一性，也使其具有了向往成为自然界最高级主宰的特性。

2. 对象关系的梯次特征还受制于群的圈层属性

群体对新个体的认同往往有一个过程。处在接受阶段的个体往往受到群的绝对影响，这些影响又具有两面性：一方面，群极力地吸引个体，它竭力把个体纳入它之内，使个体向着稳定的社会关系的方向转化；另一方面，群又排斥个体，它不愿意保存个体身上不符合群的规范的那些指向。这就是说，群接纳个体的是和群体成员的对象关系的历史相一致的部分，它排斥个体的特殊指向。从这个意义上看，只有在前对象关系的历史相一致的基础上产生的个体之间才具有结成同类社会关系的可能性。在前对象关系不一致的个体之间，必然有一个相互认知、相互冲突和相互磨合的过程，这个过程既需要时间，也需要个体在各自的指向上做出让步。实际上，任何两个个体的前对象关系都不可能是完全一致的，因而个体进入群体的过程也就只能是一个充满阵痛的渐变过程。

虽然个体进入群体的过程有难度，但个体宁愿忍受这些艰难而使自己千方百计地进入群的范围内。对单个个体而言，即使他具有能动性，这能动性也是暂时的、易逝的。单个个体要把自身的能动性保存下来，只有靠自身自然的延续才能完成。假如地球上只有单个个体，试想一下仅仅靠他自身来延续其能动性的风险会有多大。然而，如果他把这种能动性放置在群体之中，情形就会大不相同。个体结成的社会关系对于保存个体的能动性是任何形式的关系都不可替代的。这就好比一个商铺，如果是个体户自己开店，他个人的生老病死对这个商铺的生意带来的风险就是巨大的；而如果是公司开店，任何一个员工的去留都不会给商铺的生意带来决定性的影响。

由此可见，社会关系对每一个个体的接受行为都具有特殊的意义，它通过筛选个体而间接地筛选了对象世界。第一，它把同类个体集聚在一起，实际上把这些个体的对象集聚在一起，使此类对象成为该群体的共同对象。第二，它通过个体的社会交往活动化解（或淡化）个体与原始自然以及人化自然之间的冲突。个体间通过相互学习、分工交换等加强了交互作用，此举无疑提升了个体的群体意识，淡化了低级对象关系对个体的作用。第三，群还创造出其他对象关系所没有的价值功能，它为个体的物质的对象关系之上赋予了价值属性，个体在他人面前展现其劳动成果，或者在他人面前观照自身，是对自身的最高肯定，是个体价值的最高体现。在这里，群的存在反过来使个体的所有对象关系进入了叩问其"存在意义"的阶段。

三　个体追求社会关系的倾向

由于社会关系对个体的特殊意义，在个体选择对象的过程中，许多个体直接地指向社会关系。

接受与选择

　　个体直接地指向社会关系，就是希望跨越原始自然和人化自然两种对象而与他人直接地建立对象关系以便完成自身的成长过程。

　　个体直接指向社会关系的原因可能有两种情形：其一，他与原始自然和人化自然的联系被中断。他无法建立这种初级的关系，因而不得已去寻求他人的帮助。比如在封建时代由于土地被地主所占有，农民和土地之间的直接联系被中断，他们不得不靠租用土地与地主之间建立了人身依附关系。其二，他与原始自然和人化自然的联系虽然存在，但他受自我意识的支配，或者说，他受自我意识中所包含的对象的支配，放弃了与前两种自然对象的联系，而直接地、主动地与他人结成社会关系。

　　"由孔子开创的儒家学派，注重道德伦理教育和社会的政治实际，而不注重自然事物的观察和研究，这一传统对中国哲学的发展有深远的影响。中国古代哲学家突出地表现了他们的'贤人作风'，而不同于西方哲学家的'智者气象'，这正是从孔子开其端的。把握这一点，对于理解整个中国哲学史都有重要的意义。"[①] 在研究人类社会时，如果试图脱离形成社会关系的自然基础，并且企图割断社会关系随着原始自然及人化自然的变迁而变迁的联系与纽带，这样的社会历史观必然是片面的，是只执其一端而不计其余的，是企图把社会封闭在一个孤立王国之中不让其发展变化的历史观。如果我们承认个体不外乎是自然界中一个高度发展而来的肉体动物，我们怎么能够否定这个动物在自然的方面必然有一个从不成熟到成熟的渐变过程呢？我们又怎么能够隔绝甚至割断他在这个阶段上与自然界的那种生命般的联系呢？如果我们对这两个问题不能回避，我们又怎么能够阻止这样的个体必然地要携带着他渐变而来的自然性进入社会之中呢？个体的这种渐变的过程，恰恰说明了他的每一个渐变的阶段都有其对应着的对象

[①] 方克立主编：《从孔夫子到孙中山——中国哲学小史》，中国青年出版社1984年版，第24页。

第七章　社会关系的困境及其消解

性存在，正是这些对象支撑了他在那个阶段的存在及变化。个体自身的这种演变正是他所经历的从原始自然到人化自然最后再到他人等等对象关系的翻版。这表明，自然界在伴随着个体由小到大、由弱到强的过程中配给个体的是与其发展阶段相适应的对象，个体在接受这些对象时也是由于自身自然的特点和对象关系的虚空性质而向对象世界采取了由低到高的欢迎姿态。正是在个体和对象双重的渐进性的历史的驱使下，从自然界到社会关系的演变过程才呈现为马克思所说过的"自然历史过程"，如果个体舍弃了前期对象而纯粹经营社会关系，显然是只割取了这一"自然历史过程"的一个片段，不仅此个体面对自然界的发展过程时是不完善的，而且这样的社会关系也是停滞不前的。

儒家思想体系的缺陷就在于在倡导人们构建社会关系秩序时，丢失了社会关系存在的自然基础，从而把社会放在了一个封闭的固定不变的体系之内。它是为和谐而和谐，而不是为发展而和谐。它只截取了个体一生当中的一个短暂的阶段，却转而把这一阶段当作个体的整个人生加以阐发。它把眼前的社会体制与自然界分隔开来，使得这种社会以专门经营社会关系为主业，社会中的大多数成员没有向外部扩展自己的自然界的任何条件——因为"普天之下，莫非王土"，摆在个体面前的唯一机会，就是向社会内部一部分掌握了自然界的个体——向小土地所有者，或者向全国最大的土地所有者结成依附关系而获得他们维持生存的对象。儒家思想正是对这一前提之上的特定的社会关系做了很好的把握，是限于一种静止的历史观下的特殊结论。

实际上，个体的对象世界是一个逻辑的、渐进的、生活化的、具有实践特征的序列，与此相对应，个体的人生目标也显现为一个序列。个体与原始自然及人化自然之间的交互过程，既包含了个体自身自然的完善过程，也包含了个体感知能力和感官经验的积累，还包含了个体经过前两种对象关系之后他自身由于得到充实而对自我的肯定以及他的综合的精神品质的提升。个体与原始自然之间的相互作用，给他

接受与选择

带来了自身自然的满足及自然力获得自由的体验；个体与人化自然的交互作用，显然提升了人们对科学的知性以及改造自然的智慧，从而实现了工具理性的增强以及人文品质的上升。

正是由于上述前提，个体与他人结成社会关系时的意识的内容就是丰富的、实在的，个体将这些意识内容带到社会之中并将它们展开为社会意识就有了充分的自信和依据，个体就不再像青年人在什么都不懂时怀抱的"初生牛犊不怕虎"式的盲目交往，而是建立在自身自然的完善和人化自然的支撑基础之上的执掌了大千世界之对象性质和规律之后的成熟的人与人之间的交往。个体站在这一系列对象的基础之上"拾级而上"，他愈来愈成熟，这种成熟使得他能够作为一个真正的主体与他人结成社会关系。

所以，就个体的成长来看，他获得的对象序列愈完善，他自己也就愈完善，就不致陷于畸形发展的个体属性当中。那种撇开自然对象的作用而只顾埋头经营社会关系的做法看似在选择一个高级的对象，其实是个体放弃了自己的选择，他把自己交付给对方，希望通过某种捷径来实现自身自然的指向。显然，这不仅会使个体走向危险的依附关系，而且会使全社会倒退到一个畸形的发展机制之中而不能自拔。

社会关系的困境反映了一个在近现代社会普遍出现的问题，这就是社会分工所带来的异化问题。自历史进入近代工业社会以来，社会分工成为社会快速发展的核心机制，但它却带来了人的对象世界的分化问题。一方面是整个社会成员之间的相互依赖性越来越强，社会关系的多极化越来越明显，另一方面是每个社会成员都处在一个单极化的方向上，相互间的对立越来越明显，沟通越来越困难。社会分工一方面大大提高了人们的生产效率，另一方面因为它越来越强调专业化而使得参与分工的个体只能限定在一定对象的范围内。不仅人与人之间日益陷入了只截取生产对象的一个断面、一个环节、一个零部件的机械式的组合关系当中，而且人与自然的关系也被分隔开来，拥有生产资料的人不是直接的劳动者，劳动者却不拥有生产资料。劳动异化问题成为近现代社会个体在发展对象方面遭遇的最大问题。

可以看出，个体的全面发展问题实质上是对象世界的序列化对个体的呈现问题以及个体是否与对象全面接触的问题。如果对象是全面地呈现的，个体就可能是完善的。

四 困境的特征

在没有经历与原始自然及人化自然的交互作用等关系的前提下，个体所建立的与其他个体之间的关系具有如下特征：

第一，具有不稳定性。个体之间相互关系的稳定性的基础，一是关系双方具有共同的指向，二是关系双方能够互相印证对方。就第一方面而言，一个完成了与原始自然及人化自然的对象关系的个体与一个仍处于原始自然阶段的个体的指向具有很大的差异，这种差异足以让两个个体变得毫不相干。就第二方面而言，两个在对象关系的历史方面存在着很大差距的个体要印证什么呢？是让一方陷于得意而另一方陷于难堪吗？是法国 19 世纪作家左拉笔下的《陪衬人》里所描述的主人公的得意之作吗？显然不是，除非陷于难堪的一方心甘情愿，否则的话，这种关系是不会持久的。

第二，具有不平等性。当一方由原始自然及人化自然的对象关系运动中发展而来而另一方却没有经历这样的对象性的历史时，两个个体之间的力量就是不对等的，后者弱而前者强，两者之间就存在着陷入弱者依附强者的不平等关系之中的可能性。这种关系愈是不平等，它就愈是对社会的共同进步具有阻碍作用。在这里的个体看来，他追求社会关系，首先不是为了追求平等的社会关系，而是希望通过比自己高级的能动自然的庇护发展其自身的自然。他屈从于今天的不平等就是为了将来的平等。因为个体知道，他如果最终不能把握原始自然界和人化自然界，他就不能在另一个个体面前真正地站立起来。

从人的本性来看，依附关系是被某个阶段所欢迎的。比如人类的早起阶段、个体的幼年时期，个体间的保护就十分必要。这里的问题

接受与选择

在于，强者对弱者的呵护是出于帮助其走向成年的目的呢，还是出于要奴役对方的目的呢？依附关系在本体的意义上存在于人类历史的各个阶段和个体幼年的各个时期，而在伦理的意义上则不是永恒的关系，因为这种关系的结果，可能导致善，也可能导致恶。它似乎是测试强者道德的试金石之一。

在这里，个体本身的需要是一回事，而他们之间关系的意义则是另一回事。应该说，无论出于何种需要，建立在这种关系之上的个体之间的不平等性是显而易见的。正因为个体从今天的不平等中走来，他在以后的日子里要消退这种关系的痕迹就变得愈加困难，这个烙印也可能会让他背负一生而永远不能翻身。在这里，受制于他人的恩惠，与受制于整个社会的（公共的制度化的）恩惠相比较，前者往往使个体陷于狭隘的对象关系而无法自主。因为他人，正因为是一个单独的他人，他就有优有劣，甚至有善有恶，他人的这些多面性夹杂了他人作为你的对象时不稳定的一面，因而使你的未来也陷入一种不稳定的关系之中，这显然是十分危险的。所以，迄今为止，人们为了消除这种来自"他人"的局限性，人们在更广泛的意义上为个体建立了扶持弱势的机制，这就是人们祖祖辈辈为之奋斗、不倦追求的文明的社会制度。因为在这种制度的庇护下，你不用欠任何个人的恩情也会过得很好，也只有在这样的对象关系之下，你才能真正地站立起来。

第三，具有不开放性。在双方前对象关系不对等的情形下建立起来的对象关系，具有功利性，因而也具有封闭性。建立在功利指向基础上的对象关系，自然是只有维持这种关系才能延续其功利的获得，因此，对象关系双方就怀有只向对方负责而不希望向第三者开放的目的。两个个体之间的关系愈特殊，他们就愈加将这种关系封闭起来，只有在不断的封闭当中，才能进一步保持两个个体之间的特殊关系，一旦第三者介入，原有的关系就有被解体的可能。由于这一封闭性，群与群之间相互沟通的难度增大了。《全球通史》的作者斯塔夫里阿诺斯援引一位美国记者的报道阐述了处在两个文明阶段的群体相遇之后的尴尬情形：

第七章　社会关系的困境及其消解

一名荷兰官员走进设在巴布亚新几内亚的一个办事处。办事处的桌子跟前坐着一个仍在替荷兰办事的印度尼西亚官员和两个巴布亚人的村长。那个印度尼西亚人一看见荷兰官员就赶忙站起身，毕恭毕敬地站着；而那两个巴布亚人则只是抬起头冲他微笑着，却连身子也没动一下。

一天晚上，大约九点钟，一名荷兰官员走进肮脏的政府招待处的酒吧间，向那里的巴布亚招待员要了一杯啤酒。过了五分钟，招待员把啤酒端来了，并不客气地看了看手表，问那个荷兰人打算在酒吧待多久。

一艘荷兰驱逐舰驶入巴布亚新几内亚南部的一个海港。当地的荷兰官员想借这一机会，让那些仍保持猎取人头习俗的部落居民见识一下现代武器的威风。

部落居民经过艰苦跋涉来到船边，其中一个人对荷兰人说："不错，你们有枪有炮，但是我们手中的弓箭你们看到了没有？这些强弓劲弩想来你们是不会用的，我们却能使用……"

在荷兰人和巴布亚人之间不存在打躬作揖的情形。有个印度尼西亚教师曾努力想使巴布亚人接受，见了长官弯腰驼背是表示尊敬的恰当方式，可是巴布亚人却回答他道："我们都是人，人走路总是腰杆笔挺的。"[1]

人类的"种群"实质上是以不同的对象关系为转移对个体分类的结果。在不同对象的作用下，个体分属于各种特殊的群体之中。显然，让上述不同种族的个体之间形成亲密的社会关系似乎是困难的。他们各自拥有自己的对象性的历史，他们也坚信这一历史的真实性，当他们相遇时，观念的冲突就是不可避免的。

在封闭性较强的群里面，个体"选择的标准受到群体的极大影响，这一点进一步影响了个体与自然的关系。事实上，男性和女性都喜欢

---

[1] ［美］斯塔夫里阿诺斯：《全球通史：从史前史到 21 世纪》上册，董书慧等译，北京大学出版社 2005 年版，第 72—73 页。

接受与选择

平常的伴侣，太矮、太高、太弱、太壮、太白或太黑——这些极端都被排除在外。现在，普通人仍然占上风"。① 从人自身自然的特征看，"太矮、太高、太弱、太壮、太白或太黑"等极端的体征并不是群的普遍特征，因而不是群所乐见的，群体教给个体的一个重要原则就是简单的多数导向原则。（图7—1）这一原则反映了个体害怕孤独、期望获得群体认可的心理状态。"南部非洲传统的那玛人尤其喜欢低垂的阴唇，因此母亲们总是刻意地按摩女孩的阴唇，这样到十几岁时，女孩的阴部便非常诱人地下垂着。"② 按照群的多数的指向，个体尽可能地把自己的指向引向那个方向。

可见，个体追求社会关系的倾向从根本上看是他所在的群的多数牵引他的结果。他所在的群愈是封闭，他就愈是被这种群的指向所引导。在达到这个结果的路径上，一类个体是逐步地、渐进地通过在与原始自然和人化自然的对象关系的交互作用中获得他与群体的一致性；另一类个体则是直接地、急切地在群当中寻找依傍的对象。我们这里所指的社会关系的困境就是指后一种发展趋势所带来的对象关系的抑制状态。

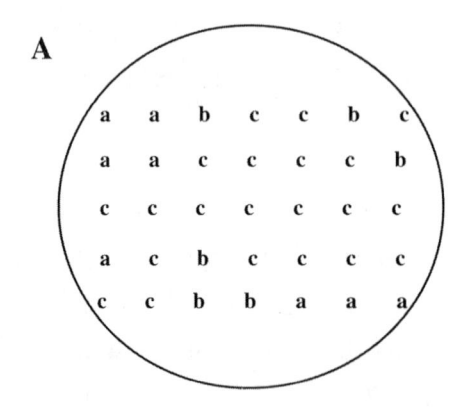

A

```
a  a  b  c  c  b  c
a  a  c  c  c  c  b
c  c  c  c  c  c  c
a  c  b  c  c  c  c
c  c  b  b  a  a  a
```

1. 图中假定：
a、b、c三种要素单项均衡，即不存在下列情形：
$a>2b$, $a>2c$, $b>2a$, $b>2c$, $c>2a$, $c>2b$

2. 计算得出：
$a=8$, $b=5$, $c=21$, 故：
该系统的量$A=a+b+c=34$，
该系统的质$A=c$

图7—1 社会系统运动的简单多数原则

---

① [美]海伦·费什：《人类的浪漫之旅》，刘建伟等译，海天出版社1998年版，第35页。

② 同上。

第七章　社会关系的困境及其消解

图7—1表明，在一个仅有量的关系的简单的社会系统中，我们假定有a、b、c三类身份地位平等的社会成员，他们之间不存在孰优孰劣，而只有类的差别。这时，如果a=8，b=5，c=21，那么，在其量上，A=a+b+c，但在其质上，A=c。该系统的质的规定性服从于他的多数元素c的指向，于是，a、b元素由于他们处在A这个大系统中，就不得不因c成员在系统中权重过大而改变自己原有的指向，从属于c。

当然，多数导向原则只是表明了一个简单多数的支配力量，它的象征意义大于实际意义。因为它依据的基本前提是个体之间地位的平等性，是个体的对象关系的历史的近似性。这样的一群人在一起，个体数量的累积将起到决定作用。但是，如果是个体之间地位过于悬殊，或者是个体间对象关系的经历有很大的不同，那么，即使是少数的个体，也可能左右了群的导向，从而决定了整个群的发展方向。这一点，也是英雄能够创造历史的前提所在。

历史地看，社会最初与原始自然界相比是弱小的，强大的自然力让社会变成什么，社会就得变成什么。只是到了后来，即到了人类制造的劳动工具愈来愈先进的时候，人们之间的社会分工也愈来愈精细，交往关系也愈来愈密切，生产能力也愈来愈强大，社会愈来愈超自然地按照自己的方向运动，在这个时候，自然力尤其是原始自然界在许多方面都被社会的力量所统摄或加以改变。正是在这样的背景下，社会关系的导向作用日益明显，个体面向社会的指向成了个体与他的自然生命同等重要的第二指向：个体既重视身体的生命，更重视"社会生命"。他看重荣誉，健全人格，遵守信用，树立威望，就是希望在社会中树立一个新的"自我"，以便建立符合群体发展要求的对象关系。

五　困境的消解

原始自然→人化自然→能动自然→虚拟自然，是广义自然界由低到高的演化过程，是围绕着个体而运动着的对象世界的历史的、逻辑的递进关系，后一对象总是在前一对象基础上的递进层次。它们既是自然形态的跃变，更是自然性质的上升。个体以它们中的某一梯次为对象，就是以与前一级相比更高级的自然为对象，那种低于后一梯次的自然虽然具有对象的意义，但却不具有提升个体的意义。今天，自动化、智能化的劳动工具已经成为被普遍使用的人化自然，谁如果仍然以耕牛作为改造原始自然的工具，这种生产力的落后状态就是可想而知的；同样，在能动的自然之间差别也十分明显，这里既有种族之间、教派之间的差别，也有文明和愚昧的差别。因而，选择他人这种能动的自然作为对象也就是十分慎重的事情。由于这种差别在现实中极大地影响着个体，"他人"作为对象被选择时也就同时迫于一种新的现实的要求：落后于群体发展的"他人"将不被个体选择，因而将会被先进的社会关系所淘汰。人们总是希望成为社群中的先进分子。

今天，个体之间建立关系的基本方式仍然是对传统的延续，换句话说，自有人类历史以来就决定着人与人之间的关系的血缘方式和劳动方式，至今仍然居于重要地位。

就血缘方式看，血缘关系群体是个体天然的对象统一体。对个体而言，血缘就是他的自身自然的典型代表，是他的生命存在的基本象征。由血缘形成的新一代个体，由于是由原个体自身自然转变而来的，是原个体自身自然脱胎的结果，新旧个体之间从自身自然的意义上就不易发生排斥反应，在意识的内容上他们也会把对方当作自己身体的一部分一样加以呵护。所以，血缘关系的物质基础是他们处于同一个自然存在的范围之内，这种自然是他能够直接感知和把握的，血缘关系各方对对方并不陌生，更没有芥蒂，只有亲近和认同。以这种纽带联系起来的对象关系也是最容易被接受和选择的关系。

血缘关系的本质是个体之间在自身自然方面的相关性，是血亲之间的认同、怜悯、依偎和扶持。凡是带有血亲关系的个体之间自然而然地互为对象。

血缘关系从某种角度看具有先天决定的性质。新的个体产生于上代个体的血缘，他在产生之初就被这种血缘所设定，这种先天的烙印

第七章　社会关系的困境及其消解

使得个体一辈子也无法更改它，更不易打破它；反过来，正因为这种关系是先天命定的，它就是无须追问的，是个体必须加以接纳的关系。故此，在个体之间，这种关系往往被神圣化、崇高化。对处在其中的个体而言，这种关系既是牢不可破的，又是理所应当的。这就使得后来的个体为了强化自身的力量而不断地维护和固化这种关系，甚至还有一些人，为了某种需要而建立起一种准血缘关系来增强个体把握对象世界的能力。比如，本无血缘关系的人们也希望通过"歃血盟誓"而结盟，通过模仿亲情建立朋友关系等。这种依靠打上血缘关系的烙印来建立对象关系的方式与本来的血缘关系在形式上虽具有相似的意义，但这种对象关系的内容则是真正的血缘关系的变种，它已经不是以血缘关系本身为内容的纯粹的亲情关系，而是假借血缘关系实现血缘以外的目的的功利关系。

血缘关系假借一个"外力"来改变个体之间的对象关系，个体便在"命定的"、"传承的"、"必然的"对象关系的力量的驱使下对他人发生作用。换句话说，这种"血液"所代表的自然界的力量比任何一个个体的力量都要强大，它主宰了对象关系下的一系列具体活动，也是每一个个体关于相互间的意识的基本内容。例如，"他是我的父亲"、"我是他的儿子"、"他养育了我"、"我必须赡养父母"等等观念，显然是对"血缘"二字的含义和价值的延伸。

血缘关系由于其自然性，它无须有意为之，而是本能的延伸。它激发了人的自然属性中的类本质，唤醒了人人皆有的感同身受的悲悯之情、亲近之情等等，这种情谊在个体只身飘零在异国他乡时尤为明显。这说明血缘之情不是后天学习来的，而是个体自身自然在孤独状态下所形成的虚空对同类的自身自然的召唤，是最初的趋向"群"本能的某种张力。在这个本能驱使下，个体之间可以以物相与而不索回报，倾其所有相助而不求滴水恩情。个体双方不再是独立的，有距离感的，而是结为一体的，所谓视为己出，即为一人。这就是前文所论述过的血缘关系的认同作用。

劳动方式是与血缘方式并行的另一种建构群体关系的路径。

接受与选择

从一方面看，劳动是个体把自然界设定为对象并加以改变的活动。在劳动中，个体选定某个自然对象，用自身的自然力去改造这一对象。对象一旦被改变，个体自身的自然也就随之改变了。劳动活动既然是个体改变自然界的活动，就不得不受自然界的限制，不同的自然界对个体劳动成果的获得起着迥然不同的作用。如果看一看小亚细亚北部高原的铁矿使赫梯人成为最早的铁器使用者和传播者的史实，再看一看广袤草原使它的牧民的牧马技艺变得娴熟的程度，我们就会发现自然界在解放个体的力量方面所作出的努力是何等的偏爱和不公。从黄河流域到尼罗河流域，从印度恒河流域到两河流域，如果没有这些天然的沃土，在人类历史初期那种生产能力十分低下的时期要产生四大文明古国，则是不可想象的。

从另一方面看，劳动则是个体与他人结成对象关系的活动。其一，劳动使群体内部关系变成了真正的稳固下来的社会关系。群居本来就是个体的存在方式，但劳动更加强化并拓展了群居关系，群内个体之间基于自身自然的本能所延伸的自然关系因为劳动而发生转向。劳动改善了群内的分工协作，并主宰了人与人之间的交往目的。其二，劳动把群带入更广泛的社会关系当中。劳动关系正因为它对群的支配作用，它往往超出群的范围来建立劳动关系，它也就不断地改变群的原始性，它就有可能把群带入更广泛的社会关系。其三，劳动使个体改变他人拥有了某种必然的力量。个体一旦在劳动中改变了自身自然，就必然地要求其他个体也改变他们自身的自然。其他个体只有改变了他自身的自然，他才能够与个体结成新的对象关系。其四，劳动关系的最终目的在于把个体的有限性转化为群的无限性。个体自身的自然是个体得以存在的物质前提，个体必须保存这一前提，他才能保存他目前的对象关系。个体劳动的目的，既是维持眼前的生存需要，更是建构生命的永恒价值。个体与动物界不同的是，动物把它所得来的发展的自身自然保存在它自己的身体之中，它因而变得易于失去；而个体则把它们保存在劳动关系之中，即使他自身消亡了，他自身自然的属性在他所劳动的群体中仍然会延续下去。

第七章　社会关系的困境及其消解

迄今为止，随着原始自然及人化自然被瓜分到不同的社群之内，社会关系对个体的制约作用也越来越大，其结果是，个体自身自然必须不断地被打上社会属性的印记，它才能够变成一个社会存在，因而才能在社会中获得一个位置。比如，一位女性如果要进入社会关系，她会首先被要求在社会中显现其自然分工的特性，比如青春和美丽，而不是（男性的）强壮和力气；如果她不进入社会关系，她的青春与美丽便失去了存在的意义。劳动关系要求个体与其他个体结成交往关系，并要求个体自身自然不断地社会化，个体的能够被社会化的自身自然会被保存下来，不能被社会化的自身自然则会遭到淘汰。所以，个体需要将自身自然保存在群体之中，就必须得到群体的认同。如果群体中其他个体自身自然的发展阶段与此个体不相一致，则他们之间的关系就是排斥的。而一个个体自身自然能否被真正地保存在群体之中，关键在于他自身自然在当前的劳动关系中处于何种地位，最易建立的劳动关系产生在自身自然处于同一水平之上的个体之间。

个体之间的劳动关系在本质上是交换关系。一方之所以需要另一方的劳动，乃是因为此一方的劳动与彼一方的劳动有所不同，只有通过互换劳动，双方才能各取所需。显然，这一指向使得个体为了建立劳动关系而必须对自身自然做出改变，以适应这种劳动关系的需要。鉴于此，个体的成长在劳动中变得很不完善。他必须为了能够与其他个体交换其劳动而使自身自然专注于某一方面，因而忽略甚至抛弃其他方面。他专注于某一方面的劳动分工，使自身越来越成为这一方面的强者，以此作为与对方建立劳动协作的前提，而至于他自身自然的其他方面的发展，他期盼在劳动过程中一并进行，若无可能，他只有在劳动之外去弥补这一缺憾了。

血缘方式与劳动方式在结成个体关系的过程中拥有不同的地位。一般情况下，当血缘关系在群体中起主导作用、占统治地位时，它要求个体的行为也倾向于以血亲利益为转移。此时，个体自身自然则处于相对稳定的状态。因为血缘关系发源于自然关系，它受制于自然属性，它的血缘的末端极其有限，它在它的有限的范围内相对稳定，不

接受与选择

再扩大和延伸。当劳动关系占据主导地位时，则要求个体不断地开发自身自然。因为劳动的对象是无限的和广袤的，劳动者只要愿意，他就可以无限地延伸他的劳动关系。由此可见，血缘方式的目的在于维持自身，只有维持自身，才能保持原有的血缘关系；劳动方式的目的则在于发展自身。只有发展自身，才能发展劳动关系。维持自身的结果，使个体之间的关系处于相对稳定的、封闭的状态；发展自身的结果，则使个体之间的关系处于相互变换的开放状态。

所以，对理性状态的个体来说，他与其他个体所建立的群体关系，是他和原始自然界及人化自然界的关系的延续和发展。虽然在实质内容上，上述所有关系都是以人们之间进行物质变换为目的的，但是，如果没有前期的关系做基础，个体之间的群体关系就是无本之木，极其不牢靠。每个个体只有把他与自然界斗争过程中所得来的必然性拿来与其他个体相交换，这种交换的结果才是对象关系的必然上升。如此一来，"社会"这一实体就自然而然地被推上了一个超高层次。在这里，社会关系如果使个体与个体之间的物质变换向着低于个体与原始自然及人化自然的变换结果的趋势发展，它就会使它的个体由于原始自然及人化自然的发展而产生的生长趋势受到抑制，它也就落后于个体的发展要求而成为被变革的对象；反之，社会如果使个体与个体之间的物质变换向着高于个体与其他自然物的变换的方向发展，它就会由于符合个体的内在要求而成为被选择的对象。所以，就社会本身是自然界产生的有机体来说，它的产生是适应于个体固守其自身自然的目的的，它的发展同样适应于这一要求。换句话说，社会关系尽管是个体的现实的制约关系，但是，它的运动和发展最终还是受制于个体与前对象的关系。当它不断地上升个体改造自然的成果时，它就是个体选择的对象，而当它排斥这种成果时，它就成为个体摒弃的对象了。

值得注意的是，社会关系是抽象的，组成社会关系的个体则是具体的。社会关系对个体的作用往往通过传达给具体的个体才得以体现出来。从个体的视角看，社会关系是否符合他的尺度，在他与其他个体的接触中就可以体会出来。其他个体的态度和行为对他具有直接的

第七章　社会关系的困境及其消解

社会性质和意义，整个社会关系表现在每一个个体的行为之上。当两个个体之间发生冲突时，他们宁愿消除这种关系而选择第三位个体的支持。个体在社会内部不断地选择其他个体，直到建立起适合自己要求的社会关系为止。

因为个体是背负着他的"自我"一同进入社会当中的，"自我"就是个体的全权代表。最初的自我在社会之中被他人同样地作为对象观照。他人的言行、举止，他人对我的态度成了对我的"自我"的重要评价。这一切甚至一直影响到我的根本关系——我的原始自然的对象是否合乎他的要求？我的人化自然的对象是否被他所认可？"自我"在他人的对象性审视中开始反思，并且做出了调整自我的决断。自我努力地按照他人的要求反观自己，这使得他对群体的认识上升到一个新的高度：他或者调整自己以适应群体的需要，或者坚持自己以选择新的群体。无论如何，他都要努力做出完善的姿态，以便在群体中占有一席之地。

前面说过，个体与个体互为主体，也互为客体，即个体唯有在群体中是双重身份，是将主客体统一于自己本身的一种二重实体。个体在对象关系中所表现出来的主客体二重性表明了一种倾向，即他既展开自己又收敛自己，他既向他人输出他的对象关系又努力调整自己的对象关系。个体的这种主体性在原始自然及人化自然面前获得了充分的发挥，但在"他人"那里，这种主体性受到了阻滞，因为他同时被"他人"作为对象观照，他是"他人"的客体，他有可能变成被选择的对象，他降到了对象的位置上。从主体的身份降到对象的地位，这是个体所不愿意看到的，于是，他努力地调动自身，完善自身。他既按照他人的要求完善自身，更在意超越他人的要求。他想通过一切努力，使自己返回主体的位置。这其中的努力包括：他在适当的时候必然会回到原始自然及人化自然那里补上他曾经缺失的一课。

第八章

道德与价值

　　道德是个体之间维系对象关系的普遍原则。

　　在对象关系一章，我们已经对个体与个体之间的对象关系进行了初步论述。我们进而认为，在个体之间的对象关系之下，个体变成了一个道德实体，道德规范成为维系个体之间相互关系的最基本的内容。显然，在每个这样的个体的大脑中，他拥有一个基本的理念：他必须学会以某种原则来处理他与其他个体之间的关系，否则的话，他将难以维系与其他个体的关系。个体向其他个体所发出的这些原则逐渐地被社会群体以强制性的法律或自觉性的规范等规定性确立下来，它们成了约定的、普遍的交往准则。

一　道德实体的意识来源

　　道德是个体从对象那里获得的对人与人的关系的对象性认知，是个体之间的对象关系演变成个体的意识之后个体进一步的行动。

　　道德问题既是一个理论问题，又是一个实践问题。在实践的意义上，个体不再是虚拟的，他不再是像我们在"对象关系"一章里抽象出来的必须严格地按照"原始自然界→人化自然界→能动自然→虚拟自然"的轨迹直线前进的那个初始个体，而是在现实社会中已经携带

第八章 道德与价值

了各种社会意识而参与道德实践的成熟的道德主体。他一进入社会就同时面对诸多对象，并且他自身也经历了关于对象世界的诸多经验，他不仅仅是一个被动的感知者，而是一个能动地解构对象世界的社会主体。

在这个意义上，让我们进一步分析个体道德意识的来源。

个体在与原始自然及人化自然相互作用的过程中，不仅仅获得了对对象的认识，还获得了对自身的认识。他既然获得了对自身的认识，也就获得了对他人的认识，个体的类比、分类的能力证明了这一点。个体用他的这些认知处理他与他人的关系，在处理这些关系的初级阶段上，合乎他的认知的行为即为道德行为。认知自己成为自己的道德行为的源泉——认识自己的人是有德性的人。

从个体一方来讲，正如我们在前面所提到的那样，个体希望把他从以前的对象那里获得的成果（其中包含了个体自身自然的发展）存放在社会当中，进而展开了与其他个体的交往过程。个体最初拿着他对自身的认识对待他人，他人也拿着他对自身的认识对待个体，他们关于人的认知在相互交往中融合成一个新的共识。这个共识成为他们下一步进行交往的基本原则。

一开始，每个个体都是单方面地用自己的认知要求和评价其他个体，其他个体的回应成为确立和证明他的认知的可靠性的彼岸。他是否需要改变自己的认知，关键看作为他的对象的个体是以继续维持对象关系还是以脱离对象关系的结果来回应他。

在中国的道德概念中，"道"被解释为道路或普遍规律，它表现为人们对客观事物的规律性认识；"德"，按照中国古人的说法，就是对"道"的认识有得于己，就是成为"道"的化身、按照"道"的要求行事的人的品行。如果将这一普遍的道德概念拿来分析人与人之间的道德问题，那么显然，在群体中的"道"、"普遍规律"等等，就是群存在于自然界中的合理性，就是群的发展方向对个体的制约性，就是个体在群体中存有的交往理念，就是个

接受与选择

体之间的共识。个体将这些共识性的认知变成自己的行动，就是合乎道德的行为。

个体关于道德的这些意识最终要指向什么呢？从道德要判明的是人与人之间的相互关系的规范和准则看，道德意识的指向十分明确，它就是指向个体本身的，是为个体所设定的他的人生目标和努力方向。个体只有在理性上明白应该做一个什么人的道理，他才能够与他人一起建设美好的生活。因此，在道德意识所形成的一系列概念、判断和推理的指引下，个体成为一个理想的道德主体，他展开了塑造自身并改变与他人的关系的对象性活动。

就此看来，第一，道德意识是个体面向他人时对自身的差异性的确证。在个体把自身作为观察对象之前，个体直接面对原始自然界和人化自然界，个体只感受到前两者与他之间的差别，但却不知道他与其他个体之间的差别。当个体开始面向他人——也就是开始进入道德关系之后，个体与他人之间的差异性在他们的相交互动中被显现出来。个体一方面总和这种显现，一方面也为自身的差异性的目标确立方向，有如黑格尔所称谓的"自己为自己立法"一样。第二，道德意识的流变规律符合自然律。个体由于自然对象之间的差异性，个体之间也表现出极大的差异，个体相互之间关于道德的认知就会发生冲突。一般而言，在冲突到来的时候，个体更愿意遵循他们从原始自然及人化自然那里所习得的规则。因为在个体看来，他从原始自然及人化自然那里习得的规则，再清楚不过地说明了他在宇宙间的实践是不能被忽视的。他宁愿相信这个实践的实在性，他毫不犹豫地拿着这一实践中得出的法则去改造他与他人的道德关系。在这里，个体实践向个体传达的自然律是内在的，个体与其他个体的道德关系则是外化的。从根源上看，前者对后者有决定性的影响力。第三，道德意识的消长受制于群体内部传统的伦理关系。比如往往是多数人影响少数人，社会地位高者影响社会地位低者，年长者影响年幼者，先在者影响后来者等等。道德实体之间相互学习成为弥补彼此之间的差异的重要途径。第四，

第八章 道德与价值

道德意识的能动性就是在自我实践中自己观照自己。除了相互学习之外，缩小道德实体之间的差异性还可以通过个体自身的内省过程来进行。由于道德的本质在于"道"，在于被宇宙法则所规定，这规定来源于个体的对象关系，来源于个体对"道"的认识和内化，因而，除了从他人那里学习得来直接的道德规范之外，个体自身的对象关系的变化带来的个体成长本身，是个体道德实在性的根基，因而是个体进行自我批判的依据。由这种成长促使个体发生对人、对群体等指向的内省也可以改变个体的道德观念。

个体作为道德实体，个体的成长过程是对他的"道德"的最好证明。在个体面向自然界的过程中，他与自然物相互作用，自然物的物性向他充分地展露出来，他同时对自身对待自然的行为也做出调整。这种自然观，虽然不直接是道德意识，但它却决定了个体对待自然的态度，个体应该敌视自然，还是应该关怀自然？这些态度同时也必然地影响到人与人之间的道德关系，这也许就是个体内心关于善恶标准的源头活水。同时，从人自身自然的相关性看，自然界就是人自身自然的延伸，是人的身体的"外在自然"，人对自然界的呵护其实就是对人自身的呵护。在这里，人对自然的态度不能不影响到人与人的道德关系。随着个体进入社会当中，个体与他人的对象关系进一步上升为个体的理性，受理性所总和，个体形成了自己的"德性"。

就道与德的关系看，道是一，德是二；道是内，德是外。先有道而后有德。因此，一切混沌不清的道德关系，一切难以割断的道德情怀，都可以在"道"的层面上找到答案。道德对外的表现之所以是自觉的，就是因为"道"的本质规定要求他必须这么做，"道"作为他的最高的道德意识演变成"他律"进而对个体的行为产生约束。

这里的分析进一步表明：个体在对象世界中所能超越的，正是道德意识的社会性质。他虽然在他的已经形成的历史中无法改变原始自然界和人化自然界的对象性质，但是，由于他与当下的社会意识在一起，他在用这些意识观照自身以及他人之后，他依赖意识能动性，重新开始了选择他未来的原始自然界及人化自然界的理想对象的过程。

正是在这一转向之后,他建构了新的道德关系,他把自己置于新的对象关系当中,他因此而变得崇高起来。

二 理性与道德

理性是道德的孪生兄弟。道德行为本身就是一种理性行为。从感性出发的行为不是道德所要求的,它源于个体的感官的存在,因而是无视他人的存在。道德的对象是他人,道德的规范是道德实体的有意识的行为。理性对道德加以判定之后,它把自己同意的原则传达给个体,从而引导个体的行为规范化。正因为如此,中国儒家关于社会伦理的思想被诸多个体认知之后,扎根在这些个体的意识之中,变成指挥个体与他人之间关系的重要理念。

1. 良好的道德需要理性支撑

道德作为个体处理社会关系的行为准则,反映的是人在群体中的品性和精神境界,其内涵就是人的"正确的"理性。如前文所述,人在对象面前的成长阶段分为初始与成熟两个阶段,前者是感性的个体,后者是理性的个体。如果说道德是个体在行动,那么,理性就是这种行动的信念,是个体的成熟之性。理性给个体以某种坚实的执着的信念,从而把个体推向他所认为的一个坚定的"道德之旅"。

2. 理性具有工具性而道德具有价值性

当然,理性与道德之间仍有一墙之隔。理性本身不是道德,它只是个体的某种成熟的判断和认知,是思想理念对个体的裹挟。理性只指向事物的"真",它是认识的深化,它本身只有事实判断,而没有价值判断;道德却指向价值。理性更多体现的是道德中的"道",道德更多体现的是道德中的"德"。所以,理性是工具,是占据个体自身的精神实体,而道德则是关系,是个体之间的相互印证和映像,是建立在工具之上又高于工具的由理性带来的价值属性。

3. 理性具有两面性而道德具有唯一性

理性本身不是道德，只有当理性认识"得于己"时，理性才会外化为个体的行为而成为道德之性，理性的道德意义才凸显出来。比如当地震突然降临，老师撇下正在上课的学生自己先逃跑掉的事件发生后，当事人在一些场合公开认为自己的行为是正确的并为这种行为伸张和辩护，由此而产生了关于这一事件的道德争论。在这里，该个体心中所想的，也许在不少人的心目中也是同样的想法，但是一个说了出来，另一些支持这一看法的人则隐藏在心中没有表露。其结果是，前者引发了道德问题并成为道德谴责的对象，后者则安然无恙。这说明道德问题是必须外化于形并触及他人的问题，无论是用语言还是用行动，对他人构成原则上的影响，就会涉及道德问题。如果只是心中所想，哪怕想象得再可怕、再离奇，在不触及对象的情形下，仍是无关道德的理性。

上述例子反映了一个常见的现象，那就是理性中常常有苦思冥想发生。理性中的苦思冥想，可能是置其他个体于良善之地的观念，也可能是置其他个体于险恶境地的谋略，但只要它是内省的，它就不是涉及道德的，亦即不是进入道德实践的。可见，苦思冥想只发生在个体本身，它尚不能构成对其他个体的影响。换个角度看，法律上对个体行为动机的罪责，是因为有了向外展开的后果而后才追溯犯罪者的心理动机，是在已经呈现结果的前提下对原因的抑制，而不是纯粹地在好奇的状态下对心理活动的追寻。因此，对其他个体而言，苦思冥想虽然是"理性在行动"，但却是一种自在之象，它可能是某种指向的酝酿，是他们的对象关系的虚拟，但尚不构成对象关系的现实。只有当个体把苦思冥想的内容外化于其他个体时，苦思冥想才会成为需要道德关系抑或其他对象关系把握的理性。

个体的理性自觉本身虽然并未涉及道德实践，但并不等于要轻视理性在此阶段上对道德的形成作用。如果说，道德关系是个体之间对

接受与选择

象关系的主体内容，那么，个体的一切对象关系最终都会受到他的道德关系的召唤，他将一切前期对象关系的价值的实现建筑在他最终的道德关系之上。无论世界如何变幻，他要使自身"成为一个有道德的人"的命题是他在社会中的最高指向。受这一指向所驱使，当个体独处时，个体的理性思考当中只要涉及他人，他也必然会在观念层次上处理这一道德问题。这个时候，道德问题看似是个体之间的关系问题，但它却在形式上离开其他个体而只展开在个体本身，这就是个体站在他人立场之上对理性的省察，也是他得来的良知对自身的责问。

良知是个体关于对象关系中有益于普遍的人性的判断。良知产生于个体在事物的运动中所感受到的与生命的发展相一致而不是相背离的方向感。在个体看来，所有经他所见的个体的生命是个体一切行动的出发点，因而，与生命的存在具有同向作用的对象就是天然的具有正向价值的存在，是必须加以呵护的首要的对象，个体关于此类对象关系的判断即为良知。良知在形态上乃是知性的一种，因而是偏感性的较低级的理性，或者说是从感性向理性的过渡阶段。孟子说："人之所不学而能者，其良能也；所不虑而知者，其良知也。"[①] 可见良知并不需要太高的智慧即可获得，它在形式上以感觉体验的直觉存在。只要能够冷静地对待生命，以生命的存在为万物的尺度，良知即可在内心泛起。因而，凡是对生命而言是有利的、增强的、积极的、向上的动机和行为，即是善；凡是对生命起加害的、减弱的、消极的作用的动机和行为乃是对良知的背弃，即是恶。显然，在良知的范围内，人会行善避恶。在这里，良知对理性不时地起着矫正作用，理性则把良知升华到道德的顶端。

综上所述，道德行为在两个有意识的个体之间展开。他们关于个体的各种认知演变成他们与对方的对象关系的主要内容。这内容可能涉及分工协作的关系，涉及血缘关系，涉及婚姻爱情关系，也可能会涉及政治法律等关系，但除此之外，他们的关于对生命问题的认知，

① 《孟子·尽心上》。

则是他们的是非善恶观念的总根源,这一点,进一步支撑了他们之间的道德关系。

三 金钱与道德

1. 金钱是对象的游走

相对于前几种道德关系,金钱似乎是一个另类。它在道德面前横空出世,它本身不是道德所带来的,但它却携带了道德的目的。金钱是所有劳动者的基本指向,无论劳动者通过什么方式进行劳动,最终都要指向劳动报酬。它一方面通过调动劳动者而调动对象世界;另一方面又通过调动对象世界而调动劳动者。因此,金钱是一种非常特殊的社会存在,它是只在个体相互之间展开的一种对象的游走,换言之,谁手中握有金钱,对象就在谁那里!面对纯粹的自然界,个体不需要金钱,金钱是个体与他人之间重新分配对象世界——因而是重新界定各自对象关系——的工具和尺度。

2. 金钱是道德的帮衬

金钱本身并无善恶。从纯粹物的属性看,金钱既不包含"恶",也未承载"善"。金钱被赋予道德意义是因为它直接参与了人与人之间关系的建构过程,因而它也成了道德目的的携带者。比如当金钱以资本的身份出场时,它实际上反映着资本家与工人之间的雇佣关系,是资本家与工人之间关系的物质形态和关系凝结物。它被资本所有者或用于"善行"或用于"恶意",此时的金钱再也无法逃避道德的责任。在马克思那里,他主要是从金钱的"恶"出发对其进行考察的,他毫不客气地指出:资本来到世间,从头到脚,每个毛孔都滴着血和肮脏的东西。① 在这里,资本追逐利润的本性被马克思描述得淋漓尽致。这

---

① 《马克思恩格斯全集》第 44 卷,人民出版社 2001 年第 2 版,第 871 页。

里的金钱不仅维持了现实的人与人之间的关系，而且还不断地生产和再生产着下一个人与人之间的关系。在马克思看来，金钱在这里推动了人与人之间这种非人道的异化的关系的发展，因而是大恶。

3. 金钱是人性的凝结

1900多年前，史学家司马迁就在《货殖列传》中指出，天下熙熙，皆为利来；天下攘攘，皆为利往。这是对社会关系的利益本质的深刻揭示。再后来，马克思把社会关系的决定力量归结为经济关系，又把经济关系的核心力量归结为生产关系，同时又进一步认为生产关系中最基本的内核是所有制关系，这就把"社会"这一对象的实质最终揭示出来，即：一切社会关系都是在所有制关系即人对对象世界的占有的基础上展开的。社会中的一切物质现象和精神现象，都根源于此。古人所谓"有恒产者有恒心"，所谓"仓廪实而知礼节，衣食足而知荣辱"等等，反映的正是对象给予人的自信、自立、自强的实在性。人拥有这些对象与没有这些对象是完全不同的两种精神状态，是人在对象面前是"心态坦然、不卑不亢"还是"不知所措、卑微低下"的属性的总根源。只有在这里，我们也许才能够真正理解马克思对人的本质所下的定义：在其现实性上，人是一切社会关系的总和。

4. 金钱是道德的试金石

金钱在形式上表现为一切可以被称之为资产的东西，一切生产资料和消费资料如机器、土地、房产、技术、劳务、信息、日用品等等。它们安静地放置在那里，丝毫没有要侵犯人的意思。在资本主义初期，工人们由于不堪忍受超负荷的劳动而毁坏机器，这只是对机器背后的所有制关系的一种迁怒而已。当金钱介入人与人的对象关系的建构过程以后，金钱便成了社会道德的试金石，这里最普遍的问题就是资本的伦理问题。

资本伦理问题的本质是经济制度问题。当资本性充斥社会各个角落、资本成为社会发展的轴心时，资本伦理问题就是一个不能回避的

第八章　道德与价值

问题。众所周知，资本体现的是所有者的意志，表达的是人的动机和人将要与何种对象相结合的指向。资本作为社会关系中一种强大的对象性力量的代表，在道德上反映的是它的所有者的人性与它背后的物性之间的较量。凡资本，总是由一定的所有者掌控的物。资本流向哪里，并不是资本本身的意愿，而是资本所有者的逐利的愿望。资本所有者希望用资本赚到最多的金钱，这是毋庸置疑的。然而，资本赚钱的方式受制于经济制度。如果制度听凭资本所有者的意愿，那就会像马克思在《资本论》中曾经引用过的一位英国作者所描述的那样："象自然据说惧怕真空一样，资本惧怕没有利润或利润过于微小的情况。一有适当的利润，资本家就会非常胆壮起来。只要有10%的利润，它就会到处被人使用；有20%，就会活泼起来；有50%，就会引起积极的冒险；有100%，就会使人不顾一切法律；有300%，就会使人不怕犯罪，甚至不怕绞首的危险。"[①] 资本所有者与资本之间的这种关系显然会伤害到资本所有者的社会关系，资本所有者支配资本的程度与社会关系对资本的容忍、默许的边界有关。在一种情形下，资本所有者可能正如上述英国作者所说的情形那样到了发疯的程度；在另一种情形下，资本所有者可能会收敛纯粹的趋利行为。资本能否做到"善"？《世界银行业务手册》对世行贷款项目的一些政策似乎回答了这个问题：世界银行贷款项目要求，借款方必须先做出贷款项目所涉及地区的环境评价、社会评价、移民计划等，当这些评估结论可行时才准予贷款；中国人常说"君子爱财，取之有道"，也表明金钱与道德之间可以有一个统一在一起的境界。改革开放以来，中国商人们度过了痛苦的心路历程——从个体户、暴发户到儒商、哲商以至佛商等境界的转变，其中既包含了他们内心不断承受着金钱与道德的冲突煎熬的过程，也包含了他们在金钱面前开始把握自身，人性开始回升，开始向上向善的积极倾向。这里的关键是：我们关于社会关系运动中的各种行为规范是否能够通过社会制度的建构转化为资本所有者的理性。

---

① 转引自马克思《资本论》第1卷，人民出版社1963年版，第839页。

接受与选择

如此看来，金钱回答了在合理的经济制度下金钱持有者的道德追求的高度。在这种制度下，如果说金钱是个体的一种对象的话，那么，它同时也是个体道德的试金石。金钱出没的地方，总包含着持有者的善与恶的心迹。

四　道德价值的实现

前文一再表明，他人是个体对象中比原始自然及人化自然更高层次的对象，因而是个体一生中最重要的对象。个体与他人的关系的价值也就高于个体与一般的自然物的关系。而就本章的主题看，在个体与他人的关系中，道德关系又是所有关系中的最高关系，因而是人生价值的最高体现。中国古人普遍推崇的关于"圣人"、"贤人"、"至仁"、"至善"的人生理想，是对人生境界的最高把握，无论帝王将相还是平民百姓，都期冀能在自己的生活圈子中加以奉行。可以看出，道德价值在人的一生中具有至高无上的意义。

1. 道德生活的意义建立在"有"之上

道德生活的基础是对个体"有用"的对象关系，有用的对象关系对个体来说具有价值。有用首先是"有"，有用的对象关系必须是一个存在，而且必须是一个真实的存在，它正在通过接受和选择对个体发生感知作用。因为它是"有"，它正在证明着个体的存在，由于它是一个存在，所以个体也是一个存在；有用的另一重要特征就是"用"，"用"就是让"有"按照个体的指向发挥作用。它把个体与对象结合起来，支持了个体的存续和发展。由于它的作用，个体不仅拥有了现在，而且存在于未来之中。

个体因为处在一个"有"的对象性的世界关系当中，个体具有了生命的意义。对象关系给个体带来的是个体的"存在"而非"未在"，对象支持个体，滋养个体，它让个体感知到他拥有了"有"。他的对象

第八章 道德与价值

性存在就是对他的"有"的直接证明,"有"显现了个体正在以生命运动的方式表达着自己的"存在"。因为这"有",个体才拥有了展开道德生活的勇气,个体的生命才开始被赋予了物性之上的精神含义。只有在这个基础之上,道德实体才能够开始对"有"进行升华,他站在一个"有"的实存之中,高举双手,把他的德性播撒给人间。

2. 拥有对象越多的人道德责任越大

价值是个体在他人面前对自身的证明,也是自身在他人眼中的期盼。在个体生命赖以存在的对象世界里,他人或高于他人的对象往往是个体证明自身价值的主要对象,比如上帝、上级、英雄人物、社会名流等。由于个体根植于对象关系这一本性,个体总是希望在高级的对象面前显现他的价值,与他同构的甚或超过他的力量的对象成为他首选的价值尺度的代表。基于这个现实,从另一个角度看,在对象关系上高于他人的个体就被赋予了更多的道德责任。

上述原理同时隐含了一条颠扑不破的道德律,这就是:拥有对象越多的人是最应该有道德的人。这句话反过来说也同样成立:拥有对象越多却不作为的人是最不道德的人。一个拥有众多对象关系的人的价值,就是帮助更多的人实现他们的对象关系。个体心目中的这种价值观念,代表了"群"的普遍要求,它促进每一个人不断地建构更多的对象关系,以便使自己能够有条件成为一个高尚的人。

在个体之间,任何道德关系都希望在有意义的旗帜下进行,价值关系因而使道德关系成为有意义的存在。道德关系看似寻常平淡,它却在追求某种意义,它携带着个体的价值的目的,或者携带着他人的价值需要,展开了个体之间的交往过程。

3. 高尚的道德生活与"群体信念"同在

"信念"是人所独有的趋向目标的志向,是个体对某种对象的确定性的观念。在所有的"信念"之中,群体共有的信念或者以"群"为目标而不是以个人为目标的信念,是塑造高尚道德生活的基石。这说明，道德生活是人类在一起活动时的历史，而不是个体独处时的个人史；是社会生活中活生生的实践，而不是超历史的虚妄。由于"群"是人的类生活的基本特征，是人面向原始自然及人化自然时前进或退守之所，"群"实际上反映的是人类历史的局限性。"群"就是一些需要相互帮助的人所组成的命运共同体，它源于每一个个体的弱势，从而形成了整个"群"的博爱特性。人类历史上许多乌托邦思想，在根本上所表达的就是人对群的诉求。所以，凡涉及道德问题，只要是为着"群"而奋斗的信念，就是最崇高的道德理想，也是历史追寻的目标。

4. 道德是弱者的逻辑

正因为道德是以"群"的存在为最高境界，它实际上是对弱者价值观的体现。道德作为个体对同类的态度，反映了人类向善的一面。它不是鼓励弱者扶持强者，而是强者自觉自愿地关爱弱者。就此而言，道德在根本上体现的是人性的底线，是历史发展到一定阶段时人们对基本的人性的理念的表达。正因为如此，很多有能力的人才有了创造历史的机会，但同时也让有能力的人发生了极大的分野。因为历史所保留下来的，并不是人们创造财富的多少，而是这些财富是怎么使用的。

第九章

美与自由

美是由人所界定的对象世界中与自由相符合的事物的属性，是发自人的主观世界对对象世界的评价。换句话说，美只是对象世界的一部分，对象世界中一部分是美的，一部分则不是。对象世界中美的这一部分正是表达个体自由的部分，它们具有与个体关于自由的理念、知觉及本能相一致的属性，是个体关于这些主体快感的表达。

美在历史上之所以一直纠缠不清，一个很重要的因素就是美天生所具有的这种主客相统一的性质。这种属性让站在不同角度和立场的人们做出了五花八门的解释，至今也未见有关于美的本质的定论。其实，在"美学之父"鲍姆嘉登那里，他对美学的定义中已经包含了对美的本质的关系属性的深刻理解，他说："美学作为自由艺术的理论、低级认识论、美的思维的艺术和与理性相类似的思维的艺术是感性认识的科学。"[1] 这里的"自由艺术"、"美的思维的艺术"、"与理性相类似的思维的艺术"等等定语，道出了"美"的抽象的一般特征，即美是表达"自由"、"美的思维"及"与理性相类似的思维"等与主客双方都具有相关性的此类属性的艺术；而作为"感性认识的科学"的论断，亦把"美"置于个体与对象的感性关系、实践关系的状态之下，是对"美"的这种认识视角的明确的断语。

迄今为止，关于美的认识仍然停留在主观说、客观说以及主客观

---

[1] ［德］鲍姆嘉登：《美学》，文化艺术出版社1987年版，第13页。

接受与选择

统一说等众说纷纭的阶段。事实上，美作为与人的关系最密切的事物之一，它就是人的对象性活动的见证。所谓主观说、客观说等等，其实只是截取了美所在的关系的某个侧面而已。一方面，美的主观性凸现的是个体的历史的对象关系的主体性建构，是个体的美感的历史性和多样性，而不是美本身的多变性。面对同一对象，有的个体认为是美，有的则持相反态度，就是因为个体在审美关系的意义上拥有不同的对象性的历史。另一方面，美在很多领域又呈现了许多恒定的东西，比如几乎所有的美的关系中都镶嵌了人的某种自由状态的快感。正因为对象世界与人建构的关系表达的是人的自由的意义，这种关系凝结在对象之中从而使它们成为表达此类属性（或关系）的事物，对象才显现了我们和艺术创作者共同的感性，才与我——审美者——内心的感性认识相契合，故而使我产生美的感觉。所以，美在本质上是个体对自由问题的表达，在审美上是个体与对象相统一时对象带给个体的彰显自由的快感。而自由问题在根本上是个体与自我的矛盾问题。

对象进驻到个体之中的实质，是对象关系开始对个体发号施令。由于各种对象对个体的影响力有大小的差别，哪一种对象将在个体中占据主导地位，就完全看它与个体的对象关系处在什么样的状态和阶段了。无论怎样，总有一种对象关系是对个体起着主导作用的关系，它在个体所面临的所有对象关系中是主要的、先决的。毫无疑问，这一对象关系也是自我的向导。自我受这些对象关系的牵引，引导个体走向对象所要求的方向。

自我是对象派驻到个体之中的代言人，所以，当自我站在对象的立场时，他就是对象中占主导地位的部分在个体中的反映，是主要的对象关系对个体的把握；而当他站在个体的立场时，他又是一维的、有机的、同一的，他是总和的对象关系形成的合力。因此，自我本身集聚了来自对象与个体的二重矛盾。

相反，如前所说，在没有自我的状态下，单就个体本身而言，他的指向是发散的、多维的、舒张的、分离的，它是各种对象的散件在个体中的组装。个体出于原始自然的本性，他要指向所有可能的对

第九章　美与自由

象——甚至要指向无限，比如人们对肉食的追求就表现为一种循环往复的无限性……很少有人仔细地考虑过这些追求的尽头到底是什么。由于这种原始自然的本性处在永远无法满足的状态，只要个体是有生命的，这种追求就是永无止境的。相反，自我把个体的不切实际的指向压抑了，他只释放个体身上那些可能得到回应的指向。因为自我就是从对象中来的，他了解对象的所在，他更代表实力最强的对象说话，他不愿意让个体去冒险。他明知，一旦个体粉身碎骨，他也就自身难保了。

由此看来，个体与自我既是同一的，又是对立的。当个体的指向无法获得回应时，个体便被压抑，自由的问题便产生了。另一方面，由于自我来自对象，自我也了解对象。自我了解到的对象越多，他所能预知到的不能满足个体的对象也就越多，自我就越是被个体不能到达对象的前景所困扰，自我就变得忧郁起来。受自我支配的个体不能获取他所需要的对象关系，而必须作出适应现实的对象关系的姿态。自我陪伴着个体一起承受着这对象的煎熬，他面临着唯有被外部力量所解放才能获得自由的期待。

一　自由与必然

个体接受与选择对象的结果，就是为了逃避对象所带给个体的必然性，就是为了按照自我所理解的必然性展开自身，就是为了获取自由。

从本质上看，自由是个体无限舒张的状态。个体作为生命体诞生之后，他无限延伸，畅通无阻，无拘无束地完成其生命的全过程。但是，个体的这一原始本质受到了自身的挑战。个体生命的存在问题首先必须转化为个体与对象的关系问题。个体的生命不再由他自身所掌握，而是受一个外力的作用。如此一来，自由问题也就变成了如何应对必然的问题。

在总体上，个体是自然界中唯一的能动的自然，但是，能动的自

接受与选择

然却被"不动的自然"所左右。能动的自然是不动的自然发展的结果，就连他的能动性本身，仍然是不动的自然所给予的。直接地说，他，生来就不是自由的。他注定在对象关系中存在，他的全部的生活在对象关系中展开。他或者接受，或者选择。他在接受与选择中改变对象关系。个体一旦改变了对象关系，他也就解开了这种对象关系的束缚，因而也就在这种对象关系中获得了解放，他也就获得了自由。

在这里，一个逻辑上的循环一直围绕在个体的周围：当个体解开了一种对象关系的束缚时，他同时却进入了另一种对象关系；当新的对象关系对个体开始作用时，个体争取自由的行动又开始了。这就是说，个体总是在争取自由，他现在争取到的自由只是相对于前一对象关系而言的自由。这样一来，个体陷入了一种无法解脱的无休止的循环之中，即自由—必然—新的自由。

应该承认，个体只有在对象关系的不断更替之中才能实现自由。他逐一地经历各种各样的对象关系，在对象关系中完善自己。每完善一步，他就获得一步自由。因为他是一个个体，他必须在对象世界中展开他的历史，在对象世界中他不可能有绝对的自由，真正的、绝对的自由存在于他的非个体的"无我"的状态之中。

很明显，自由在个体身上的这种循环并非原有水平的重复，而是螺旋式的上升。个体每经历一次循环，他的肌体以至精神状态就发生一次变化，个体就向前发展一步，个体所获得的自由也就是发生了本质变化的自由——它不再是源于个体本身的基因状态，而是个体解决必然性的派生物和标志。这种自由预示着整个人类的历史就是解开对象关系的历史，就是自由与必然相互统一的历史。各种对象的到来给人类留下许多的必然性，人类通过解决这些必然性实现了人类的解放。

二 创造美的劳动的二重性

直接感觉到的东西并不是本质的东西，本质往往藏在这种感觉的

第九章　美与自由

背后。作为存在于个体之外并和个体的活动有着密切联系的美的事物就是如此。美首先以千姿百态的形式表现出来，个体的感官是它的直接的解读器官。美的东西如果在别处遭到冷遇，它一定能在个体的感官那里找回体面。感官的需要成了一切之为美的东西的出发点。

1. 劳动自由是个体一切自由的基础和前提

感官对美的需求的根源在哪里呢？我们需要从人的最基本的对象性活动——"劳动"开始分析。我们知道，迄今为止，个体改造其他一切对象的过程都是通过劳动而展开的。劳动作为个体首先解决他与原始自然这个第一存在之间的矛盾关系的活动，是贯穿了人类历史始终的人与自然之间的物质变换活动。马克思曾经对劳动过程进行了实践层面的解构，他指出，劳动首先是人与自然之间的过程，是人以自身的活动来引起、调整和控制人和自然之间的物质变换的过程。人自身作为一种自然力与自然物质相对立。为了在对自身生活有用的形式上占有自然物质，人就使他身上的自然力——臂和腿、头和手运动起来。当他通过这种运动作用于他身外的自然并改变自然时，也就同时改变他自身的自然。[①] 在这里，马克思清楚地表明了劳动为着解决人"与自然物质相对立"的这种内在目的性，当人通过劳动完成了自身"自然力"与"自然物质"之间从"对立"走向"统一"之后，人就获得了证明劳动目的性的成果，在精神上就是自由的。从表面上看，劳动的成果好像是一个劳动过程的凝结物如产品等等，但在实质上，劳动的真正成果其实是劳动关系双方地位的变化，是劳动者在对象面前从受制约状态向自由状态的转变。

劳动的结果往往从劳动的两极——劳动者和劳动对象的变化中表现出来，劳动结果——劳动者和劳动对象的变化——成了劳动是否成功的证明。劳动者通过劳动使自身自然发展了，劳动对象通过劳动使它们从必然的状态转变为为着劳动者而存在的状态，诸如此类的变化

[①] 参见《马克思恩格斯全集》第 23 卷，人民出版社 1972 年版，第 201—202 页。

或可以表明这劳动是成功的。劳动关系中所对立的两极发生的这种变化，在本质上反映了劳动者对自然界中的某种必然性的把握，因而是对劳动自由的证明。进一步看，因为劳动关系处于对象关系的最底层，它解决的是个体能否存在的根本问题，这个问题如果不解决，个体的其他问题就是无本之木。因此，劳动所带来的自由便是其他一切自由的基础和前提。

2. 任何劳动过程都镶嵌了人的崇高目的

在上述分析的基础上，就不难理解美的事物的多样性。在美的现象中，我们所看到的美的事物，有些在劳动者一方，有些在劳动对象一方，但无论在哪一方，这些美的事物所显现的，都是劳动的成功的一面，是劳动关系的合目的性的一面，而不是相反。例如，在手工劳动阶段，手是主要的劳动"工具"，劳动者手上的老茧是对这种下苦力者的劳动量付出多少（或曰劳动关系史）的证明，如果一个人是农民而手上却没有老茧，便会被看轻，被认为是四体不勤、没有尽责的劳动者，他的手再白皙嫩肉，也不会被认为是美的；同样，肥沃的土地和绿油油的庄稼是劳动者精心加工过的劳动对象的表征，如果某人的土地杂草丛生、石片瓦砾满地，该土地便不是美的象征，主人也会被视为懒惰者而不是美者。

所以，美的事物往往表现为顺应人的劳动目的的事物，它是成功的劳动关系的愉悦。对于把劳动作为人的生存的基本手段的人们来说，劳动是其建立一切对象关系并且改变一切对象关系的根本途径。在这里，劳动关系围绕在人的周围成为人的必然的现实的对象关系，劳动成为解放这一关系的中介环节。对立着的两极由于劳动这一环节的出现而实现了统一，"统一"的归宿点，既表现在马克思所说过的"在对自身生活有用的形式上"，而不是对对象有用的形式上，也表现在劳动的成功的愉悦上而不是劳动的失败的沮丧上。显然，劳动的实质就在于，它是人为着解放自身所发出的基本活动，它不仅是人类物质生产的基础，而且是人的自由的精神生产的基础。

第九章 美与自由

康德说:"自然界的一切事物都是按照规律活动的。只有理性动物才能按照规律的表象行动,即按照原则活动。"① 康德在这里区分了理性动物与自然界其他事物的运动的区别和特性。人在对象关系的积聚中逐渐地增长了理性,上述劳动关系对人同样具有这样的功能。在这里,理性——或者如鲍姆嘉登的"与理性相类似的思维"等,成为人在劳动关系中的自由精神的重要标志,正如康德所说,理性动物的特征是"按照原则活动"。

所以,这里就给出了一个在实践中确实存有的前提,即所有劳动者在劳动过程中都是理性(或具有与理性相类似的思维的)动物,这样一来,人的劳动虽然有受本能驱使的因素但却不表现为本能性活动。人的劳动显然是按照人对对象世界的理解、按照头脑中的原则去改造世界的活动。而按照原则去改造世界,就存在一个原则与规律之间是否同一的问题,即自由问题。

自古及今,有一种关于劳动规律的表象性活动还没有被人们真正地关注过,这就是:劳动过程中除了维持生存的世俗的目的性之外,它还包含了一种崇高的目的性。换言之,人的劳动的目标是世俗的目的性与崇高的目的性的统一。人在劳动过程中除了完成物质变换之外,总有一种崇高的目的镶嵌在其中,这种崇高的目的是否实现成为检验劳动是否成功的重要表征。这里的崇高的目的就是高于劳动的物质需要层次的个体的主体性——劳动过程的自由地实现。劳动者总是企望原则与规律达到统一,即使劳动的功利目的是那样的强烈,他也希望这种劳动能够在一种自由的而不是被迫的形式下进行。黑格尔在谈到人类的特性时说到,禽兽没有思想,只有人类才有思想,所以只有人类——而且就因为它是一个有思想的动物——才有"自由"。② 同样,正因为劳动活动是检验人的思想的感性活动与理性活动的总和,劳动

---

① [德]康德:《道德形而上学的基础》,载《西方哲学原著选读》下卷,商务印书馆1982年版,第315页。

② [德]黑格尔:《历史哲学》,生活·读书·新知三联书店1956年版,第111页。

中的自由性才凸显出来。由此可见，自由其实是劳动特有的属性，是人类特有的属性，是思想特有的属性，是思想对必然把握的结果。当有思想的人认识了某种必然性并按照这种认识改造了对象时，人就是自由的，人的活动就是自由的活动，这种活动的结果就是张扬个体的一种自为状态而不是限制个体的一种他在状态。当然，这里的自由有一个假定，在这里，为了研究的方便我们实际上假定了这个思想者与其他思想者在思想以至利益上的冲突性是不存在的。

3. 所有创造美的劳动都是具体劳动

个体在其与自然界的对立与僵持中，需要用劳动来解脱。劳动把个体与自然界结合在一起，又使个体超越自然界而实现自由。由于个体所面临的自然界是多种多样的，个体的劳动形式也就是多种多样的。

从表面上看，个体的劳动过程是满足吃、穿、住、用的过程。它是那样地实在，那样地俗不可耐，不少人甚至诅咒是劳动使他变得辛苦起来。然而，劳动对于人，就像生命对于人一样是不可或缺的。恩格斯在他的著名的《劳动在从猿到人转变过程中的作用》一文中指出："劳动还远不止如此。它是整个人类生活的第一个基本条件，而且达到这样的程度，以致我们在某种意义上不得不说：劳动创造了人本身。"①如果没有劳动，也许世界上至今都没有人类；如果没有劳动，人们不可能有今天这样丰富的生活。人们可以改变劳动的形式，但却不能取缔劳动本身。

显然，劳动的初始目的是低俗的、受动的、生存性的。个体与其说通过劳动以维持生存，不如说通过劳动以解除劳动本身。劳动过程中所镶嵌的崇高的目的性正在这里。一直以来，由于人们更多地关注了劳动满足人的吃穿住用等基本需求的作用，崇高的目的反而被观察者忽略了。实际上，从每一种具体劳动看，个体在满足直接的、低级的、物质需求的同时，总有这些需要以外的目的相伴随。比如，原始

---

① ［德］恩格斯：《自然辩证法》，人民出版社1971年版，第149页。

第九章　美与自由

人制作的陶盆，装水或盛食物已经足够，他们却要看起来多余地并且似乎是浪费精力和时间地在盆壁上雕刻出鱼的花纹（图9—1）。

彩陶鱼鸟纹细颈瓶　　　　在半坡出土的彩陶鱼纹盆

图9—1　镶嵌在劳动关系中的原始艺术：既是劳动成功的标志，又是劳动自由的表达

原始人要通过鱼纹反映什么呢？

首先，鱼是原始人劳动的产物。和土地、石头相比，鱼是一个活物。它活蹦乱跳过，对原始人来讲，要抓住一个这样的动物比抓来一根草、搬来一块石头更艰难。也就是说，抓鱼的劳动比拔草的劳动更不自由，但他现在抓到了鱼，这是多么令人高兴的事情啊！鱼抓到了——他的劳动是自由的。他感觉到一种肌体力量的释放——这劳动是美的。从这个意义上，我们可以在各种具体的劳动中找到这种感觉。每一种劳动的形式不同，这种劳动所带来的美的表现形式也不相同——美的事物是具体的。

其次，在某些地区，鱼被认为与祖先有关。假使这种情况存在的话，那么，将与祖先有关的崇拜物画出来，就是为了继续这种崇拜。而这种对祖先的崇拜，又是服从于人的劳动的目的性的。希望得到祖先神灵的保佑，或者向祖先敬献这种劳动成果，就像今天的人们在发财的同时祭拜祖先一样。这如果不是对劳动自由的释放还能是什么呢？

最后，鱼纹——画鱼纹的劳动本身又是绘画艺术的展现。是否真正地把鱼反映在了陶盆上？画得像与不像？是否成功地再现了鱼本身？或者说，这幅画是否比真正的那个鱼更好地表达了原始人的劳动的成功的一面？等等。这里的鱼纹反映的是原始人绘画手法对艺术劳动是否做到了自由地表达。在这里，画鱼纹的活动本身也是一种专业劳动——艺术劳动，原始人通过陶盆鱼纹再现他们的捕鱼劳动，他的这种艺术劳动把劳动自由凝固在了一件艺术品上，使劳动过程的崇高目的变得不易流逝。

可见，任何一件美的事物都是具体的生产劳动、艺术劳动或者其他劳动所反映出来的自由的劳动关系的凝结，比如种植物喜人的长势、建筑物的挺拔、舞蹈动作的流畅、歌唱家悦耳的嗓音、绘画作品的质感、雄伟高山的寓意、潺潺流水的意境等等。有多少种具体形式的劳动，就有多少种来自这些劳动的美的目的。美的东西成为每一具体劳动关系中所携带着的崇高目的性的表达者，附着在每一种具体劳动的结果或与这种劳动相关的事物上面，给个体以不同的审美感受。

4. 所有创造美的劳动的共性是自由自在性

虽然每一种创造美的劳动都是特殊的、各具形式的，但是，这些具体形式的劳动活动都有一个共同特征：每一种具体形式的创造美的活动都是体现劳动的自由自在性的活动，那种凡是体现了人类劳动的自由自在性的劳动成果则被看成是美的东西。

在这里，马克思在《资本论》中关于劳动二重性的分析方法，对我们分析美的本质具有借鉴意义。从创造美的劳动实践看，一方面，生产劳动者通过某种具体形式创造出了精美的产品，艺术劳动者通过绘画技艺、音乐旋律等形式奉献出画作与歌曲，同时，自然界也有一部分符合我们的生产劳动或其他劳动关系的对象性存在物，比如风调雨顺、草木茂盛、山清水秀等景象；另一方面，这些具体的美的事物本身又都包含了一种实在，一种关于劳动对人的正向作用，一种从人出发对劳动的规定性，这就是劳动的自由自在性。所有美的事物都是从这里出发给个体带来愉悦的。

第九章　美与自由

正是从创造美的劳动的二重性的剥离上，我们才能够进一步看清：美的本质是自由自在的劳动。美的事物正因为是由劳动的自由自在性构成，当美表现在任何事物之上时，这种事物就都是劳动的自由自在性的表现者。比如生产劳动中的美，既表现在劳动者按照自己的设想成功地制造出的产品上，也表现在他所完成的一个成功的动作中。不论哪一种，都是他按照事物的必然性或者按照他自己高于必然性的设计使得劳动有了结果。这个时候，美虽是劳动过程的一个镶嵌物，是生产劳动的附属品，但却是劳动的自由自在性的确证。再比如艺术劳动的美，它直接就是社会劳动分工出来的专门创造美的劳动，也就是专门为个体提供"自由自在性"享受的劳动，在这里，美就是这种劳动的主题，这种劳动直接为了美而产生，这种劳动的形式本身就是美，即美是自由自在的形式。（图9—2）

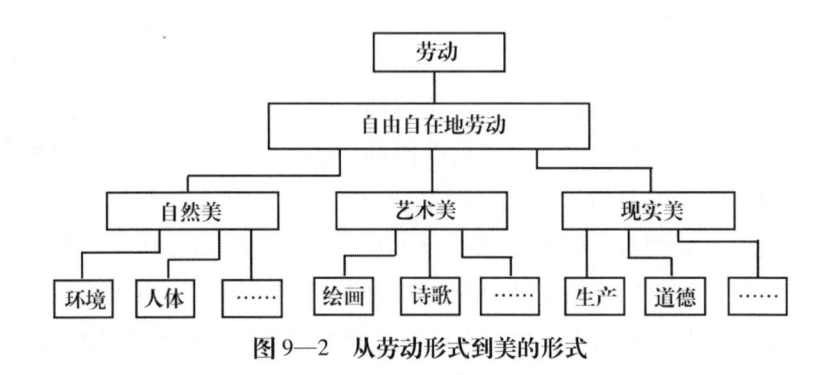

图9—2　从劳动形式到美的形式

显然，劳动结果是否具有审美价值，已经不在于劳动内容是为了吃还是为了穿，而在于劳动过程是否在自由的形式下进行。劳动过程在形式上是否自由，就在于劳动者是否认识了劳动过程的必然性并实现或超越了这一必然性。

既然创造美的劳动表现为二重性，那么，美的本质是如何决定美的现象的呢？这里必须进一步厘清创造美的劳动的社会历史性质。我们已经知道，任何劳动过程一方面是人与自然之间发生交互作用的过程，另一方面则是人与人之间建立交往关系的过程。劳动的社会性质就是指后一种情形所反映出来的历史特性，这种情形自然地包含了创造美的劳动的社会历史性质。就此而言，远古时代、农耕时代、工商时代及信息时代等由于其所代表的劳动水平的不同，劳动者对劳动的自由自在性的感知亦不相同，各个时代的美便不可避免地被打上了本时代的印记。

　　创造美的劳动在劳动主体的相互交往中不断地形成新的劳动水准，从而推动着创造美的劳动不断地进入与时代相呼应的社会形式之中。第一，同一劳动形式（比如雕塑劳动本身或雕塑同一类作品的劳动）在某一时代所具有的社会特征通过类似于马克思所说的"社会平均劳动"来表达。这种劳动在技能、技巧、劳动工具、劳动对象等条件下形成了一种社会平均劳动水平，它是同类劳动者的约定的、共识的、平均化的权衡个别劳动的自由程度的标准。换句话说，在各种具体的劳动形式中实则包含了本时代普遍的审美规范及原则。第二，不同的劳动形式（比如从事食品生产的劳动与从事建材生产的劳动）之间的唯一共性是劳动的自由自在性。不同的劳动形式之间并没有多少相通之处，只是就它们内部而言，行业内部的劳动水准在劳动者对自由自在性的理解上具有指导意义。例如，在已经进入耕牛工具的时代，用手刨地就不能代表该时代劳动的自由自在性；在已经进入链式拖拉机耕地的时代，仍然用耕牛犁地自然也是落伍的。第三，虽未直接参与劳动过程但却与劳动的自由自在性相一致的对象，亦被赋予美的意义。首先必须肯定，未参与劳动过程的事物本身不具有劳动关系属性，因此也不是由这些劳动的自由自在性所产生的，这些事物本身并未先天地包含"美丑"二字，比如远离劳动的山水、与劳动过程无关的女性等。这是因为，这些事物在对象的意义上只是外部世界的一个存在，它们（她们）无论是青山绿水还是秀丽的脸庞，都只是纯粹的自然，是不以这里的劳动者的意志为转移的自然现象，不论你的劳动是否存在，它们（她们）总是以那种本然的状态存在着。

　　但是，当它们（她们）进入劳动关系之后，情形就不同了。因为，凡是进入人的对象关系的对象，都是将要被打上社会化烙印的对象，

第九章　美与自由

是被纳入人的劳动过程并表现这一过程的合目的性的存在。换句话说，由于劳动关系是所有对象关系的根本这一特性，劳动以外的对象凡是合目的性的，也被劳动者置于释放自由自在性的对象地位之上。

正因为如此，这一部分事物在审美的标准上就存在着较大的分歧，比如同样是一轮明月，既有花好月圆、花前月下之境，也有花残月缺、镜花水月之叹。"明月"之美丑，全赖它是否成为反映审美者"自由自在的心境"的对象性存在。但在生产劳动领域和艺术劳动领域，由于这些领域是直接依赖自由自在的劳动生产美的领域，因而在审美上的分歧也就要小得多。

三　劳动关系的永恒性质

历史表明，劳动与人类的生活是紧密地连在一起的。从人类产生的那一天起，劳动就伴随着人类一同成长。人类生活的每一步，每一个角落，都渗透着劳动的影子。只要人类存在，劳动就无时不在。

1. 劳动是解决人类无限需求的基本手段

当然，劳动同样也不会消失。只要对象世界是生生不息的，人类解决自己与对象世界的关系的基本活动也就不会终止。正如它创造了人本身一样，劳动将永远伴随着人类，直到人类消失的那一天为止。有人曾以为，劳动在社会物质财富极大满足的情形下，会变成纯粹的娱乐活动，这其实是不可能的。因为所谓财富的满足，只是一种相对的说法，这种说法假定的前提是：社会的需求总量静止不动。然而试想一下，要在全社会形成财富的绝对满足，其实是相当困难的。让我们这样假设吧：现在每个家庭都拥有了一台数字电视机，该满足了吧？可是，张三家里4口人每人想要一台怎么办？如果现在又出现了背投彩电，你还要不要更换？将来还有壁挂式、无线移动式，你又怎么办？也有人会说这种满足是建立在实际购买力之上的满足，那么很明显，

接受与选择

要获得实际购买力,其实是需要把劳动作为谋生的手段,而不是作为纯粹的娱乐活动。所以说,关于社会财富极大满足的说法,是建立在人的需求相对静止状态的一种预测,是把社会看成一个封闭体系所做出的推论。倘若从动态的意义上看,这些东西显然不是在同一天内能够满足全球所有的人,更何况,即使这种由人制造的东西能够满足整个社会的需要,可是,倘若还有人希望去火星上游览一番,我们是支持这种需求呢,还是抑制这种需求?如果支持,这种无限的、不间断的人类需求如何能够在某一个历史时期突然地永远地被终结呢?因此,那种认为劳动在财富获得极大满足之后就可消失的观点其实是机械地、静止地观察世界的观点,他们把人类的需求看成是在某一个星期日内突然静止下来,先满足者坐下来等待未满足者,消费欲望也不会再有新的增长。他们设想社会在某一天达到了一个境界,达到之后就维持这个规模不再发展了。这个时候,还需要劳动做什么呢?当然是不需要了。因此,退一步讲,即使是由于物质财富的极大满足使劳动的维持生存的本意消失了,劳动可能由前台转到了后台,但还是需要它在后台继续发挥作用。对人类来说,只要对象世界是无限扩展的,"劳动"活动就永远也不会退休。

  人类需要劳动来帮助自己生存,需要劳动来解放自己。在这个问题上,劳动阶段性地做到了;但劳动又使人被奴役,劳动让人在形式上变得不自由。换言之,劳动的内容使人获得了物质方面的目的物,但却失去了精神方面的目的物。显然,在劳动中,物质需求和精神需求被分裂了。

  在物质上,劳动使人获得了他希望得到的对象,劳动关系就是这种对象关系的核心内容。劳动者从对象中获得了个体所需要的物品,个体的指向变成了劳动的指向,劳动变成了获得物质资料的活动,这一目的是那样的直接,直接到它可以等同于动物摄取食物的那种活动。但是,在精神上,劳动使个体从根本上受到了压抑。个体从劳动中感觉到了他并没有摆脱自然的现状,他之所以要劳动,就是因为那自然的对象物是一个他在,他需要把它与他自身自然相统一,这是一个多

第九章 美与自由

么艰难的过程啊！劳动者既要从自然界那里取来其所需，同时又要受到自身自然的束缚。他被自然所奴役，而不是自由地把握了自然。如此一来，劳动过程使个体接受或选择对象的过程变得复杂起来。由于直接的物质需要的强迫，劳动是被奴役的、不自由的活动，劳动者的精神被抑制、被压抑了；另一方面，又由于物质需要的本质是个体为了获得自由而展开的，个体之所以劳动，就是为了把自己从自然界中解放出来，就是为了使自身自然不再牵制自己，不再控制个体的自我，因而劳动又是对自由的追求。于是，劳动实际上是两重意义并轨运行的活动，是被奴役的劳动和自由自在的劳动合二而一的过程。当劳动的自由自在性表现出来时，美的事物出现了。

2. 历史分化出专门创造美的劳动

几千年来，人们与劳动结伴而行。从劳动创造了人本身，到劳动永不消逝、没有终点的属性中，人们找到了一种对劳动的解脱的最好办法，这就是与其厌恶劳动，不如把劳动变成另一种形式。在人类的历史长河中无法逃避劳动时，人们认为应该赋予劳动新的意义。于是，专门以创造美为内容的劳动——艺术劳动由此产生。

种田的劳动与唱歌的劳动相比较，前者是集结了劳动二重性矛盾的存在，而后者则是在二重性分离状态下纯粹追求劳动的自由自在性的存在，是个体直接地、赤裸裸地追求纯粹的美的活动。从人生的最终目的看，两者之间人们更愿意选择后者，人们愿意直接地依偎在美的身旁。

自从劳动中镶嵌了美，劳动便开始分化了。一方面，劳动是各种各样的具体形式的劳动，不同的形式大量地存在于劳动过程和劳动的类别当中，物质生产劳动——专司劳动初始目的的劳动——大量地被置于维持生存的层面上，而对美的创造——表现劳动自由自在性的劳动——只有在生存劳动之余或间歇当中才成为可能。

普列汉诺夫坚信美与劳动有着十分密切的关系，他在《没有地址的信》中写道："不能认为，野兽的皮、爪和牙齿最初之为红种人所喜欢，单单是由于这些东西所特有的色彩和线条组合，不，……这些东西最初只是作为勇敢、灵巧和有力的标记而佩戴的，只是到了后来，也正是由于它们是勇敢、灵巧和有力的标记，所以开始引起审美的感觉。"① 卡·毕歇尔在《劳动与节奏》中也证明了一般劳动与艺术的关系："在其发展的最初阶段上，劳动、音乐和诗歌是极其密切地互相联系着，然而这三位一体的基本组成部分是劳动，其余的组成部分只具有从属的意义。"② 心理生理学家威廉·冯特对此也有相似的看法："游戏是劳动的产儿，没有一种形式的游戏不是以某种严肃的工作为原型的，不用说，这个工作在时间上是先于游戏的，由于生活的需要迫使人去劳动，可是人在劳动中逐渐地把自己力量的实际使用看作一种快乐。"③ 思想家们虽然没有能够进入创造美的劳动的二重性内部认识美的本质，但却在揭示劳动与美的关系方面做出了开创性贡献，使得美学研究的历史从此转入了新的里程碑。

如果说创造美的劳动是意识性的，那么，欣赏美的活动则是感性的。演戏需要在意识的指导下把握作品和演技的精髓，而看戏只需凭感官就可以感受戏剧的美。这样一来，审美活动就不仅仅是理性的独占。"文盲却非美盲"，就是表明审美主体是宽泛的。美的表现形式是感性的，尽管美藏在劳动的自由自在性的背后。

当然，从现实看，感觉是大多数个体生活的存在方式。相当多的人都生活在感觉之中，比如恋爱的感觉，比如吃饭的感觉，比如跳舞的感觉，比如休闲的感觉等等。在恋爱的季节里，有人发现感情具有

---

① ［俄］普列汉诺夫：《没有地址的信：艺术与社会生活》，曹葆华等译，人民文学出版社1962年版，第12页。

② 转引自［俄］普列汉诺夫《没有地址的信：艺术与社会生活》，曹葆华等译，人民文学出版社1962年版，第40页。

③ 同上书，第83页。

盲目性，其实就是因为恋爱者对美的评判仅仅建立在感觉之上，他（她）被感觉所左右。这也证明了感觉对个体而言具有不确定性，感觉来源于原始自然的指向——这是最初的指向，一经理性洗礼，感觉就失去了自信。可以想象，个体自身的原始自然在从对象中获得证明的时候，许多问题是感觉所无法回答的。

3. 劳动的社会形式与现实美的统一性

劳动是人类特有的活动，是标志人与其他动物相区别的重要的对象关系。作为人显示其类特性的活动，所有的劳动过程都是劳动者站在群体之中向外展开的活动。这就是说，任何劳动，它的意义不仅是个体对生存资料获得满足的活动，而且是向其他个体证明该个体接受与选择对象关系的能力的活动。同样，劳动活动中镶嵌的自由自在的目的也就不是纯粹的孤芳自赏，而是个体在他人的召唤下追求成功劳动的共同见证，劳动的自由自在性对于个体的意义就扩展为一种社会存在。作为被社会化的存在，创造美的劳动就显现了差异性。同样是一种美的事物，评价者之间可能出现较大的差异，而如果总和关于这一美的事物的社会性，评价者之间的差距就可能缩小很多。我们看到，创造美的劳动不是孤立的、关起门来自我欣赏的劳动，而是为他人而存在、而表现的劳动。孟子说，充实之为美。但充实到自己还不够，还必须把它发扬出来。要有光辉，照耀别人，要使其打上社会性的标记。

现实的社会规范的形成，往往以人们的劳动关系和劳动需要为转移。为着劳动而结成的人与人之间的关系就是人的直接现实，以此为基础，人们之间进一步展开了政治的、文化的、伦理的、宗教的等等交互过程。社会规范的现实意义就在于，它既适应人的劳动的需要而产生，也作为人的劳动的既定前提而存在。马克思在《雇佣劳动与资本》中证明说，人们如果不以一定的方式结合起来共同活动和互相交换其活动，便不能进行生产。为了进行生产，人们便发生一定的联系和关系。只有在这些社会联系和社会关系的范围内，才会有他们对自

接受与选择

然界的关系，才会有生产。① 因此，人们之间结成的社会关系就成为制约人的劳动的重要前提。只有当现实的社会关系为着人改造自然的目的而存在，或者说社会关系为劳动的自由形式的实现提供了必然性时，现实才是美的。

四　艺术劳动

艺术活动在最古老的人类劳动活动中就已经开始了。西安半坡村，6000年前，新石器时代：那是一个女人远远优越于男人的时代。这里的女人发明了农业，她们是氏族的管理者，在生产中起主要作用。在她们的管理之下，祖先们创造着人类社会的第一个阶段——母系氏族社会。在这里出土的鱼纹陶器，是原始人劳动中典型的艺术活动的集中表现。

在世界古代文明史上，"米诺斯文明的艺术家们并不想仅仅以艺术品的大小来吸引人们的关注，他们也不关心遥远的、令人畏惧的神或神圣的国王。他们在日用器皿、住宅的墙上和自己的艺术作品中描绘的都是他们周围的生活。在他们看来，生活中的所有场景都可以被拿来当模特儿：自然景物，如花、鸟、海贝和各种海生物；日常生活的情景，如种田归来的农夫、与公牛角斗的壮士和翩翩起舞向女神致敬的妇女，都值得描画。"②

在艺术中实现自由是个体最理想的方式。艺术是个体以其所能对现实的超越。正如我们已经发现的那样，个体在劳动中的现实的关系并不是自由的，恰恰相反，个体接受现实的状况往往是压抑的，他因而在每进入一个具体的劳动过程之前总是充满了太多的无奈之感。由于他们所面对的对象之间的差别，个体之间的差别就是不可避免的。

---

① 《马克思恩格斯选集》第1卷，人民出版社1995年第2版，第344页。
② ［美］斯塔夫里阿诺斯：《全球通史：从史前史到21世纪》上册，董书慧等译，北京大学出版社2005年版，第68页。

第九章 美与自由

进一步看，正因为每个个体之间的差别是具体的、显现的，个体的自我便很容易地观察到这一现实，并愿意以此作为出发点选择劳动过程，以便构建适合自身的群体关系。个体与群体之间由差别而形成矛盾和冲突，又由于自我的调整使矛盾得以化解。在自我的强烈要求下，个体受到了抑制，个体与自我的矛盾以个体的妥协而告终。

但是，个体的妥协只是在自我疏导之下把个体身体中的对象性指向暂时隐藏了起来，而不是让这种指向的力量永远地化为乌有。个体时时刻刻受这种力量的驱使叩击自我，自我在现实中无法把这种力量展开在对象身上，于是，他便把个体引向艺术的境界。

在艺术中实现自由是个体的一种必然选择。个体需要解决他与群体的冲突，他在现实中不可能实现这种自由，但他又需要这种自由以确证自己是一种舒张的而不是收敛的存在，他因而走向艺术。艺术作为美的典型代表，它在概念上是对"自由"的表达，而在内容上则是对个体趋向对象的力量的证明。故而，我们见到的所有的美的事物都有一个共同特点，这就是：美是舒张的，不设防的，美不需要内敛，美的本质就是要向外展开，如果被控制，便不是美的本意。在这个意义上，艺术作为纯粹的美的代表，它就是对现实的否定或者肯定，其本质是对个体的自然属性——第一存在的张扬。

在艺术中，个体不再承受现实关系的压抑——即使那些直接反映现实压抑的艺术作品（例如悲剧情节），也是把压抑抛向艺术而减轻个体痛苦的一种自由活动，个体的源于对象性的历史的本质力量被张扬出来。在艺术境界中，自我不再约束个体，自我与个体走向同一。

艺术活动作为普遍的美的表现形式，是对美的专门生产。它一方面是劳动主体的合目的性的活动，另一方面是具体的艺术形式的表现。艺术劳动的基本特征是模仿劳动——它通过对人类自由自在的劳动形式的模仿，把被模仿物的价值形式化：它或者转移旧价值，或者创造新价值。

艺术劳动抛弃了一个物质的对象界，却把一个精神世界看成对象，它面对的是以怎样的方式改造这个世界才会使人感到愉悦的特殊形式的

接受与选择

规律性。因此，它是纯粹地追求自由自在性的劳动。截至目前，在音乐、美术、电影、绘画、雕刻、小说、戏剧、诗歌及建筑艺术等等形式中，它们表达的是比一般生产劳动更为崇高的目的性。这些劳动产生于一般劳动，却超出了一般劳动的意义。艺术劳动完全摒弃了劳动者的低级的本能的要求，它不再为吃、穿、住、行而劳动，而是纯粹地为精神而劳动，为人的崇高理想而劳动。

正因为这样，艺术劳动在很大程度上是强调把其要素（即自然与现实）创造得更加合乎人类精神快感的要求，而不论要素本身存在着多大的局限性。因而，艺术劳动发展到后来，就变成了更加注重劳动者自身能力的培养，以取得适合人类自身精神需要的最佳劳动方式。劳动者自身能力提高了——比如他的绘画技艺提高了——他发动自身自然力以把握对象的能力也就提高了。反过来说，艺术劳动者把自身自然力提高了多少，他自己创造艺术作品的能力就提高了多少，他也就把美呈献了多少。

在费尔巴哈那里，这种能力被通俗地称为"手艺"：如果你从艺术那里夺去了它的金子般的基地——手艺，那么，你还给艺术留下什么呢？[1] 艺术价值正是取决于艺术劳动主体的这种特殊的劳动——手艺，艺术本身才能够迈向自由自在的境界。黑格尔曾给这种能力以"较高方式"的评价，他说："正如那个把摘下来的水果捧献给我们的少女超过了那直接生长出来的水果的自然界：自然的条件和因素，树木、风雨、日光等等；因为它是在一个较高方式下通过自我意识的眼光和她呈献水果的姿态把这一切予以集中表现。"[2] 艺术劳动者的手艺就是这种较高方式。艺术美就是艺术劳动者以"较高方式"把自然和现实呈现给我们的结果。正是从理性的认识形成的自我支配人的感官获得成功的意义上，不仅这种艺术形式所包含的内容是自由自在的，而且这种艺术劳动本身也是自由自在的。

---

[1] 《西方美学家论美和美感》，商务印书馆1980年版，第212页。
[2] ［德］黑格尔：《精神现象学》下卷，商务印书馆1979年版，第232页。

第九章　美与自由

五　自然美

　　一个人靓丽或者帅气意味着什么呢？是否说明了这个人的成长过程处在一个各个部位的曲线符合某种先天知觉的对应的时期？当我们在观照人的面相时，有些给人以恶的距离感，有些给人以善的亲近感；有些给人以稚气，有些给人以沧桑。这里的意思再明白不过地表明，眼前的带有这些面相的人，他们与我过去的已经形成的对社会的认知相对应，他是符合我的记忆、经验里面某种人格类型的人。

　　以其是否与劳动存在相关性看，自然美可分为两个部分：一部分是直接参与劳动过程之后的自由自在劳动的凝结，如手工劳动者长满老茧的手与脑力劳动者细皮嫩肉的手都是如此。这部分"自然"是人类劳动的直接对象——虽然人是劳动的主体，但从人作为劳动——尤其是自由自在地劳动的目的物来看，人的器官甚至人本身都是美的对象——人既是审美主体又是审美对象，是对象关系中完成个体指向的直接的目的物。另一部分是未参与到劳动过程中来但却符合人的劳动的目的性的自然界，如青山绿水、明月丽日等。这部分"自然"与那些远离人的劳动过程的险山恶水、月黑风高等反映的都是自然界的本相。这些自然界起初只是作为一种客观存在的潜在力量与人相对立，它自身无所谓美丑；但由于这些自然物进入人的对象关系之后往往被人以他的社会感知和社会意识所统摄，它们成为反映人在劳动关系中的自由程度的标志，因而自然地被赋予其社会评价，并赋予其社会关系属性。鉴于劳动关系在社会关系中的基础地位，劳动关系评价就是第一位的，劳动关系的审美评价就是紧随其后的。

　　自然界所显示的本然状态被打上社会性的烙印，它便进一步显示其为我的性质，它以我的劳动关系的变化为转移。比如"青山绿水"在农业劳动者那里是平和的、适合耕种造林的自然界，但在探险者那里却是无法显现人的劳动价值的。当自然界直接地反映了人的劳动关

接受与选择

系的自由自在性时，它既是自然的，又是美的。相反，自然物如果不处在劳动关系中，它就是自在之物，也就与美失去了联系。

的确，自然界起初是作为一种完全异己的、有无限威力和不可制服的力量与人们对立的。随着人类劳动的不断发展，自然界的历史才真正变成了人的历史的一部分。自然美就是自然界在形式上与人类劳动的目的性的一致性。从一望无际的荒凉的自然界到碧绿的田野，从羿射九日时的自然界到经过人工降雨改造之后的自然界，它们所表现出来的都是不同的劳动关系，是劳动者处于被自然束缚的状态还是处在自由状态的差别，只要自然界进入人的劳动关系，也就和人的劳动的自由性一同被人审视。马克思说："从理论领域说来，植物、动物、石头、空气、光等等，一方面作为自然科学的对象，一方面作为艺术的对象，都是人的意识的一部分，是人的精神的无机界，是人必须事先进行加工一边享用和消化的精神食粮；同样，从实践领域说来，这些东西也是人的生活和人的活动的一部分。"[1] 以劳动关系为转移，白色的皮肤对于阳光下的劳动而言未必就是美色，旅行家拜尔顿的译员指着他的白色的同伴向澳洲的黑人女子问道："你们愿意要这样的男人吗？"她们回答道："这样的丑家伙，呸！"拜尔顿补充说，这是大家一致的答复，接着总是一阵哈哈大笑。[2]

美的事物之所以因不同的人群而发生转移，就是因为人们的劳动是通过群而表现的。人们之间的劳动水平的差异往往因群体之间的差异而有所不同。一切美的事物的相对性都来源于创造它们的劳动的相对性，来源于劳动主体所在的不同的劳动关系即对象关系的相对性。美的相对性是那样的明显，它让同一种审美对象在不同的审美主体那

---

[1] 马克思：《1844年经济学哲学手稿》，人民出版社1985年版，第52页。
[2] 转引自普列汉诺夫《没有地址的信：艺术与社会生活》，曹葆华等译，人民文学出版社1962年版，第130页。

里获得了完全不同甚至截然相反的审美判断，以至于美的本质许久以来都很难被发掘出来。在这里，回顾我们以前所论述过的人们的劳动关系或者说对象关系的历史的差异性，就不难对这一问题做出回答。

六 审美的历史视角

一般而言，劳动关系与劳动能力之间是一种互逆的关系：劳动水平不同，结成的劳动关系就会不同；而劳动关系不同，表现出来的劳动水平也会不同。在美的意义上，我们初步确定了美是有限的劳动关系即劳动关系中的自由自在性，下面我们就撇开劳动关系与劳动能力的互拟性质，在既定的劳动关系下，探讨劳动能力的演变对这种关系的制约性。

历史地看，人的劳动能力是一个渐变的过程。就个体看，幼年阶段体格弱小，成年阶段体格才强壮起来；幼年阶段智力混沌，成年阶段思维才发达起来。就人类看，原始年代蒙昧有余，嫦娥奔月只是梦想；当今时代物质生产能力高度发展，人类登月已经变为现实。人类的成长阶段说明，距离原始自然界愈近，人的劳动能力就愈弱；脱离原始自然界愈远，人的劳动能力就愈强。

劳动能力的强弱向我们展示了这样一种结果：劳动作为人与自然之间对立统一关系的矛盾运动，它对人的精神的友好的一面恰恰在于人与自然的理想的同一性。换句话说，不论劳动出于何种目的，只要自由自在地实现了劳动过程，总能给人带来愉悦。进一步讲，哪些劳动关系帮助人很好地实现了劳动的目的，哪些劳动关系就是让人愉悦的对象关系，这些劳动关系因而就是自由自在的对象关系或者说是自由自在的对象关系的表达。在这一认识之下，我们可以抽象地把一切美从劳动的混沌状态中分离出来。（图9—3）

接受与选择

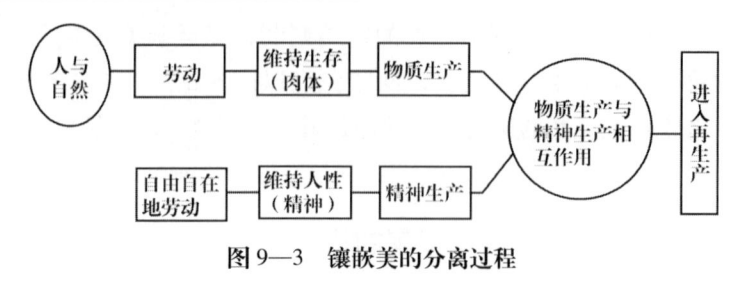

图9—3 镶嵌美的分离过程

在美的本质的指引下，有三点结论需要我们特别地加以把握：

第一，创造美的劳动关系不是为实用而产生的。任何美的东西对人来说直接是一种精神享受，不论是原始人的石刻壁画，还是描写秦王李世民战骑的昭陵六骏图，都不是为实用而产生的。它们通过古人在石刻方面的精湛技艺，反映了古人劳动生活中成功的一面，因而为欣赏者提供了一种开释劳动自由的价值载体。人们在审美现场的直接疑问是：艺术品的创作者是否用目前最发达的形式真实地再现了他所要表达的主题？这主题是今天的时代所需要的吗？假如让我来完成这样的作品我会比他做得更好吗？这一作品已经勾起了我内心深处对这方面的自由的向往吗？凡此种种，都是对劳动的崇高意义的追寻，都是向着个体精神的愉悦而展开的。

第二，创造美的劳动关系的意义潜藏在欣赏者的劳动关系之中。美的事物一方面看是创造它的劳动者的劳动结晶，另一方面看又是审视它的审美主体的劳动诉求。所以，对审美主体而言，美既是对他的美育和再造，又是对他的向往的表达，是审美主体的导向指引了美的方向。从没有见过"马"这一实物的人对六骏图的感觉就会像盲人摸象一样不着边际，对狩猎和放牧没有一点印象的人也不会理解草原牧民的壁画的含义。艺术品的内容是对创作者和审美者双方劳动关系的自由属性的共同表达：狩猎中胜利的喜悦是值得张扬的，六骏的战绩是值得记录的，其悲壮也是值得纪念的等等。钢琴师在演奏《蓝色的多瑙河》时不仅仅在埋头表达他自己，他也是在表达听者的意志，他所表达的对象世界与审美主体的对象世界具有某种交相呼应的性质，

第九章　美与自由

它们在他的曲子中取得了惊人的一致性，产生了高度的和谐性与统一性。因而，美是创造者与欣赏者双方劳动关系的同一性的表达。

第三，创造美的劳动关系是一种理想的对象关系。美既然是劳动关系中人的自由自在性的释放，是人对事物必然性的成功把握，它也就是人的劳动关系朝着人的一方发展的趋势对人性的召唤，它也就把人摆在了至高无上的主体地位，它也就给予人无限的表达自由的空间，因而是人的现实与理想的统一。正如我们已经知道的，劳动从它一来到世间，它就是个体的不自由的关系，个体只有展开它并完成了它，才可以见到自由的曙光。当人类的第一次劳动顺利完成之后，人类也同时体验了劳动中的美。如此一来，人们发现，劳动不仅仅是被迫的，它其实还是可以作为愉悦的目的而存在的。当这一目的召唤人类时，劳动就变得不那么枯燥和可怕了。从那时起，人们便把他对劳动关系的理想——进而对一切对象关系的理想镶嵌进了他的一切活动之中。只要稍有可能，他就希望在对象关系中释放这一理想。

由此可见，如果世间没有劳动，人类就不能存活下去；如果劳动中不镶嵌着美，人类就不想存活下去；如果美不给人带来希望和理想，人类的心灵就失去了光明和召唤。正像记者是人类生活前沿的哨兵一样，美也是人类生命前沿的哨兵，它义无反顾地把人类引向自由的方向。

七　漂亮、女性及其他

个体首先是一种由自然物组成的生命体，这种生命体通常以大小、高矮、胖瘦、老少等结构特征表现出来。从表面看来，这只是个体自身自然的一种状态——像自然界的诸多自在之物一样，个体也只是充满自然属性的高等动物。

但是，个体的生命更具有特殊的意义，这一点，源于个体的劳动。当个体把生命交给他的劳动关系时，个体的生命即具有了极强的

接受与选择

社会属性。在劳动关系中，个体一方面与自然界建立关系，另一方面与他人建立关系，是劳动关系把人的自然属性与社会属性集于一身。如此一来，如果一个人要进入社会，他首先要进入劳动关系，一个人要脱离社会，他首先要脱离劳动关系。在劳动中，人的自然生命被赋予了社会意义。

个体的自然状态其实显示的是个体生命的表象——其中包含了生命的盛衰、生命的强弱、生命的长短等意义，但是，当个体进入劳动关系之后，个体的生命表征被赋予了美的意义。例如，在个体身上反映健康、年轻、快乐等自然生命力量的人体标志是人的自由自在的劳动的体征和表现，像微笑的面孔、强壮的肌肉、纤细的腰肢、发达的乳房、丰满的臀部等等，它们把个体生命当中的祥和、旺盛、向上等力量充分地予以体现。当然，也有对生命的另一种理解，即对生命中的一些消极状态也加以肯定，认为它们是应该被给予爱怜和包容的，比如林黛玉之美、以瘦为美、阴郁之美、沧桑之美等等。无论哪一种理解，都是建立在以生命在劳动中的价值大小为基础的审美观的表达。在这一点上，黑格尔的说法很有道理，他认为："自然美的顶峰是动物的生命。"[①] 因为在自然的视域中，动物所剩余的最后的标志就是它的生命，它用这种力量来表示它的存在。而在劳动中，人的类似于动物的生命却被赋予了社会价值，换言之，在自然生命中的问题是"活着还是死了"，在社会关系中这一问题却转换为"伟大还是渺小"。所以，劳动关系改变了自然生命苍白无力的"肉色"，转而赋之以更多鲜活的社会内容，比如"崇高"就是其中之一。

在劳动关系中，个体自身自然的性质、状态和趋势等等属性，在另一个个体看来，它们就是个体生命正在运动的标志。生命的运动，直接地表现在人的劳动之中，或者说，人们劳动，是为了让生命的光辉更好地显现出来。生产劳动是如此，科研劳动是如此，艺术劳动更是如此。如果说劳动不和生命联系起来，这劳动也就失去了意义。因

[①] ［德］黑格尔：《美学》第 1 卷，朱光潜译，商务印书馆 1979 年第 2 版，第 170 页。

第九章　美与自由

此，劳动的目的就是解放个体的生命。由于这层关系，劳动在个体看来几乎等同于生命本身了。劳动与生命的关系被颠倒过来：表面看先有生命后有劳动，但从真正展开的人的生命来看，生命的意义其实是劳动所给予的，没有劳动，生命从何而来？显然，劳动赋予生命以崇高的内涵。生命所显现的，其实是劳动的规定性。这劳动或者是自由的，或者是被束缚的，在劳动的表象上，个体的身体表现为美或者丑，身体对于劳动具有了象征的意义。

以上面的生命观看待人的长相，漂亮其实就是在自由自在的劳动关系的支持下个体身体内在力量的显现。漂亮是指那只纤手没有经过粗糙的劳动器械打磨、那张脸没有被寒风吹裂、那身态没有在繁重的劳动压力下扭曲变形的状态，是生命脱离劳动束缚的愉悦情景。它表达了劳动关系的自由状态。

漂亮与劳动者的社会关系相联结，它才具有了生命的内涵和力量。《红楼梦》中焦大所处的社会关系与十二钗有天地之差，所以，焦大没有用自己粗糙的手掌与十二钗纤细的手指相比较，他选取了他的社会阶层所关注的道德标准来评价贾府这个小社会，于是便得出"爬灰的爬灰、养小叔子的养小叔子"的结论。可见，在他的眼里，贾府这个小社会并不是一个美的社会存在，而是被他的社会道德判定为正在走向沉沦和消亡的府第。另外，作为《红楼梦》中的女主角，林黛玉是集才华美丽于一身的绝代女子，但在曹雪芹的笔下，林姑娘的美丽漂亮却是用病怏怏的体征来描写的。作者把她的"漂亮"这一自然属性与围绕这一属性而展开的社会化过程放在一个对立的对象关系体系当中，使得人自身纯粹的趋向自由的自然力量与悲切、凄凉的各种社会关系的束缚之力相冲突，从而使林黛玉的忧郁之美更显张力。也就是说，这里的自然力（比如漂亮）不是独自存在的，而是社会化或正在社会化的存在。第一，林黛玉的漂亮是与才华结合在一起的，因而是自然美的社会化，是对漂亮的升华。第二，林黛玉的漂亮是和不愉快的情绪结合在一起的，因而是对漂亮的内敛而不是张扬，这反而拉近了读者与女主角的距离，渲染了对这种美的怜惜情绪。第三，林黛玉的漂亮是与生命的短暂结合在一起的,这种靓丽的气质、高贵的品质在向世界表达了它的纯洁的心灵之后却转瞬即逝,怎能不令读者扼腕叹息呢?还有什么比这样的悲剧情节更能使读者刻骨铭心呢?作者把一个正常状态的生命(漂亮)置于诸多不正常状态的生命关系之中,比对效果十分强烈,因而凸显了造成生命发生变形(病态)直至消亡(葬花离世)背后的社会关系根源。在这样的艺术关系中,林黛玉身体越虚弱,读者就对她越关心;林黛玉越漂亮,她的离世就越让人惋惜和痛心。

谈到"女性",必然要谈到分工,因为"女性"二字就是建立在自然分工之上的一种称谓。也就是说,女性的社会地位最初是以自然分工为基础的。在呱呱坠地的婴儿那里,男女之间只是生理上的差别,遗传结构上的差别。但当女婴进入社会之后,女性的自然属性便被不断地打上她的社会关系的烙印。正如西蒙娜·德·波伏娃所说的:"女人并不是生就的,而宁可说是逐渐形成的。"① 女性后天所进入的社会分工对女性性别特征的指向起到了强化甚至决定作用。在生产力低下的农业社会,女性的地位由她们所面临的劳动条件和劳动需要所决定。在狩猎阶段,男性显然比女性更能够有力地获取猎物,所以女性只是在家做些辅助性劳动;在采集农业阶段,捡拾、采摘等活动反而成为女性的专属劳动;到了耕作农业时代,"男耕女织"的分工则开始盛行,女性完全退居到家庭主妇的地位;而到了工业社会甚至更靠近当代社会的时期,女性和男性的性别特征因为现代化工具在劳动中的应用而使其差别越来越小,女性作为审美对象的角色越来越高于她作为劳动主体的地位。由此可见,男女社会地位的变迁与劳动关系的演变具有绝对的一致性。在原始自然那里劳动需要力气,因而男性拥有自然力就是拥有劳动的自由,而在现代化的人造工具面前,身体的自然力退到了次要地位,操作机器只需要手指轻轻地一按,这一点,无论男性还是女性都可以做到,于是,"男女平等"在劳动关系中被越来越

---

① [法]西蒙娜·德·波伏娃:《第二性》,陶铁柱译,中国书籍出版社1998年版,第309页。

第九章 美与自由

多地显现出来。男女之间在劳动协作中的这种游离关系,既保存了他们自身原有的自然属性,又赋予这些身体器官以新的社会属性。在这里,正是劳动关系的变迁,赋予女性的自然属性更多的社会内容。

这说明,就女性而言,既不能忽视其自然属性的呵护,又不能轻视其社会属性的提升,否则,女性将会受到社会的排斥。从自然属性看,女性是阴柔力量的聚集,男性是阳刚之气的凝结。人们常常把以柔和、靓丽、娴静、婀娜、白嫩、细腻……的身体为胚体的个体称为女性或者女性气质;而把具有强健、魁梧、有力、稳重、豪爽、正直、果敢等属性的人体特征称为男性或男性气度。显然,这里对男女性别特征(外在特征)的描述是静态的,这些状态是她(他)尚未进入劳动过程的先天的自在状态。按照此前的论断,这些自身自然是区别男女特性的第一存在,如果失去了它们,也就失去了"女性"或"男性"的意义。从社会属性看,男女自身自然的性别特征只有进入社会化过程才能使其自身的自然属性得以保存和变得有价值。正像我们在前文对个体指向的研究所得出的结论那样,人自身自然进入社会之后,这些自然的价值才被真正地激活了。经过社会关系的过滤,人的自身自然是更加富有生机活力地继续生长,还是应该消失褪色离开个体的现实,这是个体的社会现实教给他的慎重的选择和决断。

综上所述,社会关系对女性的自然属性的改造是无法回避的。随着自然分工被社会分工代替并退居次要地位,男女之间在劳动中的自然性差异愈来愈小,女性在劳动中的美学地位越来越重要,女性的劳动地位日益提高。女性既作为创造美的劳动主体而存在,更作为人体美的审美对象而存在。女性实际上突破了自然造物主的束缚,变成了主客统一体——她既是美的载体,又是美的创造者。

一方面,女性的自然属性被融合了诸多体现社会指向的属性。受这些指向所诱导,女性变成了一个她所在的时代美的标志,如"温柔"、"贤惠"、"风情"、"羞涩"、"妩媚"、"优雅"、"冷艳"、"高贵"、"自立"、"自信"、"坚强"、"灵气"、"智慧"、"才华"等等。女性正是依靠自己自身自然这一载体,将这些社会属性奉献给审美者,从而既体现了美的价值，又确立了自己的社会地位。但是，毋庸讳言，这种简单地将美的自然属性植入社会关系的做法，并不是美的真正的归宿。换言之，如果女性只把自己纯粹地当成一个审美对象而不是审美主体的话，她便陷入了对美的不自信状态。比如关于女性身体状态的审美标准，历来存在着十分极端的看法，这就是中国历史上的"燕瘦"与"环肥"两种对立的体态美的审美观念。汉成帝喜欢赵飞燕的"瘦"，竟能"掌上舞"，遂视之为尤物；唐玄宗则认为，杨玉环的"肥"才是最佳，是红玉一团。这说明女性的自然属性作为审美对象时并不是恒定不变的。同样，关于女性的社会属性比如美德，如果仅仅作为审美对象的话，评价标准也会因女性进入"女儿—父母"、"妻子—丈夫"、"儿媳—公婆"等不同社会关系而发生评价方面的背离。所以，当自然属性纯粹作为审美对象时，其美的价值存在着许多不确定性。

另一方面，女性的劳动关系改变了她的社会地位。当她从劳动关系中走过来之后，美是什么往往由她"自己说了算"。女性本身作为劳动主体，她直接就是美的创造者，女性作为审美主体的关键就是成为劳动主体。进入劳动过程的女性通过自己的亲身实践，获知了什么是美的内在本质，因而获得了美的意识，获得了对美的自信。对女性而言，如果生活只是前者，那么，女性只是被社会关系所左右的审美对象，她会被社会指向牵着鼻子走，而完全不知道自身自然美的终点究竟在哪里。但是，当女性进入劳动过程之后，她成为劳动关系的建构者，她进入了"美的制造工厂"的心脏，她直接是美的创造者，她成为创造美的主体，她主宰了美。

但是，历史似乎在与上述定律开着玩笑。由于劳动关系在提升社会地位方面的影响力，女性在另一方面又被劳动所排挤。如果一个社会是男权占主导地位的社会，那么，女性就会退居到劳动的次要地位或者不再参加劳动。她们脱离劳动越远，她们的身体受劳动的折磨也就越少，她们的身体的细腻、温柔和体贴则在另一端被赋予了美的意义。在这里，女性又在向纯粹的审美对象的身份转变，她就要回到她

第九章 美与自由

的自然分工所赋予她的角色中去。这样一来，女性社会地位的退化，就是可想而知的。

许久以来，历史一直在为着摆脱个体来自性别方面的影响而展开。正如我们已经看到的那样，个体性别方面给人带来的影响其实是他们在劳动关系中的角色问题，是在人与自然的对象关系中自然的一面被改造的程度如何的问题。当原始自然力仍然需要人们靠力气去改造的时候，男性——拥有力气的个体，就仍然会处在优势的社会地位上，而女性则仍然被置于纯粹审美对象的地位。直到今天，尽管商品经济已经很发达了，但社会分工仍然没有驱散来自父权和夫权方面的影响。

第十章

超　我

个体从他产生到经过无数次的接受与选择之后,他最终会变成什么呢?我们现在就来讨论这个问题。

一　超我的来源

在个体接受与选择对象的过程中,个体的自我的壮大是其基本特征。个体在其成长初期与对象之间存在着极大的不平衡:个体小而对象大,个体弱而对象强,个体有限而对象无限等等,由此形成了个体与对象之间的差异性、不对称性和矛盾性;但是后来,随着个体的对象关系在个体自我中的积累,个体开始壮大起来,个体与对象的关系逐渐地趋向对等、平和、融通与同一。个体在对象关系中的这种地位的变化,是对象关系的本质使然。

个体的变化是必然的。从表面看,个体年龄增长了,衰老了,他甚至距离生命的终点更近了。从这点看,个体的接受与选择与他的初始目的是相悖的。然而,从另一方面看,个体在内容上经历了由空洞到充实、由自然性到社会性的转变过程。个体从一个十分渺小的自然物,逐渐地转变为容纳了包括原始自然、人化自然和社群在内的所有的对象世界,他与世界等同起来,一致起来。他已经不是代表他自己

第十章 超我

说话，更不是代表他的某个特殊的年龄时段（比如他三岁时候的某一天）说话，他容纳的对象世界越广泛，他也就与整个世界越接近，他就越有可能变成一个"世界公民"，他就会为更广泛的世界代言，他也就有更加宽广的胸怀，他变成了一个反映整个世界关系的个体。

个体的对象关系是在接受与选择的交替、变换、统一中发展起来的。接受不是个体的最终目的，个体需要接受，不接受对象的个体就不是一个实在而只是一个空在，而空在的个体是无法进入到群这一高级对象之中的；但是，个体接受的对象愈多，个体受制于对象的方面也就愈多。但这个时候，个体受制于对象的方面已经不是对象的直接作用，而是作用于个体的对象关系所形成并寄宿于个体之内的自我对个体发挥作用。自我代表对象关系重新审视个体，他对"我"开始重新定义。

在第一章我们曾经指出，自我是一个矛盾体。自我寄宿在个体之中之后，他便处在矛盾的夹击之中。他既受到来自他的渊源——他的一切对象——对他的作用，他是这些对象的代言人；他又受到来自他的载体——他的命运共同体——个体——对他的作用，他是他的载体——个体——的代言人。自我的这一矛盾，使得他不断地调和二者，不断地生成"新我"。由于对象是源源不断的，"我"就是生生不息的，自我总是在新的内容的充实之下不断地刷新自己。显然，个体的对象关系越广泛，个体的自我所包含的外延就越广泛。如果接受是无止境的，那么自我的外延就是无边界的。

迄今为止，群是个体的高级对象。作为个体处在高级阶段的对象关系，个体所在的群是个体的现实关系。群内的每一个个体相互间的交往通过他们各自的自我而展开，个体的自我在交往中相互接受对方从而壮大了他自身。如此一来，交往的结果形成个体之间的普遍自我，正是这种普遍的自我支持了群的延续和发展。在随后的个体与群的关系中，个体进入群的最低门槛就是个体的自我达到了群的普遍的"我"，低于群所要求的自我不为群所接纳。因而，个体的自我——被群所认可的自我——成为个体与群对话的平台，个体的自我上升为与群相统一的普遍的自我。

在与群这一对象的接受与选择中，个体的自我仍然继续发展并壮大。当他的接受程度大到比群的普遍的对象关系更广泛的对象世界时，个体的自我超越了当前的群的普遍自我，他上升为超我。

二 超我的特性

1. 超我是孤独的我

超我不是普遍的，他是个体自我中的少数，是个别的超乎普遍自我的"我"的状态。超我正因为他是个别的，因而是孤独的。超我处于群的顶端，由于他所拥有的对象世界超过了一般个体的现有的对象，超我便在更多的对象领域中显现了我的本性，他的多出的对象世界所形成的那部分"我"要被放置在群体之中似乎就是一个难题。他没有同类，他缺少知音，他是孤独的。

从自我到超我，其实是每个个体的必由之路。自我的矛盾迫使自我不断地被新的对象关系所刷新，自我不断地壮大，不断地更新，他拥有了趋向超我的必然力量。所以，当超我出现在个体身上的时候，他也发现每个自我都会和他一样地走向超我。他经历短暂的孤独期，他等待其他个体由自我变成超我，他们在新的超我的阶段重新结为群并达到下一个普遍自我的新的高度。

2. 超我是博爱的我

超我的对象世界是广泛的。正像处在原始自然阶段的对象关系状态的人们仅仅把血缘关系看得很重一样，处在超我阶段的个体则把一切对象都看得很重。个体拥有的对象越多，个体就越是拥有对对象的更全面的认识，个体对所有对象的认识就越是超越个体初始阶段的狭隘的视角，个体就会在更广泛的意义上处理他与对象的关系。从情感的角度看，拥有超我的个体的爱是广泛的、普适的爱。

第十章 超我

"爱"可以看作描述个体对象关系的典型形态。爱作为个体与外界的一种关系,在选择指向上有着明显的层次性:第一层次为感官之爱,本能之爱。它是个体原始自然的释放,是肉欲,是最底层的爱。它表达的是感觉的瞬间,由于瞬间的东西是易逝的,因而它不是人所追求的最高对象。第二层次为存有之爱,真实之爱。是个体对事物的实在性的追求,它帮助个体充实自身,从而达到自立境界。第三层次为原则之爱,伦理之爱。它表达的是个体对理性、意识的向往,是对自身能动性的表达。第四层次为信义之爱,忘我之爱。其意义是信仰崇高力量,崇拜理想偶像,是把自身与崇高对象放在一个时空之内,从而使自身与崇高同在。当个体处在不同的对象关系之中时,他的爱就会指向不同的层次。

个体的爱要由特定的、小我之下的对象扩大到普遍的、大我之下的对象,只有在超我的状态下才能够做到。普遍的自我虽然是群的"我",但他仍然是以每一个个体的属性的方式存在。他的普遍性仅仅是我们的一个抽象,在其现实性上,他就是单个的自我——当然是服从于群的普遍性的单个的自我。因此,他的爱很明显是小我的爱,是站在他个体的角度发出的爱。相反,超我由于已经不受制于眼前的群的羁绊,他就摆脱了小我的现实关系。他从自我的对象转向了非我的对象,他更全面地认识了"我"。他爱所有的对象,他愿意奉献给所有对象,他的存在就是代表第四层次的爱的存在,就是个体在超我阶段的高尚的德性。

3. 超我是信仰中的我

信仰中的个体是自我不在自身的个体。由于信仰,个体的自我被寄养在信仰对象那里。个体放弃他的自我——或者说个体的自我相信那个托管者能够比他把个体管得更好——他直接地请求托管。自我甘愿放弃自己,个体也服从自我甘愿听从信仰对象的安排。从这一点看,

接受与选择

处在信仰状态的个体是超我的。他已经不是他自己，他就是信仰对象的代言者，而信仰对象则成为决定个体一切行动的基本力量。

迄今为止，任何信仰对象都是超乎群的普遍自我的对象。有些信仰对象希望普度众生，有些信仰对象希望救世济贫，还有些信仰对象希望传播普遍真理，它们都是超出个体的现实的理想世界，是个体为自身设定的理想的彼岸，其超我的特性是明显的。

信仰中的超我与上述其他超我相比，是一种风险较大的对象关系。这种对象的选择，并不是由个体的实实在在的对象关系一步一步地演变而来，它跳跃式地来到个体的面前，因而有被个体盲目接受的可能。对于大多数个体来说，建立信仰关系或许可以解脱现实的自我所遭遇到的困境。

4. 超我是完善的我

从个体追求对象的属性看，他的追求的最终的境界是群的普遍的自我的境界。每个个体都以此境界为追求的最终目标。这样一来，当个体追求到群的普遍的自我的阶段时，似乎对象世界被追求穷尽了，再也没有新的可以与之建立关系的对象了。此时在个体面前便可能出现"无"的状态，大多数个体满足到这一点就止步了。

但对有些个体来说，到了这个阶段之后，"无"是他进一步继续追求的对象。他追求了"有"，又追求了"无"，所以他追求了完善。他在群的"万物止于此"的世界之上继续他的追求，因而是超我，是完善的我的开始。

对"无"的追求其实就是对"有"的反思。因为"有"的对立面就是"非有"。"有"可以直接地去认识，"非有"正因为它是"非有"，是"有"的否定，它的根在于"有"，它来源于"有"，所以只有从"有"中才能真正地认识"非有"。但在这个时候，认识的方法已经不是去重复地建立以前那样的对象关系，而是对个体所经历的"有"进行反思。当这个反思完成之后，个体获得了对"有"和"非有"的认知，个体获得了全面的对象关系，相对于仍然处在"有"的对象关系中的"我"来说，他获得了超我。这个时候，他是完美的。

任何普遍性的意义就在于它是共有的、大众化的、普通的、平庸的。因而，在群的普遍性之中，拥有个性的个体消失了，这时的存在只是群的存在。对于个体而言，群取代了个体的位置，群代表了个体的意义。因而，群的普遍状态就是没有个体、只有群体的状态，就是个体的"无"的状态。

个体的"无"的状态与个体的源源不断的对象相矛盾，个体要超越"无"，个体通过超越"无"而走向"新有"，个体获得了超我。他不再为"普遍的我"所困，他超越了普遍，他抛开了平庸的对象，他因而走向崇高。与处在群阶段的普遍的自我相比，超我是比自我更崇高的我，他超越了以前的自我的狭隘视角，他就是完善的我。

超我之所以崇高，还在于他恰恰从普遍中走来。他不同于个体初始阶段那种"初生牛犊不怕虎"的特立独行。虽然初始阶段的个体也是充满热情的、激勇的、与众不同的、时而会发出超出群的"超我"行动的，但是，那个时候的个体因为对象的局限，他还没有完成对象关系的重大转变，他不能完全把握对象，更不能自主。所以，超我只能产生在普遍的自我之后。他是个体集普遍自我的品质于他自身的结果。他来源于普遍，又超越普遍。对他而言，正因为经历了"普遍"的炼狱般的生活，才变得崇高起来。

三 超我的上升

超我的特性表明了超我不是原地踏步的"我"，而是不断地推动"普遍的我"向前发展的力量。如此一来，如果说，个体与对象的相互作用就是个体通过不断地接受与选择对象从而实现"人是其对象之所是"的过程，那么，这里就留下了一个清晰的轨迹：人在个体形态上还是一个肉身，他的自身自然只是经历了从幼小到成熟的转变，从表面看，他还是广义自然界里的一个个体，一个自然物，他的外部形态

接受与选择

与其他个体没有什么实质的差别；但是，从个体的内在本质看，个体由于接受和选择了诸多的对象，他被这些对象关系所建构，他形成了强大的自我以至超我，这些"我"使得个体充满了更多的"普遍性"，个体因而与更大范围的群体等同起来，他成了迄今为止的所有的"群"的代表者，他等于"整体"，他变成了宇宙间的"绝对存在"。

人类历史的整个过程向我们展现了一幅从自然属性向社会属性进化的人生轨迹的图景：一方面，自然属性看似是人自身自然的一种饱满的本质力量，但当它未能进入社会群体之中的时候，它其实并不知道自己应该走向何方，它就是一堆散漫的肉体，是不包含任何社会意识的一个空在。在这个意义上，它没有任何历史可言，它就是广义自然界演化出来的一个胚体，一个将要盛装未来对象关系的躯壳。另一方面，人携带自身自然经由与原始自然界的斗争，与人化自然的交互作用，尤其是与他人确立对象关系之后，不仅人自身自然的自然性被赋予了新的意义，而且人自身自然中被不断地渗透着或者说滋长着各种对象关系的力量——这些力量化成感觉、知觉、表象、意识等精神实体并以"我"的名义对个体发号施令。如前所说，在相当长的时期内，社会关系在这些对象关系中起着主导作用。"自我"既在社会关系的引领下走向"普遍的我"，又在更大的对象关系的指引下走向"超我"，个体的"我"正是在这种不断地超越前者的过程中与更大的对象世界"看齐"。这个时候，个体虽然在自然形态上还只是一个个体，但是个体的"我"与世界"整体"等同了。个体因为拥有了过去那么多的对象关系，他拥有了整体的视角，拥有了整体的"我"，他成为迄今为止人类历史中最完善的人（图10—1）。

图10—1表明，如果不计异化关系等对人产生的阻滞作用，作为个体的人和整个人类的发展趋势大致有如趋近于X轴的渐近线，即：$Y=1/X$。在这里，$X>0$，表明人站在自然的对立面开始否定自然时才真正开启了人的生命历程；$Y>0$，表明人始终不可能完全脱离自然而独立存在。

第十章 超我

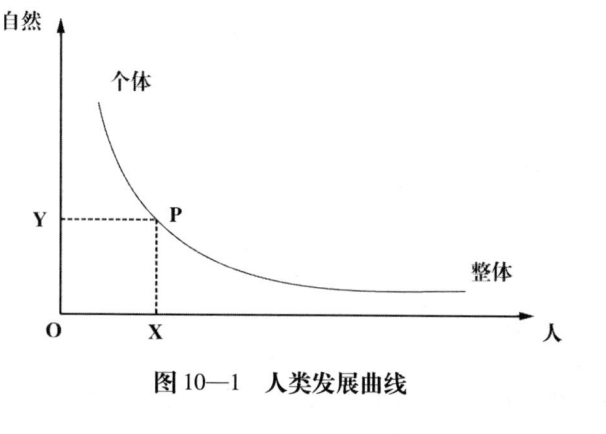

图 10—1 人类发展曲线

在个体的幼年状态，他纯粹就是一个自然物，一个动物，所以他是充满自然性的；同样，在人类的历史初期，原始人的自然性要比今天的人类多很多倍。可见，无论是个体一生的历史还是整个人类的历史，都向我们展示了这样的生命历程：他们从幼年到成年的转变就是从自然性向社会性的转变。在这一过程中，个体的自然属性与社会属性越来越统一，个体越来越接受了更大范围的群的整体属性，他不再站在本我的立场看问题，而是发动自我甚至超我尽可能地显现博爱。个体从一个简单的、几乎没有能动性的弱小的个体出发，经过一生的对象关系的交互作用，逐渐地演变成一个复杂、成熟、集合了很多个体的共同属性并总和了人类诸多能动性的强大的个体——一个包含了全人类整体属性的绝对个体。

以上可见，从狭隘的个体的视角到整个人类的普遍的视角，个体是在历史的不断地螺旋式上升的过程中完成这些步骤的，而推动这一过程顺利完成的驱动力，就是"超我"。正是因为不断地有"超我"产生，历史才进入新的"普遍的自我"的新阶段。在这里，"超我"就是历史发展的关键环节和变革阶段，是个体身上偶尔显露出来的"英雄气概"，是人类宝贵的精神财富。正因为"超我"的英雄气质，"超我"就不是"接受"的而是"选择"的。一个人是否愿意进入"超我"，不是由他的对象决定的，而是由他的选择所决定的。因为在超我阶段，个体已经超越了群的普遍性，他是自由的，他向什么方向发展不是群说了算，而是他的选择所致。因此，"超我"的选择又是紧张的、孤独的和审慎的，它其实是性命之选择。

四　无我之境

1. 普遍等于无

当我们回顾个体一路走来的历史时，我们发现个体是一个很特殊的存在。从虚空到充实，个体所要到达的境界似乎是更多的"有"。但当个体获得了更多的"超我"之后，个体实际上经历了一次又一次的从"普遍的我"到"超我"，又从"超我"走向"更加普遍的我"的境界，个体最后发现"超我"不再是"超我"，他没有终点，他要把个体带向的就是永无休止的时空的普遍性之中，这一普遍性的出现，使个体走上新的虚空。

在这里，他以前的"有"皆成为无用的"有"，因为这些"有"已经塑造了现在的个体，对个体而言，这些"有"已经成为他的过去。如果他要继续追求"新有"，他当然要以"旧有"做基础。可是，如果沿着"有"的思想路线，在"有"之上还是"有"，"有"实际上没有尽头。这就不能不令个体进一步发出追问：普遍的"有"聚合在一起到底是什么呢？建立在"普遍的有"之上的"我"难道就是完整的"我"吗？这里的"超我"经过无数次的上升之后，他发现"有"到了最后其实就是"无"，当一切"有"达到无限的普遍性时，"有"的具象性质就更加模糊，而抽象性质就更加显现，具象的"有"的背后其实隐藏着抽象的"无"，具象的"有"的本质就在于它总是和"无"在一起，正是因为"无"赋予"有"以应有的价值。于是，个体的指向发生了重大转向，他要将以前的"有"抛弃掉，他要追随普遍世界的另一面，跟随它们一起奔向更大的"无"的方向，在那里，因为它是"无"的世界，它将给予个体更大的自由，而个体因为充满了

第十章 超我

"有",他只有在"无"的世界中才将这些"有"一一卸载,他自身成了"无我",他将融化在这世界当中,他的"我"被虚化,他放空了自己。显然,个体只有拥有了这样的内心世界,才能与更强大的对象世界的"整体"相统一。

"无"的意义产生于个体自身的有限性。个体的有限性表明,无论个体经历多少对象关系,他都会最终到达一个终点,这个终点十分明了地让个体归于一切皆"无"的状态。正因为如此,个体又是害怕"无"的,因为"无"其实和个体自身就是一个"有"相矛盾。未经历更多的"有"的炼狱的个体更是无法体会到"无"的意义。

2. "无"产生于"有"之后

无我之境的"无"就是对"有"的割舍。无我之境不是个体刚刚诞生时的那个"无",因为那时个体的"无"是什么都没有,这样的"无"毫无根基,它只是虚妄,是纯粹虚空的状态。因为这时的个体一直处在虚空之中,从未有过自我的成长过程,因而他什么都不是,他缺乏自主和自立的源泉,他是没有经过对象支撑的空中楼阁,他经不起对象的诱惑,遇到对象时他就不能自已。无我之境必须产生在"有"之后,正因为他经历了"有",他又割舍了"有",他的"无"便是对自身的否定,他融入更大的普遍性,他变成真理的化身,他要使自身升华到一个纯净的心灵世界之中,从而完成自身趋向崇高的转换过程。

应该注意,我们常常对"有"和"无"的关系存在着一个重大误解,这就是把两者对立起来、割裂开来。在这里,"有"和"无"并不是两个板块或两个区域,而是整个世界的两个侧面。"有"本身包含了"无",占有了"无",如果割除了"有","无"就立刻显现出来;另一方面,"无"又支撑着"有",让"有"的合理性不断地显现出来,如果没有"无"为这些"有"提供存在的空间,"有"是无法立足的。

3. 在无我与超我之间

必须承认,无我之境是我们研究个体时所获得的一个理想状态,

接受与选择

是在理论上对个体对象关系演变的最高境界的一个把握。在现实中，个体进入无我之境至少必须满足下列条件之一：其一，他在理性上真正地理解了"有"和"无"的意义，在情感上对"有"不再眷恋，在信仰上树立了一个崇高的偶像。其二，他必须脱离现实的社会关系，与一切现实的对象割裂开来，他不再受对象的困扰，他自身的"我"才会淡化。其三，他将他的群体一并带进"无"的境界，他才能够置身于普遍的"无"之中。

在这里，如果把进入"无我之境"变成逃遁，似乎不是个体的初衷。从这点看，有些宗教为个体提供的最高境界其实是"逃跑主义"的。我相信，任何进入这个阶段的个体都不会心甘情愿地做逃遁的"无我"，而更宁愿做"无我"之上的"超我"。如果说进入"无我之境"是对个体心灵的涤荡，那么，回到"超我"则是对个体涤荡之后的心灵的落实。如果不进入"无我之境"，个体就永远不能理解"有"的真谛，如果不退出"无我之境"，个体也就永远地归于沉寂。所以，优秀的个体其实总是徘徊在无我与超我之间。

在现实中，超我不一定是全面的"我"，他可能是"我"的某个侧面。他不是集结了所有对象关系的"我"，而可能只是在某个方面、某个领域里超越了群的普遍性。对任何个体而言，获得全面的"我"当然是他求之不得的事情，但在有限的生命时段内，个体不可能穷尽所有的对象世界。因而，取得"我"的一个侧面的超越也是个体中了不起的事情。这个时候，如果对象是一个整体，对象由于其整体性而使其任何一个侧面都是它本身，取得了一个侧面的我也就是反映了整个对象的我。个体在某一个对象关系中超越了当时的群的普遍性，那就是崇高的我的显现。

参考文献

［奥地利］A. 阿德勒：《自卑与超越》，黄光国译，作家出版社1986年版。

［奥地利］西格蒙德·弗洛伊德：《精神分析纲要》，刘福堂等译，安徽文艺出版社1987年版。

［奥地利］西格蒙德·弗洛伊德：《弗洛伊德论美文选》，张唤民等译，知识出版社1987年版。

北京大学哲学系外国哲学教研室编译：《十八世纪末—十九世纪初德国哲学》，商务印书馆1975年版。

北京大学哲学系外国哲学教研室编译：《西方哲学原著选读》（上卷），商务印书馆1981年版。

北京大学哲学系外国哲学教研室编译：《西方哲学原著选读》（下卷），商务印书馆1982年版。

［比］伊·普里戈金、［法］伊·斯唐热：《从混沌到有序》，曾庆宏等译，上海译文出版社1987年版。

陈哲夫等：《二十世纪中国思想史》（上下），山东人民出版社2002年版。

［德］H. 李凯尔特：《文化科学和自然科学》，涂纪亮译，商务印书馆1986年版。

［德］黑格尔：《精神现象学》，贺麟等译，商务印书馆1962年版。

［德］黑格尔：《小逻辑》，贺麟译，商务印书馆1980年版。

［德］黑格尔：《黑格尔历史哲学》，潘高峰译，九州出版社2006年版。

［德］黑格尔：《美学》第1卷，朱光潜译，商务印书馆1979年版。

［德］康德：《纯粹理性批判》，蓝公武译，商务印书馆1960年版。

［德］康德：《任何一种能够作为科学出现的未来形而上学导论》，庞景仁译，商务印书馆1978年版。

［德］康德：《判断力批判》（下卷），韦卓民译，商务印书馆1964年版。

［德］康德：《判断力批判》（上卷），宗白华译，商务印书馆1964年版。

［德］莱布尼茨：《人类理智新论》（上下），陈修斋译，商务印书馆1982年版。

［德］叔本华：《作为意志和表象的世界》，石冲白译，商务印书馆1982年版。

杜任之主编：《现代西方著名哲学家述评》（续集），生活·读书·新知三联书店1983年版。

［俄］普列汉诺夫：《没有地址的信：艺术与社会生活》，曹葆华等译，人民文学出版社1962年版。

恩格斯：《自然辩证法》，人民出版社1971年版。

［法］德比奇等：《西方艺术史》，徐庆平译，海南出版社2001年版。

［法］德尼兹·加亚尔、贝尔纳代特·德尚、J.阿尔德伯特等：《欧洲史》，蔡鸿滨等译，海南出版社2000年版。

［法］列维—斯特劳斯：《野性的思维》，李幼蒸译，商务印书馆1987年版。

［法］米盖尔·杜夫海纳：《美学与哲学》，孙非译，中国社会科学出版社1985年版。

［法］让—保尔·萨特：《存在与虚无》，陈宣良等译，生活·读

书·新知三联书店1987年版。

［法］西蒙娜·德·波伏娃：《第二性》，陶铁柱译，中国书籍出版社1998年版。

方克立主编：《从孔夫子到孙中山——中国哲学小史》，中国青年出版社1984年版。

冯友兰：《中国哲学简史》，新世界出版社2004年版。

何运忠、胡长明编著：《思想地图》，重庆出版社2007年版。

侯外庐等：《中国思想通史》（多卷本），人民出版社1957年版。

黄敏兰：《20世纪百年学案·历史学卷》，陕西人民教育出版社2002年版。

黄顺基、周济主编：《自然辩证法发展史》，中国人民大学出版社1988年版。

［捷］奥塔·锡克：《经济—利益—政治》，王福民等译，中国社会科学出版社1984年版。

李鼎祚撰：《周易集解》，北京市中国书店1984年版。

李瑞环：《学哲学 用哲学》，中国人民大学出版社2005年版。

李树申等主编：《哲学与时代》，东北师范大学出版社1986年版。

列宁：《哲学笔记》，林利等译校，中央党校出版社1990年版。

刘放桐等编：《现代西方哲学》，人民出版社1981年版。

《马克思恩格斯全集》第42卷，人民出版社1979年版。

马克思、恩格斯：《神圣家族或对批判的批判所做的批判》，人民出版社1958年版。

《马克思恩格斯选集》第2卷，人民出版社1972年版。

《马克思恩格斯选集》第3卷，人民出版社1972年版。

《马克思恩格斯选集》第4卷，人民出版社1972年版。

《马克思恩格斯选集》第1卷，人民出版社1972年版。

马克思：《摩尔根〈古代社会〉一书摘要》，人民出版社1965年版。

马克思：《1844年经济学哲学手稿》，人民出版社1985年版。

接受与选择

马克思：《政治经济学批判》，人民出版社 1976 年版。

《马克思主义著作选编》（哲学），中央党校出版社 1992 年版。

马克思：《资本论》第 1 卷，人民出版社 1963 年版。

麦克斯韦·约翰·查尔斯沃思：《哲学的还原》，田晓春译，四川人民出版社 1987 年版。

《毛泽东选集》（一卷本），人民出版社 1964 年版。

[美] F. N. 麦吉尔编：《世界哲学宝库》（五卷本），《世界哲学宝库》编委会译，中国广播电视出版社 1991 年版。

[美] J. P. 蒂洛：《哲学——理论与实践》，古平等译，中国人民大学出版社 1989 年版。

[美] 阿尔温·托夫勒：《未来的震荡》，任小明译，四川人民出版社 1985 年版。

[美] 埃利希·弗洛姆：《弗洛伊德的使命》，尚新建译，生活·读书·新知三联书店 1986 年版。

[美] 巴涅特：《相对论入门》，仲子译，生活·读书·新知三联书店 1989 年版。

[美] 贝迪阿·纳思·瓦尔马：《现代化问题探索》，周忠德等译，知识出版社 1983 年版。

[美] 弗兰克·戈布尔：《第三思潮：马斯洛心理学》，吕明等译，上海译文出版社 1987 年版。

[美] 海伦·费什：《人类的浪漫之旅》，刘建伟等译，海天出版社 1998 年版。

[美] 赫伯特·A. 西蒙：《关于人为事物的科学》，杨砾译，解放军出版社 1985 年版。

[美] 加布里埃尔·A. 阿尔蒙德、小 G. 宾厄姆·鲍威尔：《比较政治学——体系、过程和政策》，曹沛霖等译，上海译文出版社 1987 年版。

[美] 杰里米·里夫金、特德·霍华德：《熵：一种新的世界观》，吕明等译，上海译文出版社 1987 年版。

[美]李杏邨：《西方圣者小传》，中国展望出版社1986年版。

[美]鲁道夫·阿恩海姆：《艺术与视知觉》，滕守尧等译，中国社会科学出版社1984年版。

[美]罗伯特·A.达尔：《现代政治分析》，王沪宁等译，上海译文出版社1987年版。

[美]罗兹·墨菲：《亚洲史》，黄磷译，商务印书馆2005年版。

[美]斯塔夫里阿诺斯：《全球通史：从史前史到21世纪》（上下），董书慧等译，北京大学出版社2005年版。

[美]梯利：《西方哲学史》，伍德增补，葛力译，商务印书馆1995年版。

[美]托马斯·E.希尔：《现代知识论》，刘大椿等译，中国人民大学出版社1989年版。

[美]约翰·奈斯比特：《大趋势——改变我们生活的十个方向》，梅艳译，中国社会科学出版社1984年版。

[美]詹姆斯·R.汤森、布兰特利·沃马克：《中国政治》，顾速等译，江苏人民出版社1996年版。

聂锦芳：《哲学形态的当代探索》，民族出版社2002年版。

庞学铨主编：《哲学导论》，浙江大学出版社2005年版。

全增嘏主编：《西方哲学史》，上海人民出版社1983年版。

任骋：《中国民间禁忌》，作家出版社1990年版。

任继愈主编：《中国哲学史》（共四册），人民出版社1963年版。

[日]柳田国男：《传说论》，连湘译，中国民间文艺出版社1985年版。

《费尔巴哈哲学著作选集》（下），荣震华等译，生活·读书·新知三联书店1962年版。

阮青：《20世纪百年学案·哲学卷》，陕西人民教育出版社2002年版。

[瑞士]皮亚杰：《发生认识论原理》，王宪钿译，商务印书馆1981年版。

《世界上古史纲》编写组：《世界上古史纲》（上下册），人民出版社1981年版。

[苏] М. Ф. 奥夫相尼科夫：《美学思想史》，吴安迪译，陕西人民出版社1986年版。

[苏] В. П. 彼特连科主编：《自然辩证法》，赵璧如译，东方出版社1990年版。

孙伯鍨等主编：《西方最新哲学流派20讲》，南京工学院出版社1987年版。

唐士志等编：《哲学的自然科学例证》，吉林人民出版社1981年版。

《外国美学》编委会编：《外国美学》第一辑，商务印书馆1985年版。

汪子嵩等编：《欧洲哲学史简编》，人民出版社1972年版。

王书荣编著：《自然的启示》，上海科学技术出版社1974年版。

王雨田主编：《控制论、信息论、系统科学与哲学》，中国人民大学出版社1986年版。

吾敬东等：《中国哲学思想》，华东师范大学出版社1998年版。

[匈] 贝拉·弗格拉希：《逻辑学》，刘丕坤译，生活·读书·新知三联书店1979年版。

徐崇温：《法兰克福学派书评》，生活·读书·新知三联书店1980年版。

杨伯峻译注：《论语译注》，中华书局1980年版。

叶蜚声等：《语言学纲要》，北京大学出版社1981年版。

叶奕乾等主编：《心理学》，华东师范大学出版社1996年版。

[意] 克罗齐：《美学原理 美学纲要》，朱光潜等译，外国文学出版社1983年版。

[英] A. J. 艾耶尔：《二十世纪哲学》，李步楼等译，上海译文出版社1987年版。

[英] R. G. 柯林武德：《历史的观念》，何兆武等译，中国社会科

学出版社1986年版。

[英]达尔文:《人类的由来》,潘光旦等译,商务印书馆1983年版。

[英]达尔文:《物种起源》(第三分册),周建人等译,商务印书馆1963年版。

[英]杰弗里·巴勒克拉夫:《当代史学主要趋势》,杨豫译,上海译文出版社1987年版。

[英]莱斯利·史蒂文森:《人性七论》,赵汇译,国际文化出版公司1988年版。

[英]罗素:《西方哲学史》(上卷),何兆武等译,商务印书馆1963年版。

[英]罗素:《西方哲学史》(下卷),马元德译,商务印书馆1976年版。

[英]马丁·奥利佛:《哲学的历史》,王宏印译,希望出版社2003年版。

[英]马丁·雅克:《当中国统治世界:中国的崛起和西方世界的衰落》,张莉等译,中信出版社2010年版。

[英]马林诺夫斯基:《文化论》,费孝通等译,中国民间文艺出版社1987年版。

[英]特伦斯·霍克斯:《结构主义和符号学》,瞿铁鹏译,上海译文出版社1987年版。

[英]托马斯·莫尔:《乌托邦》,戴镏龄译,商务印书馆1959年版。

[英]休谟:《人性论》,关文运译,商务印书馆1980年版。

余衡泰:《天体的来龙去脉》,上海人民出版社1974年版。

袁灿等主编:《现代自然科学与哲学概论》,浙江大学出版社1987年版。

张岂之:《中华人文精神》,陕西人民出版社2007年版。

张汝伦:《现代西方哲学十五讲》,北京大学出版社2003年版。

张尚仁：《认识论与决策科学》，云南人民出版社1985年版。
章人英主编：《普通社会学》，上海教育出版社1990年版。
赵敦华：《当代英美哲学举要》，当代中国出版社1997年版。
郑文光：《康德星云说的哲学意义》，人民出版社1974年版。
郑涌：《马克思美学思想论集》，中国社会科学出版社1985年版。
《中共中央关于全面深化改革若干重大问题的决定》，人民出版社2013年版。
中国社会科学院哲学研究所《哲学争论》编辑组：《哲学争论》（1977—1980年初），陕西人民出版社1980年版。
中国社会科学院哲学研究所中国哲学史研究室编：《中国哲学史资料选辑》（近代之部），中华书局1983年版。
中山大学哲学系主编：《马克思主义哲学史稿》，人民出版社1981年版。
朱玉槐等：《经济基础和上层建筑》，陕西人民出版社1979年版。

第一版后记

　　1982年春季，正是中共中央《关于建国以来党的若干历史问题的决议》发表后不久。在大学哲学原理课堂上，老师结合《决议》的学习提出了讨论"文革"发生原因的议题，记得当时我的发言里首次谈到了本书思想的萌芽，这就是，在中国当时的社会背景下之所以发生"文化大革命"以及毛泽东同志的错误，一个重要原因是：当时，毛泽东作为中国社会的最高管理者，他已经变成了人民群众的绝对精神，越是在这种时候，管理对象的力量就越是处于弱势，他们就越是容易默许并助长管理者的各种行为和做法。所以，关于"文革"发生的原因等问题也应该从人民群众的精神世界中去寻找。再后来，针对当时劳教释放人员出来后受到社会歧视等问题，我开始思考人这个高级动物发生变化的可能性，那些犯错者已经经过了劳动教养，他们还会是以前的品质吗？如果社会公平地看待他们并让其拥有发挥聪明才智的机会，他们会以良好的品质示人并把它们保持下去吗？沿着这一思路，我提出了"洗净的袜子是布"的观点。我在札记中写道："袜子和布的区别在于两者的用途不同，但是，习惯的思想会一直给袜子定性到终，这是形而上学的。洗去污垢的袜子和一块布一样，应该得到无味无臭的名誉，把它放在新的关系下，这很重要。"当然，这里的前提是袜子必须"洗净"。以上两点，似乎就是我开始从对象方面思考主体行为动因的思想萌芽了。从那时起，一个基本的研究事物原因的方法论——

接受与选择

关于来自对象的原因是如何可能的问题,就一直没有离开过我的视域。

今年元月,《光明日报》陆续刊登了两篇反思中国30年哲学研究的文章,一篇是李翔海先生发表在1月6日的《30年来中国哲学的研究》,其中谈道:"30年来的中国哲学研究,在取得巨大成就的同时也不可避免地留下了缺憾。在当代中国哲学中,富有原创性的、成体系的理论学说还不多。与学理化特质相联系,中国哲学在总体上更多的是一种专门化的、精深的学问,而与社会现实缺少足够的联系。"另一篇是杨学功先生发表在1月20日的《马克思主义哲学研究30年:回顾与反思》,其中认为:"现在成为学者们关注焦点的问题是如何探索建构马克思主义哲学中国化新形态。许多学者认为,当代中国哲学形态建构主要表现为中国化马克思主义哲学形态的建构,这也是新世纪中国哲学学术流派本土建构的一项重要使命。正如有学者所评论的:建构中国化马克思主义哲学新形态正日益成为哲学界的一个共同诉求,它不仅是马克思主义哲学学科内部的问题意识,也是中国社会现代化发展的理论诉求,同时还是复兴中华民族文化与精神的必由之路。可以相信,马克思主义哲学中国化的新形态,将作为当代中国哲学的一个重要方面,或当代中国哲学的一种现实形态而存在,它将成为中华民族在21世纪民族精神的集中表达,成为中华民族对于人类精神文明的新贡献。"这两篇文章,较全面地概括了30年中国哲学研究的新成果,也指出了当代中国哲学研究的不足,尤其是文中透露着的对中国哲学新气象的呼唤和企盼让每一个关注中国时代精神发展的人都为之感动。

我作为一个非哲学专业出身的哲学爱好者,深感自己没有经过学院里哲学学科的系统修造而要思考人生重大问题的艰难,这就使我不得不把认识的视角放在每个人身边的事物之上,放在人的历史与现实的实践上面。我坚信,无论如何,围绕人的实践透析人的问题是找到人生问题答案的最佳途径。

由于原专业是经济学的缘故,我毕业后的工作也基本上是围绕政治经济学的教学与研究展开的,这就在时间、工作条件以及研究交流

第一版后记

平台等方面限制了自己对哲学知识的学习和对哲学问题的讨论。现在看来，这种状况，一方面让我在思考哲学问题时少了些禁锢和羁绊，但另一方面也增加了用哲学语言描述新知的难度。鉴于此，书中在用语方面的偏颇在所难免，这一点，恳请读者批评指正。

本书基本上是用业余时间完成的。由于跨越年代太久，写作时断时续，本书在结构上还存在个别地方前后重复论述的情形，尽管在后期修改过程中进行了大量的调整，但在个别章节中还是有所流露的。同时，针对当代社会剧变中的许多新情况对人的影响，本书只是提出了观点，而未展开详细的分析论述，全书的纲要性特点也是比较明显的。所有这些，有待再版时再做详细的讨论。

本书在参考资料查阅方面得到了陕西省图书馆、陕西省委党校图书馆、长安大学图书馆以及西安市委党校图书馆的大力协助和支持，在此表示感谢！

陕西省社会科学界联合会主席、著名哲学家赵馥洁教授曾就本书初稿与作者进行了深入的讨论并不吝赐教，在本书定稿后又于百忙之中拨冗写序，中国社会科学出版社王茵编辑对本书的编辑、出版工作自始至终予以热情关心，提出了许多有益的建议，付出了艰辛的劳动，在此一并致谢！

唐震
2009 年 6 月 10 日于西安

再版后记

　　近年来，关于此书的修订、再版的想法一直在我的心底涌动着。我知道自己为此书所付出的心血，也深信此书至少会产生三个方面的作用，即社会启蒙、研究者参考以及个体建构生活之用。

　　几年前，当我以前的学生——后来在中国人民大学哲学专业读博士的高女士看到本书第一版书稿时，她"一口气读完前30多页，有一种从未有过的愉悦和共鸣"。当本书面世后，许多读者通过网络了解到此书，并对第一版给予了不错的评价，亚马逊网对本书的描述是"该书非常经典，值得永久收藏和阅读！"豆瓣读书的网友"狗头鱼刺哈拉巴"力荐了五颗星，并感叹说："这本书十分不错……我是当做畅销书来看的。"京东网的好评率是100%。网友"佩佩"在京东网上晒出自己购买的第一版，并发表体会说："该书深入浅出地说明了关于人自身如何加深自我认识，从而使我们每个人能够更好地把握自己，更加尽善尽美。"网友"0到6岁"阅读后认为本书"颠覆外因通过内因起作用的理论，所谓内因，也是综合外因的一种呈现。对于人来讲，幼年的环境和经历对其一生的发展至关重要。李阳接受采访时说：美国的教育是闪光点教育，中国的是自卑教育。给孩子一个怎样的0—6岁值得每一位家长思索"。网友"罗鑫666666"的心得是"不错的书"，网友"名字不够长不拉风"认为是"很好的一本书，值得一看，值得与你的朋友分享"，网友"一路相随"说："本书是给朋友买的，内容我

再版后记

没有细看，只是感觉挺专业的不太容易读下去了，不过朋友很喜欢。"网友"a189＊＊＊＊＊874"说："在我还没有看这本书的时候，我丝毫不怀疑它是一本好书，很符合 80 后读者的口味。很难想象一本图书会被我看得像郭德纲的相声书一样，在地铁上都如饥似渴，手不释卷。人都说《红楼梦》是一部罕见的奇书，是人生的镜子，那么对于这部书，在某种意义上也令我感到了丝丝'找出心中所想'的意味，因为我不仅从中看出大论的味道，更是以一种看搞笑图书的心情在愉悦自己，事实上这本书确实不失幽默，在大论了一把之后确实愉悦了广大读者，在此之前，我从来没想过会像看一本幽默小说一样去看这本书，因为多年来这类书的泛滥使我对其十分不屑。"上述这些评价，既是对我的鞭策，又是对我希冀再版此书的巨大的鼓舞和动力。

每当夜深人静，当我一字一句地精雕细琢本书各章内容时，我自己总是被其中的鼓舞人心的论断所激动，这种来自对人的外在世界与人的内心世界的关系的解构，是与我们每个人能够获得的人生的体验相一致的。我们每个人每天不得不面对的，就是自己周围的世界，但却从来没有人全面地对自己与这一世界的关系作出系统的梳理与表达。所以，这些年来我马不停蹄地反思、求证本书的观点，进一步完善其思想体系。沿着马克思在《1844 年经济学哲学手稿》中那句非常经典的命题——"非对象性存在物是非存在物"——我更加坚定了自己要将此书进一步完善以奉献给读者的决心和信心。

熟悉古希腊哲学史的人都知道苏格拉底的哲学思维与他的母亲是一位助产士不无关系。在这一点上，我自己在继母的严厉教导下所获得的人生的体会，使我对外部世界的作用力更有一番特别的认知。因此，我更加认为，本书在某种意义上是作者思想自传的哲学体，是作者建构在生活实践之上的苦思冥想的产物。除此之外，我对个体世界的哲学思考还源于我所主修的马克思主义政治经济学这一百科全书式的学科的启迪，同时更得益于我对先哲们经典原著的兼修。在此基础上，当我运用上述视角对 30 多年来中国社会与世界历史进行观察并获得一点体会时，心中不免由于个人力量所限而略感忐忑，但又由于有

接受与选择

学界前辈的指引而倍感欣慰！

今天，中国社会正在向市场经济体制迈进，每个中国人正在面临越来越多的对象世界的冲击。毫无疑问，市场经济就是中国社会每个人不可回避的现实存在。在这样的时代背景下，千变万化的对象世界正在考验着我们的主体性。本书正是对个体在大量的陌生的对象世界面前如何发挥主体性的系统思考和追寻。

中国古人有一种简单易行的认知方法，叫作"近取诸身、远取诸物"[1]，这其实是许多哲学思想的开端。每一位中国人都可以依据这一方法成为哲人，即成为能够智慧地建构自己人生的人。本书即是采取了与读者身边的事物相一致的视角，来寻求每个人的答案的。

本书第二版的出版得到了我的中学同窗、挚友蔡周全先生的鼎力支持，在此深表谢忱！中国社会科学出版社重大项目出版中心主任王茵编审与我再度合作，多次与我交流编辑、出版的经验和体会，给我以极大的关怀和鼓舞，嗣后又为第二版的编辑、出版等不辞辛劳，我谨在此对她及她的同人表示深深的敬意和谢忱！

作者

2015 年 7 月

---

[1] 李鼎祚撰：《周易集解》卷十五，中国书店 1984 年版。